本书为国家社会科学基金一般项目"21世纪欧洲社会民主党及其转型研究"(批准号:15BKS065)的最终成果

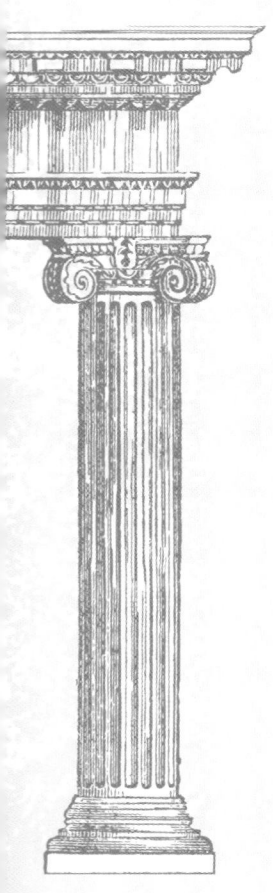

21世纪的欧洲社会民主党及其转型

刘玉安 周云红 著

中国社会科学出版社

图书在版编目（CIP）数据

21世纪的欧洲社会民主党及其转型/刘玉安，周云红著. —北京：中国社会科学出版社，2023.4

ISBN 978-7-5227-1499-8

Ⅰ.①2… Ⅱ.①刘…②周… Ⅲ.①社会民主党—研究—欧洲—21世纪 Ⅳ.①D756.064

中国国家版本馆CIP数据核字（2023）第035305号

出 版 人	赵剑英	
责任编辑	张　林	
特约编辑	肖春华	
责任校对	杨　林	
责任印制	戴　宽	

出　　版	中国社会科学出版社	
社　　址	北京鼓楼西大街甲158号	
邮　　编	100720	
网　　址	http://www.csspw.cn	
发 行 部	010-84083685	
门 市 部	010-84029450	
经　　销	新华书店及其他书店	
印　　刷	北京明恒达印务有限公司	
装　　订	廊坊市广阳区广增装订厂	
版　　次	2023年4月第1版	
印　　次	2023年4月第1次印刷	
开　　本	710×1000　1/16	
印　　张	15	
插　　页	2	
字　　数	249千字	
定　　价	78.00元	

凡购买中国社会科学出版社图书，如有质量问题请与本社营销中心联系调换
电话：010-84083683
版权所有　侵权必究

目　　录

导　论 …………………………………………………………（1）

第一章　社会民主主义的兴起 ………………………………（3）
第一节　近代资本主义引发的社会问题 …………………（3）
第二节　社会民主主义的兴起 ……………………………（11）

第二章　发展壮大 ……………………………………………（26）
第一节　迂回曲折的议会道路 ……………………………（26）
第二节　成为主流 …………………………………………（45）

第三章　危机与挑战 …………………………………………（81）
第一节　凯恩斯主义失灵 …………………………………（82）
第二节　从福特制到后福特制 ……………………………（91）
第三节　全球化 ……………………………………………（106）

第四章　转型 …………………………………………………（120）
第一节　英国工党及其"第三条道路" …………………（124）
第二节　德国社会民主党及其"新中间道路" …………（146）
第三节　法国社会党及法国式社会主义 …………………（163）
第四节　北欧三国的社会民主党：从"中间道路"到
　　　　"第三条道路" ………………………………（184）

第五章　路在何方 ·· （205）
　第一节　英国工党：再一次四连败 ·············· （205）
　第二节　德国社会民主党：沦为配角 ·············· （216）
　第三节　法国社会党：被边缘化 ·················· （219）

结束语 ·· （224）

参考文献 ·· （228）

导　　论

　　拉尔夫·达伦多夫曾不无道理地把19世纪称为自由主义的世纪，而把20世纪称为社会民主主义的世纪。那么，21世纪会是怎样的一个世纪？换句话问，即：曾经在20世纪风光无限的社会民主主义也要成为历史吗？

　　苏东剧变之后，西欧各国社会民主党都出现了党员队伍急剧萎缩、在各国的选举中接连失败的现象。到1993年，随着法国社会党在大选中的惨败，在当时西欧的所有国家中，居然没有一个国家是由社会民主党执政。一时间，社会民主主义在欧洲似乎真的销声匿迹了。

　　然而，现如今仍活跃在西欧政坛上的各国社会民主党，大都是历经沧桑的百年老党，它们都具有超强的适应能力和调整能力。面对20世纪90年代以来世界特别是西欧政治经济形势的深刻变化，西欧各国的社会民主党迅速地调整了它们的战略，先后实现了转型。重整旗鼓的西欧各国社会民主党很快又杀回了各国政坛。首先，1994年5月，荷兰工党在荷兰大选中获胜，组建了自1976年以来第一个由工党领导的政府。其次，瑞典、丹麦、芬兰、比利时等国的社会民主党又相继赢得各国的选举并且重返政坛。再次，由意大利左翼民主党和人民党组成的"橄榄枝联盟"又在意大利的选举中赢得胜利；1997年5月，在布莱尔领导下的英国工党，以压倒性的优势赢得选举，时隔18年再度执掌英国政权。稍后不久，若斯潘领导的社会党在法国的大选中也传来捷报；在1998年9月德国的联邦选举中，德国社会民主党也以明显的优势高票获胜，时隔16年再度执政。至此，在欧盟15个成员国中，居然有13个国家，其中包括德国、英国、法国、意大利全部四个大国，同时都由社会民主党人执掌政权，整个西欧几乎变成了一片粉红。用安东尼·吉登斯的话来说就是：

社会民主主义在西欧实现了神奇的全面复兴。

虽然2008年的世界金融危机以及由它引发的欧洲主权债务危机对刚刚复兴的欧洲社会民主主义再次造成了重创，但到目前为止，在西欧各国政治舞台上，社会民主主义仍然具有无可争辩的影响力，西欧各国社会民主党在英国、德国、法国，在北欧各国，依然举足轻重，有的已经重新执政，有的则随时可能重返政坛。

社会民主主义在西欧为什么具有如此强大的生命力？西欧各国社会民主党为什么要调整它们的战略？转型之后的各国社会民主党其身份发生了哪些变化？社会民主主义还有前途吗？

第 一 章

社会民主主义的兴起

社会民主主义起源于欧洲，它最初是对由欧洲近代工业化而导致的社会分化、工人贫困、劳资对立等社会问题的理论回应。后来这一理论逐渐被各国工人所接受，出现了一些以该理论为指导的政党和政党组织，形成了社会民主主义运动。从 1864 年的国际工人协会（第一国际）和 1869 年的德国社会民主工党算起，社会民主主义运动在欧洲有 150 多年的历史了。到目前为止，以社会民主主义为指导思想的西欧各国社会民主党仍然活跃在欧洲各国政坛上。以西欧各国社会民主党为核心的社会党国际，目前依然是世界上成员最多、影响最大的政党组织。[①] 社会民主主义为什么具有如此强大的生命力？

根深才会叶茂。社会民主主义的生命力来源于它深厚的根基。它植根于近代资本主义生产方式所隐含的基本矛盾之中。

第一节 近代资本主义引发的社会问题

近代资本主义生产方式曾经创造了巨大的生产力，但它同时也引发了一系列严重的社会问题。

首先是对社会秩序的严重破坏。马克思曾经有一个著名的论断："资本来到世间，从头到脚，每个毛孔都滴着血和肮脏的东西。"[②] 这个论断

[①] 社会党国际：起源于 1864 年的国际工人协会，1951 年重建，总部设在英国伦敦。目前有正式成员党、观察员党、咨询党等各类成员组织 200 多个。西欧各国社会民主党都是其正式成员党。该组织每两年举行一次代表大会。第 25 次代表大会于 2017 年 3 月在新加坡举行。中联部副部长郭业洲率中共友好代表团出席。

[②] ［德］马克思：《资本论》第 1 卷，中共中央著作编译局译，人民出版社 2004 年版，第 871 页。

很容易使人们联想到资本主义生产方式来到世间的第一幕：圈地运动和"羊吃人"。

近代资本主义生产方式首先在英国全面确立。在漫长的历史中，偏僻的英伦三岛并不被人们所关注。由于率先确立了资本主义生产方式，这个位于地球一隅的蕞尔小国，很快发展成为世界的工厂，成为"日不落帝国"，成为世界的中心。

英伦三岛属于典型的海洋性气候，雨量充沛，阳光充足，但岛上没有大块平原，全境50%以上为海拔100米以上的山地或高原，不适合农业的发展，但倒是一个天然的大牧场，畜牧业在英国有着悠久的历史。在15世纪以前，英国就是欧洲最大的羊毛输出国。进入16世纪后，随着资本主义生产方式在西欧的逐渐兴起和世界贸易的扩大，英国开始向西欧各国输出附加值更高的呢绒。到16世纪中期，英国的呢绒出口额占了英国全部出口额的80%以上。毛纺业逐步发展成为英国的民族工业，而毛纺业最终不仅成为英国，甚至是整个近代资本主义生产体系的摇篮。

随着毛纺业的发展，羊毛的需求量越来越大。而羊毛价格的上涨直接推动了养羊业的发展，以至于英国当时出现了这样一种奇特现象：耕地的价格最便宜，牧场的价格是耕地的两倍，草地的价格是耕地的三倍。这就导致了从15世纪末开始一直延续到19世纪臭名昭著的"圈地运动"。英国的贵族和豪绅们最先是把世世代代本属于农民们公用的公地、荒地、沼泽等圈占起来，变成牧场，随后又把圈占的范围扩大到农民的耕地，甚至包括农民们世世代代居住的房屋。当时曾经担任过英国王室请愿裁判长、枢密顾问官、英国大法官的托马斯·莫尔曾这样抨击圈地运动，他说："你们的绵羊本来是那么驯服，吃一点点就满足，现在据说变得很贪婪很凶蛮，甚至要把人吃掉，把你们的田地、家园、城市要蹂躏完了。凡是出产贵重羊毛的地区，那儿的贵族豪绅，乃至主教圣人之流，觉得祖传地产上的惯例年租不能满足他们了，也觉得他们对社会无益有害的闲适生活还不够过瘾。他们不让任何人在庄园上耕种，把整片地化做牧场，房屋和城镇都给毁掉了，只留下教堂当羊圈。他们把可以居住可以耕种的每个角落都弄成荒地，仿佛他们的鸟囿兽园还不够大。"① 在这个过程中,英国被圈占起来的土地占了英国土地总面积的大约50%。这就不可避免地导致大批农民流离失所,使整个英国社会处于一种无序状态。虽然这对摧毁封建庄园经济体制起到了一定的积极作用,但后来英国经济学家卡尔·波兰尼在评述这一运动时仍然持坚定的批评态度。他指出:"圈地运动已被正确地称之为一场富人对穷人的战争。地主和贵族搅乱了社会原有的秩序,破坏了古老的法律和传统习俗,有时甚至不惜诉诸武力,当然,惯用的还是威胁和压力。他们不折不扣地抢夺了穷人在公共利益中所占的份额,拆毁了穷人们世代居住的房屋,而依据牢不可破的传统习俗,这些房屋应该是属于穷人和他们的后代的。社会的组织机构被破坏了,乡村的荒凉、居民住所的破败不堪证明了这场战争的猖獗程度。它破坏了农村的自我防护体系,废弃了城镇建筑,大量削减了人口,将那些过度垦殖的土地变成沙地。它骚扰居民,将他们由淳朴的农民变成一群小偷和乞丐。"②

虽然在时间和程度上有所不同,但资本主义发展的早期阶段,即从传统自然经济向近代工业经济转变的过程中,西欧各国大都发生过类似于英国这样的"圈地运动",它对西欧各国都造成了类似的严重后果。

近代资本主义生产方式引发的第二个严重社会问题是制造了大量的过剩人口。

把耕地变成草地、把粮田变成牧场、把小块土地连接成大片农场、由过去的完全靠人力和畜力耕作改为机器耕作,所有这一切都意味着解放大批大批的农村劳动力。然而,对于西欧广大农民来说,这种解放绝不是福音。他们中的很少一部分能够被新兴的资本主义工厂、农场所吸收,成为现代工人和新型农业工人。还有一少部分具有一定财力和特殊机遇的人,选择迁居美洲。他们中的绝大多数则一下子变成了无业游民,变成居无定所、没有任何生活来源的流浪汉。他们从已经没有立锥之地的乡村汇集到城市,希望找到生路。在19世纪新兴的每一个西欧城市,

---

① [英] 托马斯·莫尔:《乌托邦》,戴镏龄译,生活·读书·新知三联书店1956年版,第36页。

② [英] 卡尔·波兰尼:《大转型:我们时代的政治与经济起源》,冯钢等译,浙江人民出版社2007年版,第30—31页。

如英国的曼彻斯特、伯明翰，法国的巴黎、里昂，德国的科伦、西里西亚，都充斥着大量的无业游民和流动人口。每座城市每天都有大批大批的人露宿街头。例如到1844年，在所谓"日不落帝国"的中心伦敦，每天露宿街头的人就超过五万。这些白天沿街乞讨的人，晚上就睡在路旁、涵洞、桥梁下面，住一晚算一晚，没有人知道他们的明天是什么样子，只是牲畜一样地活着。为了生存，他们甚至不惜铤而走险：诈骗、行窃、拐骗、抢劫、害命。这就直接导致了英国自由主义思想家贝弗里奇所说的"五大恶魔"，即贫困、疾病、愚昧、肮脏、懒散。而这五大恶魔与近代资本主义制度几乎如影随形。它们的泛滥使得早期西欧各国社会都处于动荡不安之中。

近代资本主义引发的第三个严重的社会问题是制造了阶级对立。

进入18世纪以后，随着机器的广泛运用，现代工厂逐渐取代了手工业作坊成为占主导地位的生产方式。机器虽然成百倍、上千倍地提高了劳动生产率，然而，广大工人群众的社会经济地位非但没有改善，反而每况愈下。因为，机器的普遍使用，使得工人日益成为机器的附属品，他们世代相传的技艺变得一钱不值。不仅如此，机器的采用使得大量的童工和女工的使用成为可能，这又进一步排挤了成年男性劳动力。于是，早期的工人就把自己受排挤、受剥削的原因归因于机器。他们想到的对策就是捣毁机器。在最先普遍采用机器的英国，形成了著名的捣毁机器运动。为了镇压这一运动，英国曾专门颁布了一项法律——《捣毁机器法》。在1831年1月9日的《泰晤士报》就有这样的报道：

> 23名囚犯因捣毁造纸机器在伯明翰被判处死刑；11日在多塞特有3名囚犯因敲诈勒索钱钞和两名囚犯因抢劫被判处死刑；在诺里季，55名囚犯因捣毁机器和骚动被判罪；在伊普斯威奇有3人因勒索钱钞，在佩特沃斯有26人因捣毁机器和骚动，在格拉斯特有30多人，在牛津有29人被定罪；在温彻斯特，有40多人被定罪，6人将处死刑……，在索尔兹伯里有44名罪犯被定罪……[1]

---

[1] ［英］汤普森：《英国工人阶级的形成》（上），钱乘旦等译，译林出版社2013年版，第249—250页。

从上述这篇报道中可以看到，在英国，工人阶级与资本家阶级之间的对立已经达到了何等普遍、何等尖锐的程度！同样的事情也发生在欧洲其他国家。一位法国记者在法国《辩论报》的文章中这样写道：

> 每一个工厂主，就像殖民地种植园主生活在他们的奴隶中那样，生活在自己的工厂里。他一个人要面对成百个工人，而里昂的破坏活动，就像是圣多明各的那种暴动……威胁社会的野蛮人既不在高加索，也不在蒙古草原，而是在我们工业城市的郊区……中产阶级必须清楚地认识到这种局势的性质；他应当知道他的处境。①

当时在法国里昂纺织工人中流传的歌谣，把工人阶级与资本家阶级之间的尖锐对立描述得更为形象：

> 想要做官掌权，
> 总得披大氅，挂绶带。
> 我们为你们大人物纺纱织布，
> 死后却不包裹尸布就草草掩埋。
> 我们是织布工，
> 却赤身裸体，无遮无盖。
> 你们的统治行将结束，
> 我们掌权的日子就要到来。
> 我们为旧世界织好了裹尸布，
> 造反的吼声已响彻天外。
> 我们是织工，
> 从此衣冠整齐，有穿有戴。②

---

① ［英］艾瑞克·霍布斯鲍姆：《革命的年代：1789—1848》，王章辉等译，中信出版集团2017年版，第229页。
② ［英］艾瑞克·霍布斯鲍姆：《革命的年代：1789—1848》，王章辉等译，中信出版集团2017年版，第229页。

长期的阶级对立，势必导致严重的社会分化，这是资本主义生产方式引发的第四个社会问题。

资本主义生产方式的确创造了巨大的生产力。例如，著名的社会主义者，当时在苏格兰管理着一家纺纱厂的罗伯特·欧文曾经做过这样的计算：由于机器的采用和效率的提高，1800年时他的2500名工人每天所创造的财富，在1750年时至少需要60万人才能创造出来。这2500人与60万人之间的消费差额，被作为利润，完全装进了资本家的腰包。因为，1800年时工人的收入和生活状况非但没有改善，反而每况愈下。由于机器的采用，使得资本家可以大量使用女工和童工，而女工和童工的工资比成年男性工人的工资要低得多。而在当时的英国纺织业中，18岁以下的雇佣工人，占了雇佣工人总数的一半还要多。由于许多儿童是从七八岁就开始工作，而且每天工作时间长达16小时以上，因此，他们的成长发育受到了严重的摧残。一位名叫特纳·撒拉克的医生对当时的利兹地区的纺织工人的健康状况做过详细的调查。他在写给议会的报告中这样写道：在纺织厂工作的大都是未成年人，他们"几乎全是满面病容；瘦小、羸弱、赤脚、衣衫褴褛，许多人看上去还不到7岁。男人们一般都在16—24岁，还有未成年人，他们都像儿童一样苍白和消瘦"。他接着写道："我看到了，我觉得看到了，一个退化的人种——受压而发育不全，被弄得衰弱的，被糟蹋的人类——男的和女的不会活到老，儿童永远不会长成健康的成人"，在利物浦、曼彻斯特、利兹这些当时工业发达地区，劳工们死亡时的平均年龄还不到20岁。①

这时候，人们逐渐发现了这样一个事实：世界上最大量、最贫困、最悲惨的人口不在最贫困、最荒凉、最落后、最不发达的国度，而在率先实现了产业革命、率先采用资本主义生产方式并因此而变成世界上最发达、最富有、最文明的英国！曾经在1868年和1874—1880年两度出任英国首相的本杰明·迪斯雷利（Benjiamin Disraeli，1804—1881）曾经指出：英国的穷人和富人已经分化为格格不入的两类人，"它们之间没有往来，没有同感；它们好像不同地带的居住者即不同行星上的居民，不了

---

① ［英］汤普森：《英国工人阶级的形成》（上），钱乘旦等译，译林出版社2013年版，第378页。

解彼此的习惯、思想和感情；它们在不同的繁育情况下形成，吃不同的食物，按不同的生活方式生活，不受同样的法律支配。"① 这种状况显然不可能持久。因为广大工人群众逐渐认识到：他们的悲惨生活既不是他们个人的原因所造成，也不能归咎于他们老板的贪婪或机器的采用，而应当归因于新兴资本主义制度。要改变自己的命运，不能仅靠捣毁几台机器或者焚烧几间厂房，而必须联合起来，共同反抗整个资本主义制度。1800年9月，伦敦街头就出现了这样一份广为流传的传单：

同胞们！
　　对被收买后的奴才和政府的佣工强加给你们的半饥饿状态，你们还将默默地怯懦地忍受多久？你们还能容忍他们继续进行扩大他们的垄断范围而你们的孩子却正在哭着要面包吗？不，不能让他们再存在一天了！我们是国家的主人，从沉睡中醒来吧。星期一在谷物市场上见！②

也就是说，进入19世纪之后，在英国、在整个西欧，最初的工人与资本家之间的分化已经演变成全面的社会分化，工人与资本家之间的冲突，已经演化成全面的社会冲突。工人群众捣毁机器的单个行动已经演变成有组织地反抗整个资本主义制度的政治行动。在英国，除了像这份传单所鼓动哄抢米市、面包的事件之外，连续发生了几次谋杀国王的事件。随后更是爆发了以工人群众为主体的、声势浩大的宪章运动，直接冲击到当时英国的政治体制。

在法国，1831年11月21日，里昂的工人群众向政府提出的提高工资的要求被拒绝后，举行了公开的武装起义。工人提出的口号是："工作不能生活，毋宁斗争而死！"经过三天的激战，起义的工人一度控制了整个里昂市。起义虽然最后被镇压，但社会矛盾毕竟显现出来了，工人阶

---

① ［美］斯塔夫里阿诺斯：《全球通史——1500年以后的世界》，吴象婴、梁赤民译，上海社会科学院出版社1995年版，第307页。
② ［英］汤普森：《英国工人阶级的形成》（下），钱乘旦等译，译林出版社2013年版，第556页。

级联合起来的力量也显现出来了。1831年的起义事后两年多,为了保卫结社的权利,1834年4月,里昂的工人又发动了第二次武装起义,并且明确提出了要建立人民共和国的主张。

1844年6月,德国西里西亚的纺织工人为了反抗资本家进一步压低工资的举动也揭竿而起,3000多名起义工人仅靠简陋的武器与前来镇压的包括炮兵、骑兵在内的、全副武装的政府军对峙了3天,周围其他地区的工人也纷纷以罢工和局部起义表示响应。起义最后虽然被镇压,但深刻的社会矛盾却暴露无遗。

资本主义生产方式引发的第五个严重的社会问题是周期性经济危机。

正如凯恩斯曾经正确地指出的:"一切生产的最终目的都是为了满足消费者。"[1] 但是,在资本主义条件下,生产资料全部为私人所占有,生产什么、怎样生产,完全由资本所有者来决定。虽然亚当·斯密认为,由市场机制这只看不见的手的指引,整个社会生产秩序会井井有条。但在现实中,竞争的压力迫使所有的资本家都必须拼命地改进生产技术,提高生产效率、降低生产成本、扩大生产规模、拼命地赚钱、拼命地实现资本的增值,因此,赚钱和资本增值事实上就成为几乎所有资本家组织社会生产的唯一目的。这就不可避免地出现马克思所揭示的资本主义生产方式的内在矛盾:单个企业的严密组织纪律性和整个社会生产的无政府状态。这个基本矛盾不可避免地会导致生产规模的盲目扩大。由于大量资本已经投入到了生产过程之中,而大量产品找不到销路,这就不可避免地导致一些企业资金链的断裂,导致银根奇缺、物价飞涨、企业破产、工人失业。这就是经济危机。这种以生产过剩为特征的经济危机自1825年首次在英国爆发后,在西欧每隔七八年就会出现一次,成为资本主义生产方式的一种常态。

而所谓的生产过剩并不是绝对意义上的过剩。因为就在经济危机期间,一方面是大量的产品找不到销路,另一方面则是大量衣不遮体、食不果腹的失业工人和他们的子女在挨饿受冻。为了摆脱危机,资本家通常的做法是把大量的过剩产品销毁掉,把大量的棉花烧在地里,把大批

---

[1] [英]凯恩斯:《就业、利息和货币通论》,高鸿业译,商务印书馆1999年版,第52页。

的生猪赶进大海，把大批的高炉推倒。这些举动显然有悖于人类的基本理性。马克思据此把这种周期性爆发的经济危机称之为"社会瘟疫"。特别是1836年和1847年的经济危机，波及了整个西欧。经济危机的爆发，使得上述各种社会矛盾进一步激化，整个西欧社会处于一种动荡不定、危机四伏的状态。显然，资本主义生产方式事实上使人们陷入了一种"一切人反对一切人"的野蛮状态。著名法国思想家傅立叶甚至把这个新兴的社会称为"人吃人"的社会。因为在当时的条件下，西欧社会确实出现了医生希望病人多、卖棺材的希望多死人、粮食投机商希望发生旱灾和饥荒等一系列反常现象。这使得当时西欧所有进步的思想家都不得不深思：怎样才能破除资本主义生产方式的魔咒？怎样才能挽救人类？

第二节　社会民主主义的兴起

在19世纪中期的西欧，政治学家、经济学家、道德学家、宗教学家、历史学家、文学家、法学家，等等，对这个新生的资本主义制度进行了异口同声的谴责和批评。一时间，社会主义几乎成为一种时髦。当时的气氛是，对资本主义制度怎么批评都不为过，但没有人敢于为资本主义公开辩护。有人做过统计，当时在欧洲，批评资本主义的各种社会主义学说居然有200多种。

在这200多种社会主义学说中，大致可以划分为三类：第一类是主张倒退到封建社会，即马克思在《共产党宣言》中所说的封建的、反动的社会主义；第二类是主张对资本主义的发展进行限制、对资本主义制度进行改进，即社会改良主义，也就是后来及目前在西方仍有重大影响的社会民主主义；第三类是主张用新的社会制度来取代资本主义制度，这其中就包括以马克思为代表的科学社会主义。

马克思并没有从道义上谴责资本主义，而是用历史唯物主义的方法，对资本主义进行了历史的分析。马克思认为，资本主义生产方式之所以能够取代封建生产方式，最根本的一条是因为它能够创造更大的生产力。据此，马克思充分肯定了资本主义生产方式的历史进步意义。在《共产党宣言》中马克思曾这样指出："资产阶级，由于一切生产工具的迅速改进,由于交通的极其便利,把一切民族甚至最野蛮的民族都卷到文明中来了。它的商品的低廉价格,是它用来摧毁一切万里长城、征服野蛮人最顽强的仇外心理的重炮。它迫使一切民族——如果它们不想灭亡的话——采用资产阶级的生产方式;它迫使它们在自己那里推行所谓的文明,即变成资产者。一句话,它按照自己的面貌为自己创造出一个世界","资产阶级在它的不到一百年的阶级统治中所创造的生产力,比过去一切世代创造的全部生产力还要多,还要大。自然力的征服,机器的采用,化学在工业和农业中的应用,轮船的行驶,铁路的通行,电报的使用,整个整个大陆的开垦,河川的通航,仿佛用法术从地下呼唤出来的大量人口——过去哪一个世纪料想到社会劳动里蕴藏有这样的生产力呢?"[1]

但是,资本主义生产方式内部包含着它自身无法解决的深刻矛盾,那就是单个企业严密的组织纪律性和整个社会生产的无政府状态之间的矛盾。其表现是,为了追逐利润,每个资本家都必然尽可能地压低工资、降低生产成本、扩大生产规模,从而导致周期性的生产过剩危机。用马克思的话来说就是:"资产阶级的生产关系和交换关系,资产阶级的所有制关系,这个曾经仿佛用法术创造了如此庞大的生产资料和交换手段的现代资产阶级社会,现在像一个魔法师一样不能再支配自己用法术呼唤出来的魔鬼了。几十年来的工业和商业的历史,只不过是现代生产力反抗现代生产关系、反抗作为资产阶级及其统治的存在条件的所有制关系的历史。只要指出在周期性的重复中越来越危及整个资产阶级社会生存的商业危机就够了。在商业危机期间,总是不仅有很大一部分制成的产品被毁灭掉,而且有很大一部分已经造成的生产力被毁灭掉。在危机期间,发生一种在过去一切时代看来都好像是荒唐现象的社会瘟疫,即生产过剩瘟疫。社会突然发现自己回到了一时的野蛮状态;仿佛是一次饥荒、一场普遍的毁灭性战争,使社会失去了全部生活资料;仿佛是工业和商业全被毁灭了。这是什么缘故呢?因为社会上文明过度,生活资料太多,工业和商业太发达。社会所拥有的生产力已经不能再促进资产

---

[1] 《马克思恩格斯选集》第1卷,中共中央马克思恩格斯列宁斯大林著作编译局编译,人民出版社2012年版,第405—406页。

级文明和资产阶级所有制关系的发展；相反，生产力已经强大到这种关系所不能适应的地步，它已经受到这种关系的阻碍"①，而且在马克思看来，资本主义生产方式越发达，有产者和无产者之间的分化就会越严重，资本主义生产方式的灭顶之灾就越早来临。马克思提出的解决方案是：消灭私有制，由社会集体占有生产资料，根据全体社会成员的需要来组织社会生产。

马克思还进一步指出，资产阶级不仅锻造了置自身于死地的武器——社会化大生产，而且还培育出了使用这一武器的人——现代无产阶级，马克思有时候也把它叫作资本主义制度的掘墓人。用马克思的话来说就是："资产阶级生存和统治的根本条件，是财富在私人手里的积累，是资本的形成和增殖；资本的生存条件是雇佣劳动。雇佣劳动完全是建立在工人的自相竞争之上的。资产阶级无意中造成而又无力抵抗的工业进步，使工人通过结社而达到革命联合代替了他们由于竞争而造成的分散状态。于是，随着大工业的发展，资产阶级赖以生产和占有产品的基础本身也就从它的脚下被挖掉了。它首先生产的是它自身的掘墓人。资产阶级的灭亡和无产阶级的胜利是同样不可避免的。"② 他认为，在资本家面前，广大无产者的命运是一样的，他们都必须接受——尽管在法律层面上似乎是自愿的——资本家的剥削。无产者摆脱这一命运的道路只有一条：联合起来，通过阶级斗争，推翻资本主义制度。因此，马克思在他的所有文献和著作中，都有一句响亮的口号：全世界无产者联合起来！而且他认为，只要全世界无产者联合起来，资本主义就一定要灭亡，社会主义就一定胜利。

马克思的学说在当时的欧洲引起了强烈的反响，并且迅速占据了主导地位。《共产党宣言》在1848年发表后，迅速在欧洲传播开来，它一时间几乎成为广大工人群众人手一册的读物。它因此也被欧洲各国资产阶级政府列为禁书，马克思本人则被许多国家通缉、驱逐。然而，在某

---

① 《马克思恩格斯选集》第1卷，中共中央马克思恩格斯列宁斯大林著作编译局编译，人民出版社2012年版，第405—406页。

② 《马克思恩格斯选集》第1卷，中共中央马克思恩格斯列宁斯大林著作编译局编译，人民出版社2012年版，第412—413页。

种程度上，资产阶级政府的封锁和围堵却进一步加速了马克思主义的传播。从 19 世纪后期开始，在马克思主义的影响下，西欧各国的工人运动迅速形成了高潮。这可以从这一时期西欧各国频繁发生的罢工运动中窥见一斑（见表 1.1）。

表 1.1　　　　　　1888—1913 年西欧部分国家的罢工运动

年份	英国 罢工次数（次）	英国 参与人数（千人）	英国 损失工时（千日）	法国 罢工次数（次）	法国 参与人数（千人）	法国 损失工时（千日）	德国 罢工次数（次）	德国 参与人数（千人）	德国 损失工时（千日）	意大利 罢工次数（次）	意大利 参与人数（千人）	意大利 损失工时（千日）
1888	517	119	n/a	n/a	n/a	n/a	n/a	n/a	n/a	107	30	n/a
1889	1211	360	n/a	n/a	n/a	n/a	n/a	n/a	n/a	133	25	n/a
1890	1040	393	n/a	313	119	1340	n/a	n/a	n/a	152	45	n/a
1891	906	267	6809	267	109	1717	n/a	n/a	n/a	164	44	n/a
1892	700	358	17382	261	49	918	n/a	n/a	n/a	140	34	n/a
1893	615	634	30468	634	170	3175	n/a	n/a	n/a	154	25	n/a
1894	929	325	9529	391	55	1062	n/a	n/a	n/a	217	98	n/a
1895	745	263	5725	405	46	617	n/a	n/a	n/a	243	104	n/a
1896	926	198	3746	476	50	644	n/a	n/a	n/a	310	47	n/a
1897	864	230	10346	356	69	781	n/a	n/a	n/a	379	46	n/a
1898	711	254	15289	368	82	1216	n/a	n/a	n/a	424	85	n/a
1899	719	180	2516	739	177	3551	1311	265	3381	1701	430	n/a
1900	648	189	3153	902	223	3761	1468	321	3712	1053	350	n/a
1901	642	180	4142	523	111	1862	1091	149	2427	617	136	n/a
1902	442	257	3479	512	213	4675	1106	150	1951	847	215	n/a
1903	387	117	2339	567	123	2442	1444	251	4158	715	155	n/a
1904	355	87	1484	1026	271	3935	1990	310	5285	1649	382	n/a
1905	358	94	2470	830	178	2747	2657	966	18984	2268	581	n/a
1906	486	218	3029	1309	438	9439	3626	839	11567	1674	324	n/a
1907	601	147	2162	1275	198	3562	2512	575	9017	1071	189	n/a
1908	399	296	10834	1073	99	1752	1524	281	3666	1109	196	n/a
1909	436	301	2774	1025	167	3560	1652	291	4152	1255	386	n/a

续表

年份 \ 项目 国别	英国 罢工次数(次)	英国 参与人数(千人)	英国 损失工时(千日)	法国 罢工次数(次)	法国 参与人数(千人)	法国 损失工时(千日)	德国 罢工次数(次)	德国 参与人数(千人)	德国 损失工时(千日)	意大利 罢工次数(次)	意大利 参与人数(千人)	意大利 损失工时(千日)
1910	531	515	9895	1502	281	4830	3228	681	17848	1090	241	n/a
1911	903	962	10320	1471	231	4096	2798	896	11466	907	465	n/a
1912	857	1463	40915	1116	268	2318	2834	1031	10724	905	217	n/a
1913	1497	689	11631	1073	220	2224	2464	655	11761	599	174	n/a

资料来源：根据 B. R. Mitchell, *International Historical Statistics Europe 1750 – 2000*, London: Palgrave Macmillan, 2003, pp. 173 – 176 改编。

与早期自发的、主要以短期经济目标为主要目的的罢工运动不同，19世纪后期的工人运动有了更加严密的组织纪律性，有了更加自觉、更加明确的政治目标。而且，各国的工人运动之间开始互相支持、密切配合。在这样的背景下，1864年9月28日，在英国伦敦举行的、由英国工会发起，包括英国、法国、德国、意大利、波兰等国工人代表参加的声援波兰工人运动的大会上，各国工人代表决定成立"国际工人协会"，以加强各国工人运动之间的协调与合作。这是第一个国际性的工人组织。1945年重建、目前世界上最大的政党组织——社会党国际一直把自己看作"国际工人协会"的继承者。该协会明确接受了马克思的思想。马克思本人不仅参加了协会的筹建，而且还被选为协会总委员会的委员。

1875年，在马克思主义的影响下，早先成立的由李卜克内西和倍倍尔领导的德国社会民主工人党与由拉萨尔领导的全德工人协会正式合并，成立了德国社会民主党。这是现代意义上第一个民族国家范围内的工人政党。随后，丹麦、挪威、瑞典、比利时、奥地利、荷兰、意大利、英国的工人政党也先后成立。这些政党也就是至今仍活跃在西欧政坛上的各国社会民主党。尽管这些政党在名称、组织原则、运行机制等方面不尽一致，但他们都以工人群众为基础，都不约而同地接受了马克思主义的影响，都把消灭剥削、推翻资本主义作为自己的最终目标。

为了加强各国工人运动、各国工人政党之间的团结与协作，1889年7月14日即法国大革命100周年纪念日，20多个国家的500多名代表云集法国巴黎，决定建立一个新的国际工人组织，史称"第二国际"。之所以选择这一名称，是为了表明它是对一度解散了的"国际工人协会"的继承和延续。参加第二国际的各国政党和工人领袖虽然认识并不一致，思想也并不统一，而且打的是社会民主主义的旗帜，但这时的社会民主主义与以马克思为代表的科学社会主义之间并没有原则上的分歧。例如，就在其建立宣言中，"第二国际"明确宣称："只有作为一个阶级组织起来的无产阶级在国际上共同努力，只有无产阶级取得政权，剥夺资本家阶级的生产资料并把它变为公有财产之后，劳动和人类才能获得解放。"[①]也就是说，最初的社会民主主义代表着所有批评、反对资本主义的立场和观点，而且与马克思主义也没有原则上的分歧，以至于马克思和恩格斯等人最初也曾自称是社会民主党人。德国社会民主党建立后，他们一直以党内人的身份关注着党的建设，甚至成为该党机关报——《社会民主党人报》的撰稿人。也就是说，在这个时期，社会民主主义与科学社会主义几乎是可以互相替代的同义词（见表1.2）。

表1.2　　　　　　1880—1918年西欧社会主义政党基本数据

项目 国别	创建年份	确立男性普选权年份	工业领域工人比例（%）	1900年前选举最好年份得票比例（%）	1918年前选举最好年份得票比例（%）
奥地利	1889	1907	23.5（1910）	n/a	25.4（1911）
比利时	1885	1893	45.1（1910）	8.5（1896）	30.3（1914）
丹麦	1876—1878	1901	24.0（1911）	19.3（1901）	29.6（1913）
芬兰	1889	1906	11.1（1910）	n/a	47.3（1916）
法国	1905	1848	29.5（1906）	n/a	16.8（1914）
德国	1875	1871	39.1（1907）	19.7（1890）	34.8（1912）
荷兰	1894	1917	32.8（1909）	3.0（1897）	11.2（1905）

---

① ［苏］伊·布拉斯拉夫斯基：《第一国际第二国际历史资料：第二国际》，中国人民大学编译室译，生活·读书·新知三联书店1964年版，第4—5页。

续表

项目 国别	创建年份	确立男性普选权年份	工业领域工人比例（％）	1900年前选举最好年份得票比例（％）	1918年前选举最好年份得票比例（％）
意大利	1892	1919	26.8（1911）	6.8（1895）	21.3（1904）
挪威	1887	1898	26.0（1910）	0.3（1894）	32.1（1915）
瑞典	1889	1907	24.7（1910）	3.5（1902）	36.4（1914）
英国	1900—1906	1918	44.6（1911）	1.3（1900）	7.0（1910）

资料来源：[英]唐纳德·萨松：《欧洲社会主义百年史》（上册），姜辉等译，社会科学文献出版社2008年版，第11页。

但是，欧洲资本主义发展的实际进程与马克思的预期并不完全吻合。首先，按照马克思的设想，随着资本主义生产方式的发展，小生产、小私有者中的绝大多数必将落入无产者的行列之中，只有极个别人有可能发展成为有产者，这样，整个社会将不可避免地分裂为势不两立的两大阶级。其中，无产阶级将会占据人口的绝大多数，与其对峙的有产者在人数上将变成极少数，这时候，社会主义革命的条件就基本成熟了。而事实上，正如我们在表1.2中所看到的，即使到了1911年，在率先完成产业革命，工业发展水平在全世界处于绝对领先水平的英国，工业领域中工人的数量，即马克思所说的代表最先进生产力的产业工人的数量，也只占全部就业人口的44.6%，在德国只占39.1%，在法国和意大利，还不到30%，远没有达到人口的绝大多数。而且在这些国家，工人阶级政党虽然已经建立，它们在政治上虽然已经由自发的阶级上升为一个自觉的阶级，但是从各国政党在选举中获得的选票来看，即使是最先进的产业工人，也不完全信任社会主义政党。例如在英国，在1918年之前，在获得选票最多的1910年，工党的得票率仅为7.0%，也就是说，即使在工业最发达的英国，无产者还没有联合起来，至于全世界无产者的联合，显然还遥遥无期。

其次，马克思在1848年的《共产党宣言》中指出：频繁爆发的经济危机，表明资本主义生产关系已经不适合现代生产力发展，因此革命已经不可避免。马克思当时甚至乐观地断言：资本主义的丧钟已经敲响了。

然而，从全世界的范围看，资本主义生产方式还有很大的发展空间（见表1.3）。

表1.3　　西方资本主义工业的上升（1913=100）　　　　单位：%

年份	德国	英国	法国	俄国	意大利	美国	世界
1860	14	34	26	8	n/a	8	14
1870	18	44	34	13	17	11	19
1880	25	53	43	17	23	17	26
1890	40	62	56	27	40	39	43
1900	65	70	66	61	56	54	60
1910	89	85	89	84	99	89	88
1913	100	100	100	100	100	100	100

资料来源：［美］斯塔夫里阿诺斯：《全球通史》（下），吴象婴、梁赤民译，北京大学出版社2006年版，第498页。

从表1.3可以看到，以第一次世界大战爆发前的1913年为100的话，工业革命完成最早的英国，其1860年工业产值也仅相当于1913年的34%，位居第2位的法国相当于1913年的26%，工业革命起步较晚的俄国和美国才仅相当于1913年的8%，全世界平均仅相当于1913年的14%。也就是说，资本主义生产方式在整体上还处于上升时期，还存在和发展的理由。

而随着资本主义蛋糕的越来越大，即使不改变分配比例，广大工人群众所得到那一部分也会越来越大。在这样的条件下，西方各国资产阶级政府的统治策略也开始有所变化。对于广大工人群众的抗争，它们不再单纯依靠暴力镇压，而是采取了"大棒加胡萝卜"的两手策略。

例如在英国，1795年出台的《斯皮纳姆兰法令》，实际上确立了英国近代社会普遍的、最低收入标准这样一个原则。它规定：一个勤勉工作的人，其工资收入必须能够买到一定数量且质量确定的面包，如果达不到这个标准，地方当局必须从济贫税中将其补足；如果这个人已婚且需要养育子女，其收入标准则应相应提高。这实际上是对广大工人群众最低生活水平的保障。

1802年，英国又出台了一部旨在保护童工的法律——《学徒健康道德法》，对童工工作条件、生活条件、学习时间等做了具体规定。这实际上是近代社会第一部对资本家有约束作用的工厂法。1833年，英国又出台了一部新的工厂法，对童工的最低年龄、不同年龄段的工人的最长工作时间都做了具体规定，对工人群众的身心健康提供了一定的保障。随后在1834年，英国又对1601年颁布的《伊丽莎白济贫法》进行了修订，在议会中成立一个专门的济贫委员会，后来又设立了一个专门的济贫工作部。各地方政府也都设立了专门机构。这样，济贫就变成了英国政府的一项常规性、制度化的工作。

再后来，在1844年、1847年、1876年、1882年、1885年，英国又相继颁布了一系列有关工作条件、主仆关系等方面的法律，在议会中相继成立了有关工人住房、国民救济保险、老年贫困等专门的委员会。也就是说，资产阶级政府对近代资本主义生产方式引发的一系列问题已经开始着手应对了。

在德国，1875年建立的社会民主党得到了广大工人群众的普遍支持。该党一度拥有几百个基层组织和上千个报刊和出版物。在1877年的议会选举中该党获得了49万张选票，在议会中获得了12个议席，对资产阶级的统治构成了重大挑战。为此，德国政府在1878年通过了所谓的《反对社会民主党企图危害社会治安的法令》，宣布社会民主党为非法，该党的一大批领袖和骨干被逮捕入狱或流放。但德国的工人运动在短暂受挫后又迅速高涨。在1884年的选举中，社会民主党在全国获得了55万张选票和24个议席。这一事实使得德国政府意识到：对于工人运动，显然不能纯粹依靠武力镇压。工人群众的实际问题必须认真对待，认真解决。于是，在铁血宰相俾斯麦的主持下，德国政府于1883年、1884年和1889年连续通过了《疾病保险法》《事故保险法》《养老保险法》三部法律，建立了所谓的"国家社会主义"体系。这些法律虽然不可能从根本上改变广大工人群众受压迫、受剥削的命运，但他们的现实生活状况却有所改善，他们对资产阶级政府、对资本主义制度的立场和态度也有所改变。用俾斯麦的话来说就是：对工人群众的实际问题，必须采取切实有效的措施，才能把他们争取到政府一边，这样他们就不会追随社会民主党人。他说：国家的政策应该"为居民中的无财产阶级，即那些数量最大、受教育最少的人们培养这样一种观点：国家不只是一个必需的机构，而且是一个福利机构。必须用看得见的直接利益使他们不把国家看成是一个唯一用来保护社会上境况较好的阶级的机构，而且也是一个为他们的需要和利益服务的机构"①。

随着资本主义生产关系的这种调整，在19世纪末的西欧，社会改良主义逐步兴盛起来。这其中，以韦伯和萧伯纳为代表的费边主义和以伯恩施坦为代表的修正主义影响最大。这二者先后在英国和德国的工人运动中，继而在整个西欧工人运动中占据了主流地位，并最终形成了影响至今的欧洲各国的社会民主党。

近代资本主义生产方式最先在英国确立，它的内在矛盾也最先在这里暴露：以生产过剩为特征的经济危机1825年首先在这里爆发。在这个号称"日不落"的帝国，社会分化也最为严重。在这个当时世界首屈一指的财富中心，同时也聚集着最多的贫困者。进步的思想家们也最先开始探索如何来制服"资本主义"这个人类自己制造的魔鬼。著名空想社会主义者欧文就是其中之一。欧文的社会主义试验失败之后，1884年，英国又出现了许多新的社会主义团体，费边社就是其中之一。

与同时期英国其他社会主义团体不同，费边社的成员中没有工人群众，而是清一色的知识分子。早期的主要成员如悉尼·韦伯（Sidney James Webb，1857—1947）、萧伯纳（Gorge Bernard Shaw，1856—1950）、华莱士（Graham Wallas，1858—1932）等都接受过马克思主义的影响，他们都认为，社会主义是历史发展的必然趋势，都认为必须废除土地及各种生产资料私有制，要消灭人剥削人的丑恶现象，但他们不赞成马克思的阶级斗争和暴力革命学说，认为马克思的理论不符合英国国情。他们认为，在英国，对资本主义的改造不能诉诸阶级斗争和暴力革命，不能毕其功于一役在一朝一夕之内完成。改造资本主义制度是一个长期的过程，应该采取走迂回曲折的道路，一点一滴地向前推进。故此，这个组织在成立之初就选择了古罗马将军、著名的拖延、迂回战术家费边（Fabius）的名字作为自己组织的名称。

---

① ［德］科佩尔·平森：《德国近现代史》（上册），范德一译，商务印书馆1987年版，第328页。

费边主义者接受了斯宾塞普遍进化论的思想，认为社会的发展有着自身的规律，它遵循着不断地由低级到高级的进化过程，社会主义是社会发展、社会进化的必然趋势和必然结果。像所有其他有机体的进化一样，社会这个有机体的进化和变迁不会是革命式的、突发的剧变，而应该是一种平衡的、稳定的渐变。决定社会有机体兴衰存亡的因素是"效率"。"效率"是社会有机体内部功能的表现，它取决于社会与个人之间的关系。社会与个人之间的关系本质上应当类似于一个生物有机体与其细胞的关系。就像生命整体高于细胞一样，社会的生命高于任何一个社会成员的生命。就像生物有机体内不同细胞之间虽然有不同分工、有冲突、有差异，但却不妨碍它们共同生存一样，他们认为，社会中的不同阶级、不同成员之间并非水火不相容，它们之间的利益冲突并非不可调和。阶级斗争可以转化为阶级合作。不同的阶级可以在一个共同的社会中和睦相处。因此社会主义的实现根本不需要用阶级斗争的手段去推翻现存的国家政权，那样会导致社会解体。正确的方法是通过和平协商与议会道路，对现存的制度进行逐步改进。他们认为，在欧洲，包括在英国，近代封建制度之所以被取代，并不是靠大革命，而是靠资本主义生产方式一点一滴地逐步渗透而实现的。用费边主义的代表人物悉尼·韦伯的话来说就是：随着资本主义"政治解放运动的发展，生产手段的私人占有已经在这一方面或那一方面不断地受到管理、限制和废除"①，社会主义就能够一步一步地实现。他特别强调："任何时候都无需破坏整个社会组织的连续性或者把整个社会组织突然地加以改变。"②

当然，费边主义者认为，社会主义者并非无所事事地坐等社会主义自然到来，而是应该努力争取社会多数，争取当选为议员。必须尽可能说服、动员尽可能多的人，特别是精英阶层接受社会主义，必须把社会主义思想和社会主义计划向社会各界渗透。据统计，仅在1891—1892年，费边社的成员在英国各地就做了3000多次演讲，并且印刷了将近40000

---

① ［英］肖伯纳编：《费边论丛》，袁绩藩等译，生活·读书·新知三联书店1958年版，第81—82页。
② ［英］肖伯纳编：《费边论丛》，袁绩藩等译，生活·读书·新知三联书店1958年版，第83页。

份小册子。他们还特别积极地与当时的国会议员和政党领袖们进行交流、渗透。在他们的努力下，英国社会最低生活标准、一些资源的社会管理、教育体制的改革、为调节贫富差距而设立的累进征税制等改革，也先后通过了立法程序。

显而易见，费边主义的这些改革主张不仅完全能够被资产阶级所接受，而且也能够给广大工人群众带来一些现实的利益，并因此而得到了广大工人群众的欢迎和支持，许多有文化、有影响力的工人领袖也开始向费边社靠拢。1900年，英国的60多个工会组织和十几个社会主义团体决定联合组建为英国工党，费边社作为集体成员成为英国工党的一部分。自那时起，费边社的代表一直在工党的最高领导机构——全国执行委员会（最初由12名委员组成，现在为24名委员）中占有一个席位，许多工党领导人如当时的工党领袖凯尔·哈迪（James Keir Hardie）、拉姆齐·克唐纳（James MacDonald）、阿瑟·亨德森（Arthur Henderson）以及后来的哈罗德·拉斯基（Harold Lashki）、克莱门特·艾德礼（Clement Attlee）等都加入了费边社。自工党成立以来，包括它的章程以及历次竞选纲领在内的许多纲领性文件几乎都出自费边社。该社事实上成为了英国工党的智库，还有人则认为工党实际上就是费边主义的执行者。时至今日，费边主义在欧洲政坛仍然有着重要的影响。

社会改良主义的另一个重要派别是以德国社会民主党人伯恩施坦为代表的修正主义。

爱德华·伯恩施坦（Edward Bernstein，1850—1932）出生于柏林一个工人家庭，早年接受了马克思主义并且加入了德国社会民主党，在担任德国社会民主党机关报《社会民主党人报》编辑期间，为宣传马克思主义、组织德国工人运动做了很多工作。1878年的《反对社会民主党企图危害社会治安的法令》颁布后，《社会民主党人报》被取缔，被迫转移到国外流动性地、秘密出版发行。1888年该报转移到伦敦期间，伯恩施坦对费边主义有了系统的了解，再加上这一时期西欧资本主义发展相对稳定，德国在相继颁布三个重要的社会保险立法之后，于1890年正式废除了反对社会民主党人的非常法令，社会民主党又重新获得公开、合法的身份。英国和德国资产阶级还出台了一些社会改良措施。所有这些，使得伯恩施坦逐渐对马克思主义产生了怀疑。而此时马克思和恩格斯已经去世，伯恩施坦已经成为德国社会民主党内有影响的领袖人物。由于伯恩施坦公开提出了要对马克思的学说加以修正，因此他的学说被称为"修正主义"。

1896—1898年，伯恩施坦连续发表了六篇文章，对马克思的学说提出了全面修正。众所周知，阶级斗争理论是马克思全部学说的灵魂。伯恩施坦则首先对这一理论提出了修正。他认为："阶级是相当抽象的东西，它的精确的本质只能被间接地认识和理解。"[①] 即便是存在着作为一个整体的雇佣工人阶级，但要把他们组织起来，特别是要实现"全世界无产者联合起来"，则是不可能的。且莫说全世界，"作为按一致看法而行动的阶级，甚至在德国在很大程度上还是虚构"[②]。对于德国当时已经实现的普遍选举权和政治民主制度，伯恩施坦则给予了充分肯定。他认为，"民主在原则上就是阶级统治的消灭，即使它还不是阶级在事实上的消灭"，因为，"民主制的选举权使它的持有者潜在地成为共同体的合伙者，而这一潜在的合伙长久下去一定会导致事实上的合伙。对于一个在数量上和文化上都不发达的工人阶级来说，普选权可以长期表现为选举'屠夫'本身的权利，但是随着工人的数目和知识的增长，它就成为使人民代表从人民的主人转变成人民真正仆人的工具"[③]。伯恩施坦由此得出的结论是：议会道路是走向解放、走向完全自由的必由之路。社会主义不能绕开、更不能破坏议会道路。他曾经举例子说：议会通过的一部好的立法，会比把几百个工厂收归国有，更能体现出社会主义原则。

在援引了马克思关于社会主义不能在贫困的基础上建立起来、工人阶级必须经过长期的斗争、必须把环境和人都改造过来，才可能实现社会主义的观点之后，伯恩施坦进一步提出：社会主义必须以生产力的充分发展为前提，必须以广大工人群众的充分就业、充足的工资、良好的教育、良好的道德、良好的生活环境为条件。而当时的德国还不具备这

[①] ［德］伯恩施坦：《伯恩施坦言论》，中央编译局资料室编译，生活·读书·新知三联书店1966年版，第286页。

[②] ［德］伯恩施坦：《伯恩施坦言论》，中央编译局资料室编译，生活·读书·新知三联书店1966年版，第67页。

[③] ［德］伯恩施坦：《社会主义的前提和社会民主党的任务》，殷叙彝译，生活·读书·新知三联书店1965年版，第193页。

些条件。社会民主党的任务应该是立足现实，一步一步地改变现实，一步一步地向社会主义迈进。他把自己的思想做了这样的概括："人们通常称为社会主义的最终目的的东西，对我来说是微不足道的，运动就是一切。"①

1899年，集伯恩施坦全部思想之大成的《社会主义的前提和社会民主党的任务》一书出版，这标志着近代社会民主主义理论体系的完成。由于德国社会民主党当时在整个西欧工人运动中事实上扮演着领头羊的角色，社会民主主义事实上在西欧整个工人运动中逐步上升到主流地位。

如果说，费边主义和伯恩施坦的修正主义还仅仅是奠定了近代社会民主主义的理论基础的话，那么，就在《社会主义的前提和社会民主党的任务》发表的同一年，当时在法国、在西欧工人运动中有重要影响的法国独立社会主义同盟领袖米勒兰（Alexandre Millerland，1859—1943）公开与资产阶级合作，出任资产阶级政府的内阁部长（后来甚至还出任过法国总统），则在实践上为近代社会民主主义开了先河。也就是说，到19世纪末，作为一种政治思潮，社会民主主义已经形成，并且逐步地上升到欧洲政坛主流思潮的地位。在这一时期成立的西欧各国社会民主党（见表1.2）虽然并没有公开放弃社会主义的最终目标，也没有公开放弃马克思主义，但它们在实践中所奉行的实际上则是社会民主主义。

作为一种社会改良主义，社会民主主义之所以能够悄然兴起并且广泛传播，这绝非偶然。正如马克思本人在其1858年完成的《政治经济学批判》序言中所强调的："无论哪一个社会形态，在它所能容纳的全部生产力发挥出来以前，是决不会灭亡的；而新的更高的生产关系，在它的物质存在条件在旧社会的胎胞里成熟以前，是决不会出现的。"② 而正如表1.3所显示的，18世纪末19世纪初，刚刚创立的西欧资本主义生产方式虽然经历过阵痛，引发了社会动荡，但还没有寿终正寝的迹象，还处于上升时期。这说明，资本主义生产方式还有存在的理由，还有发展的

---

① ［德］伯恩施坦：《社会主义的前提和社会民主党的任务》，殷叙彝译，生活·读书·新知三联书店1965年版，第245页。
② 《马克思恩格斯选集》第2卷，中共中央马克思恩格斯列宁斯大林著作编译局编译，人民出版社2012年版，第3页。

空间。只不过，资本主义生产方式已经暴露出来的内在矛盾必须得到缓解，它所引发的社会问题特别是两极分化问题必须得到关注。而这就为社会改良主义提供了土壤。社会民主主义就是这样一种社会改良主义。

社会民主主义虽然一开始在工人运动中就有一定的影响，但马克思和恩格斯对它一直持批评、教育的态度。为了团结广大工人群众、结成广泛的统一战线，马克思和恩格斯最初虽然接受了社会民主主义这个提法，但在理论上却从来没有淡化或改变自己的立场。一直到19世纪末，马克思和恩格斯所创立的科学社会主义在工人运动中始终占据着主导地位。

马克思和恩格斯去世以后，情况发生了变化。伯恩施坦毕竟接受过马克思和恩格斯的影响，一直自称是马克思的学生，而且是恩格斯遗嘱的执行人，负责整理出版了马克思和恩格斯的许多遗作，所有这些都大大加强了伯恩施坦个人和以他为代表的社会民主主义的影响。对于许多工人领袖来说，伯恩施坦就是马克思和恩格斯的继承者，他的社会民主主义就是发展了的马克思主义。这就进一步加速了社会民主主义的传播。

也就是说，社会民主主义与以马克思为代表的科学社会主义虽然都是为应对近代资本主义生产方式所引发的社会问题而产生的，而且它们之间最初并没有原则的差别，但是，随着资本主义生产方式的进一步发展，二者之间开始分道扬镳，甚至水火不容了。科学社会主义始终主张要团结工人群众，发动社会革命，彻底推翻资本主义制度。在他们看来，无产阶级只能是、必然是资本主义制度的掘墓人。他们的口号是：消灭私有制！全世界无产者联合起来！而社会民主主义实际上主张对资本主义制度进行修修补补，对资本主义的残酷和野蛮加以限制，从而保证资本主义生产方式持续运转。在客观上，社会民主主义实际变成了资本主义制度的卫道士。伯恩施坦的那句口号确实反映出了社会民主主义的实质：最终目的算不了什么，运动就是一切。

第二章

发展壮大

19世纪末20世纪初，西欧资本主义逐步由自由竞争发展到垄断阶段，继而又逐步由寡头垄断发展到国家垄断。与此相对应，迫于工人运动的压力，西欧资本主义生产关系方面也出现了相应的调整：工会、工人政党在西欧各国先后获得合法地位，国家在社会事务中发挥的作用越来越大。继德国的三大社会保险立法之后，其他国家也先后出台了一系列社会政策。这些政策虽然没有从根本上解决资本主义生产方式的内在矛盾，但却为广大工人群众带来一些实惠。这使得社会民主主义在广大工人群众中获得了更大的影响力和号召力，使得西欧各国的社会民主党逐步上升为西欧各国的主流政党。

第一节 迂回曲折的议会道路

创立于19世纪末20世纪初的西欧各国社会民主党，虽然已经公开放弃了暴力革命的主张，但由于受到马克思主义的影响，这些政党最初都明确承认自己的最终目标是消灭剥削、实现社会主义，都十分明确自己是工人利益的代表，并且无产阶级与资产阶级的利益是根本对立的，全世界无产者的根本利益是一致的，全世界无产者能够、也必须联合起来。因此，在1914年第一次世界大战爆发之前，尽管已经公开放弃非法的、暴力的手段，但他们都依然自我定位为资本主义制度的破坏者和掘墓人，而且都自觉地把本党、本国的工人运动看成是整个国际工人运动的一部分。同样，在资产阶级一方，社会民主党的合法地位虽然被承认，但他们还是被各国资产阶级看作最危险的敌人。社会民主党的活动总是遭到处心积虑的破坏与限制。此前虽然发生了法国社会主义者米勒兰加入资产阶级政府并且出任内阁部长的事件，但米勒兰仅仅是以个人身份参加资产阶级政府的。在 1914 年之前，社会民主党与资产阶级政党还没有政党层次的公开合作。换句话说，在 1914 年之前，在西欧，工人阶级与资产阶级之间的阶级对立还十分明确，阶级阵线还十分鲜明。

第一次世界大战的爆发，改变了这种局面。第一次世界大战在本质上虽然属于帝国主义国家之间的战争，用列宁的话来说即"狗咬狗"的战争，但战争毕竟是以民族国家的名义发动的，是以民族国家的名义进行的。这使得民族矛盾一度上升为西欧社会的主要矛盾，阶级矛盾暂时被弱化、被掩盖。这在客观上为西欧各国内部无产阶级与资产阶级这两大根本对立的阶级之间的合作创造了条件，为各国社会民主党的社会改良主义提供了机遇。

在战争爆发前的 1912 年，第二国际所属的 22 个西欧国家的社会民主党的 555 名代表在瑞士的巴塞尔举行非常代表会议，专门讨论如何防止一触即发的帝国主义战争，并且通过了题为《国际局势和反对战争的统一行动》的反战宣言。该宣言对战争危险性做了充分的预测，并且严厉警告各国统治阶级："如果它们胆敢把战争恶魔纵放出来，它们本身也不是没有危险的。""普法战争引起了巴黎公社的革命爆发，日俄战争唤起了俄国人民的革命运动。"帝国主义战争"会激起一切国家无产阶级的愤怒和不满"。宣言呼吁各国无产阶级和社会党人全面发动工人群众，利用一切手段来防止战争，保卫和平。如果资产阶级政府胆敢发动战争，那么，整个欧洲的无产阶级就要"采取极端行动"，利用帝国主义战争来加速资产阶级统治的崩溃。[①]

在战争爆发前夕，在战争气氛最紧张的德国，社会民主党在德国政坛上已经具有举足轻重的影响，它在 1912 年的选举中得票率已经达到了 34.8%（参见表 1.2），这对德国资产阶级统治精英已经构成了挑战。虽然人们都把帝国主义国家发展不平衡和英、德两大帝国主义集团争夺市场与殖民地看作第一次世界大战爆发的主要原因，但对战争挑起者德国

[①] ［苏］布拉斯拉夫斯基：《第一国际第二国际历史资料：第二国际》，中国人民大学编译室译，生活·读书·新知三联书店 1964 年版，第 182 页。

来说，用海外战争转移国内社会矛盾显然也是一个很重要的考量。德国统治精英试图用对国家的忠诚来化解国内激烈的阶级冲突。德国社会民主党果然中招。事实上扮演着欧洲社会民主党领头羊角色的德国社会民主党起初还在非常认真地贯彻着《巴塞尔宣言》的精神，在全国各地街头组织反战宣传和反战示威游行。但战争一爆发，德国社会民主党的态度立刻来了个一百八十度的大转弯，在1914年8月3日的德国议会会议上，德国社会民主党议员团毫无异议地投票支持了以德国皇帝的名义发动的战争。这个领头羊的效应也立刻产生了连锁反应。同盟国的另外几个国家奥地利、捷克、匈牙利的社会民主党也很快明确表态：支持本国政府参战。

同样的情形也发生在作为主要交战方的协约国一方：英国工党也在《巴塞尔宣言》上签了字。战争爆发前几天英国工党在议会内外都做了很大努力，呼吁执政的自由党政府保持中立，不要卷入战争。但8月4日英国政府以德国入侵比利时为由正式对德国宣战后，英国工党的立场也立刻转变。它非但没有按照《巴塞尔宣言》的精神，组织工人大罢工以反对战争，加速资产阶级统治的崩溃；相反，工党成立了一个"战时应急工人全国委员会"，号召工人停止罢工，尽一切可能帮助政府赢得战争。工党不仅同意在战争期间停止竞选活动，甚至还同意参加由自由党主导的战时联合政府，两名工党议员担任了联合政府的部长，工党领袖亨德森（后由巴恩斯接替）甚至还出任了仅由5人组成的战时内阁。这也是英国工党第一次入阁、第一次与资产阶级公开合作。

在法国，法国社会党（当时叫作工人国际法国支部）在战前也曾表达出强烈的和平主义立场。1914年7月在巴黎举行的社会党特别代表大会通过了这样的决议："代表大会认为，在所有用于防止和阻止战争以及强使各国政府求助于仲裁的手段中，代表大会认为最有效的办法是在有关国家，同时组织国际性规模的工人罢工，并用各种方式推动民众活动及风潮。"[①] 其领袖饶勒斯，曾经在许多场合公开发表反战演说并因此惨遭民族沙文主义者暗杀。法国社会党领导人与法国工会领导人甚至还共

---

① [法]让·马雷、阿兰·乌鲁：《社会党历史——从乌托邦到今天》，胡尧步、黄舍骄译，商务印书馆1999年版，第56页。

同策划、领导了 8 月 2 日（星期天）在法国各地的反战示威游行。然而，一旦法国政府对德奥宣战，法国社会党人也立即转变立场，他们不仅投票赞成政府的参战议案，他们的两位领导人甚至还参与了由资产阶级主导的战时联合政府。

也就是说，由于交战各国的社会民主党都选择了与本国资产阶级政府合作，这样，已经持续了近半个世纪的、以全世界无产者联合起来为口号的国际工人运动处于了事实上的瓦解状态。不过，各国社会民主党在各自国家内部的合法地位以及他们在各国政坛中的整体地位却都得到了进一步加强。

在德国，第一次世界大战的失败不仅使它丧失了全部海外殖民地，还使它丧失了八分之一的领土，减少了 730 万人口、四分之三的矿产、将近一半的钢铁生产能力，此外还有巨额的战争赔款。广大工人群众和士兵因为不堪战争的浩劫和重负，在战争后期纷纷举行罢工和起义，国内各种矛盾也暴露出来。德国统治集团既不愿意承担如此重大的战争责任，也无力解决由战争所引发的各种国内社会矛盾，因而选择了向坚持走议会道路、一向"遵纪守法"的社会民主党让步（当然这个让步是有条件的，事实上，只要条件成熟，德国资产阶级随时都会卷土重来，艾伯特受命于危难之时，实际上已经为稍后的希特勒上台埋下了伏笔），早在战争结束前夕，社会民主党领袖艾伯特（Friedrich Ebert）就被任命为帝国的宰相。在 1919 年 1 月 19 日的大选中，社会民主党又以 38% 的选票成为议会的最大政党，在随后的议会会议中，按照规则，工人出身的艾伯特史无前例地当选为德国历史上第一个共和国——魏玛共和国的总统。

然而，这个新生的共和国注定是短命的。在外交上，根据凡尔赛和约，德国不仅丧失了全部海外殖民地和大片领土、不得与奥地利合并，而且还规定必须支付巨额的战争赔款。为了防止德国东山再起，战后所成立的国际联盟的一项重要职能就是对德国的发展动向实行监督。而且，以交付赔款不力为借口，法国和比利时曾经以国际联盟的名义，派遣了 10 万大军进驻到了德国的鲁尔工业区去"管理生产"。也就是说，共和国时期的德国，其国际活动空间受到巨大的限制。在国内，新的共和国接手的是一片饱受战争蹂躏的废墟，百废待兴。而共和国手中却几乎没有任何资源。最重要的工业地区——阿尔萨斯和洛林地区被割让给了法国，国内最基本的生产资料仍然控制在大资产阶级和容克地主手中，军队依然控制在旧贵族、旧官僚手中。新生的共和国政府一开始就遭到了左右两个方面的强烈反对：政治暗杀、兵变、叛乱、政变企图、罢工、各种示威游行接连不断。最严重的一次右翼暴动甚至一度攻下了柏林，艾伯特总统甚至不得不逃离首都。共和国政府需要做各种各样的事情，然而，它有限的一点收入还必须首先交付战争赔款，同时它又无法增加新的税收。在不得已的情况下，共和国只好延续了在战争期间靠发行债券、借贷和大量印刷纸币的方式来筹集资金以应付战争赔款和必要的开支。结果是物价急剧上涨，马克急剧贬值。1914 年 7 月战争爆发前，1 美元可以兑换 4.2 马克，到 1919 年 1 月，1 美元变成兑换 8.9 马克，而到了 1920 年 1 月，汇率变成了 1 美元兑换 64.8 马克，1923 年 1 月，则变成了 17972 马克兑换 1 美元。这似乎还可以接受。而到了 1923 年 11 月 15 日，美元与马克的汇率上升到了 1∶4200 亿。纸币事实上已经变成了废纸。人民群众苦不堪言，而少数大金融家、大资本家则趁机发国难财。社会各界自然要把怨恨集中在共和国头上。

然而，共和国却无能为力。这不仅是因为经济命脉仍然控制在大资产阶级和容克地主手中，而且还因为共和国政府自身一直非常软弱。在 1919—1933 年即共和国时期，德国一共进行了九次选举，包括使希特勒的纳粹党成为最大政党，从而导致希特勒上台和共和国的灭亡的最后一次选举，没有任何一个政党能够在选举中、继而在议会中获得绝对多数。在绝大多数情况下，议会席位被九个不同的政党所分享，没有哪一个政党能够独自执政。通常是由两党或三党联合执政。于是也就出现了走马灯式的更换政府的现象。在 1919—1933 年，德国总共更换了 13 届政府，差不多每年都要更换政府。也就是说，共和国在几乎所有的重大问题上都不可能形成多数，都不能通过决议，是名副其实的举步维艰。正如英国历史学家玛丽·弗尔布鲁克所指出的："在比例代表制的选举制度下，在众多内外事务上见解迥异的、相对来说为数众多的各党派极难形成任何一种得到国会多数支持的稳定的联合政府，即使在'时运不坏的年代'里也是这样。某些政党联盟在国内事务上能达成一致，在外交事务上却做不到；另一些政党联盟在外交事务上能达成一致，在国内事务上则做不到。因为没有一个政党能够掌控四分五裂的政治局面，所以任何联合政府在本质上都是不稳定的，因而都是短命的。议会政体的这种不稳定性驱使众多社会集团越来越不信任这种怎么看都相当缺乏合法性的制度。"[1] 因此，从它诞生那天起，这个制度就饱受质疑。对于这个制度的创立者、魏玛共和国第一任总统、德国社会民主党领袖艾伯特，以德国共产党为代表的德国工人运动左派一直把他看作工人运动的叛徒，把他本人称为"社会法西斯主义者"，德国的右翼一开始就不接受这个出身卑微的工人总统，后来终于找到机会以"叛国罪"的罪名，把艾伯特送上了法庭，证据是1918年德国与英、法等国还处于交战之中时，艾伯特参加了罢工。再后来，在1929—1933年的经济危机冲击下，魏玛共和国最终夭折了。

短命的魏玛共和国虽然在发展经济、提升工人群众生活水平上没有什么建树，但它在彻底扫清封建制度残余、提升工人群众社会地位方面还是做了一些工作。例如，魏玛宪法在它的第一条就宣称："德意志国是一个共和国""国家的权力出自人民"。在人民的政治权利方面，魏玛宪法废除了贵族封号，明确规定所有德国人在法律面前一律平等。同时，宪法还废除了等级代表制，决定在各级选举中实行比例代表选举制。年满20岁的所有公民，不分男女，一律享有平等的选举权和被选举权，这也事实上实现了男女平等。此外，宪法还规定：公民的人身自由、居住、通讯自由不受侵犯，等等。在经济生活方面，在1918年11月由工会代表卡尔·列金和资方代表胡戈·斯廷内斯达成的"斯廷内斯—列金协议"的基础上，宪法进一步明确规定了人民有经济自由、工作自由、结社自由。而在"斯廷内斯—列金协议"中，资方明确承认工会有代表劳工的合法权利，同意在雇员超过50人的企业中成立工人委员会，其职责是确保雇主和雇员之间能够就工资、工作条件等进行充分、平等的谈判。

魏玛共和国虽然是短命的，但它所代表、所反映的原则和精神却是永恒的。不仅如此，在这一时期，德国社会民主党曾多次主导或参与执政，表现出了它的社会责任感。它因此不再被视为一种破坏性力量，不再被视为一个暴力组织。这不仅为它自己后来的执政创造了条件、积累了经验，

---

[1] ［英］玛丽·弗尔布鲁克：《德国史：1918—2008》，卿克辉译，上海人民出版社2011年版，第37页。

也为其他国家社会民主党的上台执政、为整个社会改良主义开了先河。

在英国，在战争爆发前，工党在英国政坛还仅仅是一个单一问题政党，即它仅仅是为了维护劳工的经济利益。它既没有一个系统的纲领，也没有一个成文的章程，甚至还没有个人党员。因为，1900 年，它本身就是由 62 个工会组织和十几个社会主义团体合并而成，这些工会组织和社会主义团体就成为工党的集体成员。这使得多年以来，工党始终带有浓厚的行会色彩，而不是一个面向社会公众的、以获取执政地位为目标的现代意义上的政党。它虽然也参加选举，但仅仅是作为自由党的跟班伙伴。在某种意义上说，参加战时联合政府，不仅提升了工党的社会地位，改变了工党在人们心目中的形象，也促进了工党自身的变革。

1917 年，由于要求英国派代表参加在瑞典举行的世界社会主义者代表大会的请求被断然拒绝后，亨德森愤然退出内阁，开始专注于工党自身的建设。他意识到，工党要想成为主流政党、要冲击执政地位，首先必须改变组织结构。它不能仅限于工会组织，而是必须面向公众，特别是面向个体劳动者、中产阶级知识分子和政治精英，必须全面开放。为此它就不能仅限于接受工会组织等集体党员，它必须深入到社会最基层，直接与选民联系。为此它就必须号召、鼓励、接纳个人党员。为了充分动员选民，工党还必须建立起强有力的基层组织。在由亨德森亲自主持制定、于 1918 年 2 月工党特别代表会议上通过的工党章程对上述事项都作了明确规定。

同时，亨德森还意识到，要想冲击主流政党的地位，工党还必须有自己的长远目标、自己的个性、自己特别的主张，而不能仅限于维护劳工的利益。因为，为了吸引工人群众的选票，为了保证资本主义生产方式的持续运转，自由党甚至包括保守党，有时候也会提出一些与工人群众利益吻合的政策主张。因此，在章程的第四条，工党明确提出："在生产资料公有制和对每一工业或行业所能做到的最佳的民众管理和监督的基础上，确保手工与脑力生产者获得其勤勉劳动的全部果实和可行的最公平分配。"[1] 这就是最具工党特色并且影响了工党差不多一个世纪的党章第四条。这表明，英国工党不再甘心做自由党的跟班，而是独立地打出

---

[1] Henry Pelling, *A Short History of Labour Party*, London Macmillan Ltd, 1974, p.39.

了自己的旗帜。由于战时联合政府中，工党与当时的两大主流政党——自由党和保守党已经展现出通力合作的精神，已经展示自己对国家和社会的担当精神和责任心，这使得长期以来人们对工党的一些偏见和误解得以消除，一些政治精英和知识分子也愿意加入工党的行列之中。再加上随着战时经济的扩张和工人队伍的迅速扩大，工党的社会基础得到了稳固的加强，到1919年选举时，工党的基层组织由战前的100多个增长到2000多个，已经遍布英国的各个选区。而随着组织的扩张和社会各界精英的加入，工党的整体素质也有了明显提升。这就为它上台执政打下了坚实的基础。

在制定党章的同时，为了迎接战后的选举，1918年6月，工党还通过了由费边社的代表人物、同时也是工党全国执行委员会委员的韦伯起草的一部名为《工党和新社会秩序》的纲领（自那时起，工党在每一次选举前都要颁布一份宣传自己政策主张的纲领，或者也叫作竞选宣言），该纲领实际上把章程中提出的原则和目标做了进一步的细化。例如，该纲领明确提出：工党要通过议会选举的方式上台执政，并且逐步消灭私有制。同时该纲领还提出了最低生活标准、最低劳动条件、每周最长48小时工作制等一系列具体主张。

在1918年11月底（停战协定刚签署）举行的选举中，英国工党以它独立的身份、独立的主张在全国赢得了225万张选票和议会中的50个席位，得票率达到了20.8%。虽然未能一举成功，但已经显示出了强劲的发展势头。

在四年之后的1922年的选举中，工党的得票率达到33.3%，在议会的650个议席中独得142席，而传统主流政党自由党仅获得了116席。这样，工党就历史性超越自由党而上升为英国政坛的第二大党，用英国的政治术语来说就是成为"国王陛下忠诚的反对党"。因为按照英国的体制，第二大政党不仅可以从国会那里得到相当的活动经费，而且还有资格组建"影子内阁"，即实际上成为后备的执政党。

到1923年，由于在关税改革上受阻，执政的保守党决定提前大选，以期获得更多的支持，结果未能如愿。保守党虽然保住了第一大党的地位，获得了250个议席，但还达不到议会的多数。由于位居第二大党的工党（占有191席）和第三大党的自由党（占有158席）都反对保守党提升关税的政策，都力主自由贸易，也就是说，反对派构成了多数。这样，国王决定邀请工党组阁。这样，英国历史上第一个由第二大党组建、也是英国历史上第一个工党政府就产生了。一位农业工人和女仆的私生子、没有上过大学、工人出身的工党领袖拉姆齐·麦克唐纳破天荒地登上了英国首相的宝座。

不过，如德国社会民主党的临危受命一样，英国工党首次执政的环境也极其艰难。第一，作为一个少数派政府，工党必须与自由党达成妥协，在几乎所有政策上必须争取自由党的支持，否则它随时可能下台。第二，工党虽然已经公开放弃暴力革命的主张，而且有过参与战时联合政府的经历，但它毕竟是来自社会下层的政党，而且还声明其最终目标是消灭私有制，其领袖出身卑微，所有这些使得社会上层对它必然充满敌意，必然处处提防、事事刁难。第三，尽管受到种种掣肘，工党政府还必须推行一些有利于广大群众的改革。因为它毕竟是靠广大工人群众的选票才获得执政地位的，它必须对工人群众有所交代。第四，既然机会来了，工党还必须展示出自己有能力领导政府、管理社会，这迫使它必须有所作为，而不能无所事事。

作为一个少数派政府，工党显然不可能实施宏大的社会主义计划，它选择了从当时在欧洲已经形成风气的社会政策领域发力。它沿着先前的保守党政府已经开辟的道路，把一些政策又向前推进了一步。例如，工党政府把失业救济金的发放范围明显放宽，失业的临时工、已婚妇女也有资格领取失业津贴，领取时间从先前的最多21周延长为41周，标准从每周15先令提高到18先令。在社会救助方面，工党政府也做了调整，使领取孤寡、伤残救济金的人数从原来的2万人增加到17万人。此外，工党政府还通过了著名的"惠特利住宅计划"，提出由国家财政提供补贴，在15年内建造250万套住宅，以此来改善中下层人民群众的居住条件，同时又能刺激当时低迷的经济，增加就业，增加政府财政收入。虽然由于很快下台，这一计划未能实现，但这一计划所体现的原则对后来，特别第二次世界大战后英国的住房政策产生了直接的影响。

如果说在内政方面，工党政府没有太大作为的话，那么在外交方面，工党政府却实现了一个突破。十月革命之后，包括英国在内的西方国家对苏联一直采取敌视、封锁的政策，工党政府作了巨大努力，于1924年

2月与苏联正式建立外交关系，承认苏维埃政府是代表俄国的唯一合法政府，成为西方大国中第一个承认社会主义政权的国家。这不仅大大促进了英国的对外贸易，而且对苏联打破西方国家的围堵、促进世界和平都产生了重要的影响。

然而，当时在英国政坛仍占据第一大政党的保守党，对工党政府实现英苏建交一事非常不满并且制造事端，于1924年10月对工党政府提出了不信任提案并且在议会中获得通过，仅仅执政了10个月的工党政府被迫下台。

虽然只有10个月，但这毕竟是一次管理国家、管理社会的完整实践。这使得那些工人出身的工党领袖信心大增。在1929年选举中，工党重整旗鼓，以《工党与国家》的新纲领再一次公开表明了自己的社会主义取向和目标，提出要逐步地对矿山和铁路实现国有化，对银行和金融业实行监管，一步一步地把工业企业改造成为公众服务的合作企业，同时工党又再次声明：它要靠合法手段逐步实现自己的目标而无意于阶级战争和暴力革命。由于随着第一次世界大战后资本主义的发展英国社会两极分化进一步加深，社会改革的呼声日益高涨，这使得工党的主张不仅获得了工人群众的支持，而且还获得了一大批小资产阶级人士的响应。结果，工党在这次选举中共获得800多万张选票，占全部选票的37.1%，一举拿下了288个国会议席并且成为第一大党（保守党260席）。工党再次获得了组阁权。在自由党（59席）的支持下，工党再次上台，工党领袖麦克唐纳再度出任首相。

然而，历史似乎开了一个玩笑。踌躇满志的工党刚上台，就碰到了史无前例的经济危机。这场危机虽然在美国爆发，但很快波及英国。从1929年起，英国的经济就开始萎缩，失业率开始上升，到1931年中期，英国的失业人口达到300多万，占到了全部经济活跃人口的25%。与此同时，随着外国资本的纷纷撤离和黄金的大量外流，英国国内银根紧张，物价飞涨。在这样的条件下广大工人群众希望政府有所作为，不惜代价——包括增发失业金，保障人民群众的生活，但以挽救经济、避免更大规模的失业为理由，麦克唐纳政府却做出了大幅增加税收、大幅压缩包括失业救济金在内的政府开支的决定。这引起了广大工人群众和工党领导层大多数人的强烈不满。人们指责麦克唐纳，说他已经变成工人阶级的叛徒。在工人群众和工党内部的巨大压力下，麦克唐纳政府于1931年8月宣布集体辞职。

保守党和自由党显然都不愿意直面日益恶化的经济危机和群情激愤的工人群众这样一个棘手的局面，麦克唐纳辞职以后，又接受了国王的邀请，出面组建由工党、保守党和自由党三党大联合的国民政府，麦克唐纳第三次出任首相。但麦克唐纳此举并未获得工党执行委员会的批准，工党全国执行委员会认为，麦克唐纳已经背叛了工人阶级，随即决定将其开除出工党。麦克唐纳自己又组织了一个国民工党。英国工党事实上分裂为两派。

工党的分裂给了保守党反弹的机会。在1931年10月的选举中，保守党大获全胜，它不仅重新夺回第一大党的地位并且重新执政，而且还以473个席位的巨大优势获得了议会的绝对多数。工党则被重新挤到边缘地位，仅仅获得了52个议席。虽然并非情愿，但英国工党的执政道路似乎注定是曲折的。

在法国，情况稍有不同。1901年法国的自由结社法颁布之后，法国现代意义上的政党，包括被视为后来的社会党的前身——工人国际法国支部纷纷建立起来。20世纪初，在法国政坛就有30多个政党，其中，参加全国议会选举并且在议会中能够获得席位的政党就有十几个。十几个政党逐鹿政坛，其中的任何一个政党都无法取得议会的多数。甚至每个政党内部也有不同的政见和不同的派别。例如，工人国际法国支部本身就是由工人运动中三个不同的派别合并而成的。当时，法国政坛的最大政党是激进党。为了争取工人群众的支持，法国激进党也提出了8小时工作制、累进征税制、建立社会保障制度等主张，这实际上大大挤压了工人国际法国支部的发展空间。虽然米勒兰是工人运动史上第一个公开与资产阶级政府合作的社会主义者，后来甚至还以个人的名义出任过法国总统，第一次世界大战爆发后，社会党的领导人又参与了战时联合政府，但总体来说，法国社会党人认为，他们夺取政权的条件并不成熟，并不特别觊觎政权，用法国历史学家的话来说，他们甚至有点蔑视政权。他们认为，米勒兰入阁和参加战时联合政府都是暂时的特殊情况，不属于无产阶级夺取政权的行动。他们接受了马克思的思想，认为社会主义革命必须在所有发达国家的无产阶级同时采取行动才可能成功，因此，虽然他们一直在积极向政坛渗透，却似乎并不急于执政，特别是不愿意像英国工党在 1924 年那样，在条件并不成熟的条件下，唯唯诺诺地组建一个少数派政府。用社会党的创始人盖德和饶勒斯的话来说就是：

> 同志们，一旦某一天社会党、一旦某一天有组织的无产阶级把阶级斗争理解为与资产阶级瓜分政治权力并且如此实践，那么，这一天就不再有社会党了。①

后来的社会党领袖莱昂·布鲁姆（Leon Blum）继承了盖德和饶勒斯的思想。他曾经讨论起他与英国工党领袖麦克唐纳的一段对话。他向对方询问，工党在 1924 年并不具备有利条件的情况下为什么组建少数派政府时，麦克唐纳的回答是："必须打破贵族对政府的偏见。"布鲁姆的回应是：

> 您谈到，我们大概夺取政权是为了向英国表明，我们在掌握政权之后，一切都不会改变。恰恰相反，在我们看来，必须要表明的是一切都变了。贵族对政府的偏见在法国并不存在；也有一种偏见，但完全是另外一种；自一个世纪以来，人民参与了国家的治理，应该最终表明，我们的存在会带来实质性的变化。②

法国社会党对政权的这样一种立场与当时法国工人运动的另一特点有关，即相对于英国和德国，法国共产党的力量更加强大，为了占据工人运动的领导地位，社会党不得不把自己的基本立场向左倾斜一点。因此，在第一次世界大战胜负已定的情况下，社会党退出了联合政府。随后，法国社会党派遣了一个代表团前往苏联，考察了十月革命，甚至还同列宁讨论了加入第三国际的问题。

---

① ［法］阿兰·贝尔古尼欧、吉拉德·戈兰博格：《梦想与追悔：法国社会党与政权的关系 100 年（1905—2005）》，齐建华译，重庆出版社 2013 年版，第 29 页。
② ［法］阿兰·贝尔古尼欧、吉拉德·戈兰博格：《梦想与追悔：法国社会党与政权的关系 100 年（1905—2005）》，齐建华译，重庆出版社 2013 年版，第 77 页。

不仅如此，作为战胜国，法国资产阶级的统治秩序非但没有受到战争的冲击，反而得到了相对巩固。这使得法国社会党只能储备力量、等待机会。

在1924年战后第二次选举中，包括社会党在内的四个左翼政党获得了胜利，在全部582个议席中，左翼联盟共获得了329席。其中，激进党139席、社会党104席。激进党以最大政党的身份组织政府。社会党虽然在议会中给予了激进党以必要的支持，但它并没有参加政府。

1929—1933年的世界经济危机严重动摇了整个西方资本主义制度，也重创了法国的资本主义统治秩序。在1930—1935年，法国的钢产量下降40%，铝产量下降50%，整个工业生产下降36.2%，倒退到了1911年的水平，即一下子倒退了20年，几百家企业倒闭，几百万工人失业。

与工业危机相伴随的还有农业危机。由于大批工厂倒闭、大量工人失业，直接导致大量农产品找不到市场，农产品价格急剧下跌又导致近百万户农民破产。

如此严重的经济危机，使法国社会的各种矛盾迅速激化，各种示威游行、反叛和暴动频频发生，政局也剧烈动荡。在1930—1935年，法国政府就更换了10次，平均差不多一年就要更换两次。

这场危机还直接引发了欧洲的法西斯主义。在法国的两个重要邻国，意大利的法西斯势力在1922年就建立了政权，在德国，法西斯主义的头目希特勒在1933年上台，法西斯势力在法国也甚嚣尘上。20世纪20年代，法国各地就出现了一些法西斯主义组织，经济危机爆发后，法西斯组织迅速发展。1934年2月6日，法国的十几个法西斯组织的两万多名暴徒武装包围了法国议会大厦，公开提出要取消议会制、建立法西斯政权。这就是法国近代史上著名的"二六"事件。

面对如此严峻的局面，法国社会党、法国共产党和法国激进党决定采取联合行动，组建反法西斯的"人民阵线"，号召全体法国人民团结起来，共同战胜法西斯主义。在1936年举行的议会选举中，总共559个议席中，由左翼三大政党为主组成的人民阵线获得了334席，其中社会党146席、激进党116席、共产党72席。社会党首次超过激进党并且成为最大政党。基于事先的协定，社会党和激进党组建了联合政府。共产党虽然没有参加执政，但在议会中给予联合政府坚定的支持。作为最大政党的领袖，布鲁姆出任政府总理。法国社会党终于站到了法国政坛的最前沿。

不过，在法国社会党看来，他们这次执政，并不是要搞社会主义革命。布鲁姆提出，必须区分三个不同的概念：取得权力、行使权力和占有权力。

他认为，"取得权力从根本上说，是一种革命行动，一方面是摧毁资本主义社会政治框架，另一方面，通过无产者的暂时的专政来改变所有制"，"如果没有一个群众性的组织得很好的、与外国兄弟政党工会有联系的政党，社会革命是不可想象和难以实现的"[①]。

他认为，即使行使权力，也必须冲击资本主义体制，为取得权力做好准备。这对法国社会党来说，条件也不成熟。法国社会党的执政，只能算是占有权力。而占有权力"仅是社会主义向法西斯主义斗争的一个插曲。无产者可能引向占有权力。它不像取得权力那样，起摧毁资本主义和建设社会主义的作用，也不像行使权力那样，起过渡和准备作用，它是防卫性和保护性的。无产者政党占据政府权力，为的是不让法西斯主义占有。这样的政府不仅限于警察行动。如果没有一个反对作为产生法西斯主义的根源的社会和经济危机的直接纲领，那占有权力也是不可设想的"[②]。

也就是说，法国社会党虽然政权在握，但它认为在法国，社会主义革命的条件并不成熟。但它也并非无所事事，坐等时机，而是进行了一系列的社会改革。布鲁姆就任总理的两个多月内，法国议会就通过了一百多个法案。这些法案虽然没有危及资本主义基本秩序，但其总体方向更倾向于广大人民群众的利益。这场改革大致上可以分为四个方面。

第一，开创了政府调解、仲裁劳资冲突的先例。1936年的选举后，法国各地的工人群众仍然酝酿着罢工示威。由于担心引起暴乱和更大的动荡，资产阶级要求政府出面调停。于是，1936年6月7日，在布鲁姆的主持下，劳资双方的代表来到了法国总理府所在的马提翁大厦举行了谈判并达成了著名的《马提翁协议》。资方承认了工会有代表工人集体谈判的权利，同时还同意把包括临时工在内的所有工人的工资都大幅度提

[①] [法] 让·马雷、阿兰·乌鲁：《社会党历史——从乌托邦到今天》，胡尧步、黄舍骄译，商务印书馆1999年版，第71页。

[②] [法] 让·马雷、阿兰·乌鲁：《社会党历史——从乌托邦到今天》，胡尧步、黄舍骄译，商务印书馆1999年版，第72页。

高（7%—15%），双方还同意在合同有效期内不得随意罢工或关厂。这不仅把剧烈的街头冲突转化为了谈判桌上的理性对话，从而保住了基本的社会秩序，而且还事实上承认了政府在调解、仲裁劳资冲突中的权威，长期以来一直困扰着法国社会的劳资冲突从此进入了一个有序状态。

第二，人民阵线政府还通过了其他一些明显有利于工人群众的立法，其中包括40小时工作法案。规定在不减少工资的前提下周劳动时间由原先的48小时减少到40小时。还规定所有受雇于工业、商业、自由职业、各种合作社的工人、职员、学徒工，连续任职一年及以上者，每年享有15天的带薪休假。所有这些条款，在当时的西欧都是开创性的。而一次谈判，资产阶级做了如此之大的让步，这在现代西方工人运动史上并不多见。

第三，取缔了法西斯组织。法国的法西斯组织当时已经渗透到了社会各个角落。人民阵线政府解除了绝大多数法西斯组织的武装，宣布它们为非法。虽然一些法西斯组织被迫转入地下并且继续活动，但甚嚣尘上的法西斯势力基本上被遏制住了。

第四，进行了国有化的初步尝试。人民阵线政府对一些特殊领域如军火工业、飞机制造业、铁路实现了国有化，加大了对法兰西银行的监管力度，把决策权和管理权由大股东组成的董事会，转移到了由政府任命的代表构成的委员会手中，成立了小麦跨行业管理局，指导谷物的生产和价格。

显而易见，所有这些改革，都打上了社会民主主义的印记。在法国，这场改革也被称为"布鲁姆试验"。这场改革虽然没有触及资本主义制度的核心，但还是引起了资产阶级特别是法国大资产阶级的恐慌。他们以各种方法，包括转移资本、制造流言蜚语等进行抵制和反抗。再加上当时法国的经济还没有完全走出危机，政府财政赤字扶摇直上。占有权力一年多一点之后，布鲁姆被迫下台。法国社会党的第一次社会改革之旅也暂时告一段落。

社会民主主义起源于西欧，但它在北欧的发展却更为顺利。

按照沃勒斯坦的理论，北欧属于以西欧为中心的资本主义边缘地区。这里的资本主义发展较晚，到19世纪中期，当近代资本主义生产方式的内在矛盾在西欧已经充分暴露的时候，北欧基本上还处于传统农业经济状态。到19世纪末，北欧虽然也逐步确立了资本主义生产方式，出现了现代工业经济，出现了现代工人运动，北欧三国①也组建了社会民主党。但北欧的工人运动受马克思主义的影响很小，它们从一开始就接受了以伯恩施坦为领袖的德国民主党的影响，一开始就选择了非暴力、合法的、渐进的社会改良之路。

北欧三国之所以选择了这样一条道路，是由它们当时的社会结构所决定的。按照马克思的观点，资本主义生产方式的发展必然导致两极分化，必然造成利益根本冲突的、势不两立的两大阶级——有产者和无产者，因此，社会主义革命是不可避免的。但是在近代北欧三国，资本主义的发展虽然也造就了有产者和无产者这两大阶级，但是，在它们之间，始终还存在着一个强大的第三者——农民阶级。因此，在近代北欧，其社会结构的基本态势不是两军对垒，而是三足鼎立。瑞典学者罗伯特·埃里克森（Robert Erikson）曾经把北欧近代社会结构做了如下描绘（见图2.1）：

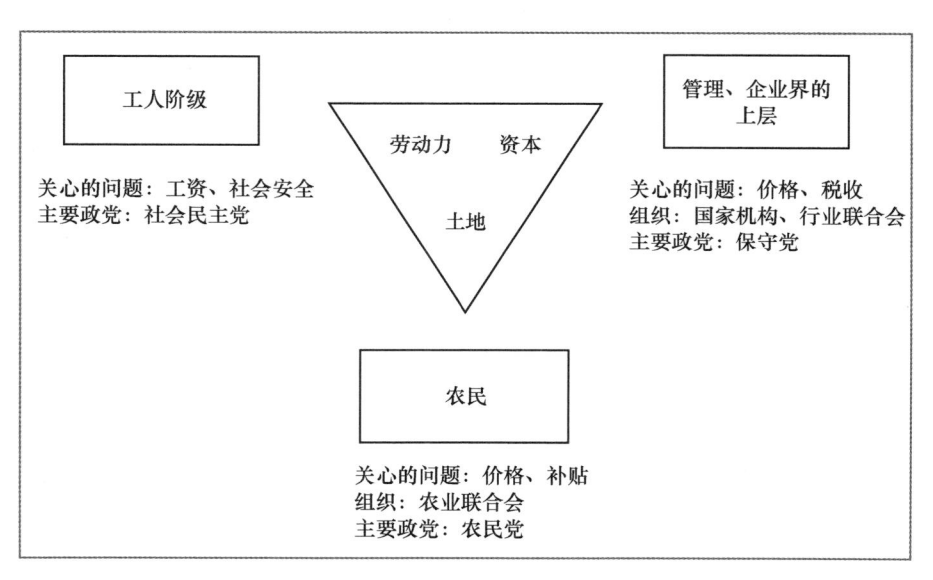

图2.1 斯堪的纳维亚三足鼎立的社会结构

资料来源：Robert Erikson et al. (editors), *The Scandinavian Model: Welfare States and welfare research*, Armonk New York, Sharpe, 1987, p. 11。

---

① 地理上，北欧包括丹麦、挪威、瑞典、芬兰、冰岛五个国家。由于冰岛人口极其稀少，且经济结构极其特殊；芬兰在历史上曾长期被沙俄控制，其近代社会发展又受苏联很大影响，因此，本书所使用的"北欧"这一概念，主要指被许多社会民主主义文献称为"社会民主主义麦加"的丹麦、瑞典和挪威三国。

事实上，在19世纪、20世纪之交即北欧三国社会民主党创立的时候（丹麦1876年、挪威1887年、瑞典1889年，见表2.1、表2.2、表2.3），这三个国家基本上还属于农业国，农民在人数上还处于绝对多数。

表2.1　　　　1850—1981年丹麦主要行业经济活跃人数及
　　　　　　　所占经济活跃总人数的百分比　　　单位：千人、%

年份	农渔林	占总	制造业	占总	服务业及其他	占总	总计
1850	654	59.5	291	26.5	155	14.1	1100
1860	727	58.5	346	27.9	169	13.6	1242
1870	816	57.4	373	26.2	233	16.4	1422
1880	957	56.0	451	26.4	301	17.6	1709
1890	915	44.9	534	26.2	590	28.9	2039
1901	531	42.3	375	30.3	333	26.9	1239
1911	513	41.7	297	24.1	421	34.2	1231
1921	474	34.9	368	27.1	518	38.1	1360
1930	560	35.3	431	27.1	597	3706	1588
1940	562	28.5	603	30.6	806	40.9	1971
1950	518	25.1	687	33.3	858	41.6	2063
1960	367	17.5	764	36.5	962	46.0	2093
1970	244	10.7	825	36.3	1203	53.0	2272
1981	194	7.2	664	24.5	1847	68.3	2705

资料来源：根据 B. R. Mitchell, *International Historical Statistics Europe 1750 - 1988*, London: Palgrave Macmillan, 1992, p. 143 改编。

表2.2　　　　1875—1980年挪威主要行业经济活跃人数及
　　　　　　　所占经济活跃总人数的百分比　　　单位：千人、%

年份	农渔林	占总	制造业	占总	服务业及其他	占总	总计
1875	218	30.5	129	18.1	367	51.4	714
1891	384	49.6	177	22.9	213	27.5	774
1900	360	40.8	243	27.5	280	31.7	883
1910	374	39.6	245	25.9	326	34.5	945
1920	394	36.8	310	28.9	368	34.3	1072

续表

年份	农渔林	占总	制造业	占总	服务业及其他	占总	总计
1930	413	35.5	309	26.5	443	38.0	1165
1946	408	29.5	452	32.7	522	37.8	1382
1950	360	25.9	508	36.5	523	37.6	1391
1960	274	18.2	513	34.1	718	47.7	1505
1970	170	11.6	545	37.3	746	51.1	1461
1980	165	8.1	598	29.3	1278	62.6	2041

资料来源：根据 B. R. Mitchell, *International Historical Statistics Europe 1750 – 1988*, London： Palgrave Macmillan, 1992, p. 150 改编。

表 2.3　　1860—1980 年瑞典主要行业经济活跃人数及所占经济活跃总人数的百分比　　单位：千人、%

年份	农渔林	占总	制造业	占总	服务业及其他	占总	总计
1860	664	64.0	174	16.8	199	19.2	1037
1870	1014	66.6	127	8.3	381	25.0	1522
1880	1060	62.9	174	10.3	452	26.8	1686
1890	1104	67.6	263	16.1	267	16.3	1634
1900	1108	53.5	413	19.9	551	26.6	2072
1910	1016	46.2	565	25.7	618	28.1	2199
1920	1059	40.7	808	31.1	735	28.2	2602
1930	1041	36.0	927	32.1	923	31.9	2891
1945	733	24.5	1130	37.8	1125	37.7	2988
1950	632	20.5	1267	40.8	1206	38.8	3105
1960	447	13.8	1462	45.1	1334	41.1	3243
1970	277	7.9	1373	38.1	1862	53.0	3512
1980	226	5.6	1290	32.2	2496	62.2	4012

资料来源：根据 B. R. Mitchell, *International Historical Statistics Europe 1750 – 1988*, London： Palgrave Macmillan, 1992, p. 154 改编。

必须指出的是，19 世纪、20 世纪之交，西欧大部分国家已经完成了工业革命。新兴的工业和新增城市人口对农产品和原材料的大量需求，带动北欧的农业悄悄地发生了变化。北欧三国的农业已经不是传统意义上的农业，它已经变成了西欧资本主义经济的一部分。它们的农产品已经主要不是自产自销，而是出口到了西欧市场。例如，1875年，丹麦的农产品出口量占到了它产量的38%，到了1913年，出口量占到了总产量的64%，并且占到了出口总值的90%。[1]

也就是说，西欧资本主义大市场客观上把北欧的农民联系到了一起，它们自然而然也会组织起来，共同争取、维护自身的利益。北欧三国的农民不仅很早就组织起了一直延续到目前的各种农业合作社，甚至还先于各国社会民主党而组建了各国的农民政党。

有这样一个组织起来的、强大的农民阶级的存在，北欧三国的社会民主党当然不可能贸然发动社会主义革命。因为一方面，作为小私有者，个体农民对社会主义有一种天然的抵触情绪。但是另一方面，由于小生产者无法与大资本家竞争，他们不仅有时入不敷出，而且还时刻面临破产的威胁，他们也希望能够得到国家的保护。在这个意义上，他们又可能同工人群众联合起来。因此，北欧三国的社会民主党从一开始，就不愿意公开打出社会主义的旗帜，而是选择了"人民之家"这样一句既能为工人群众争取利益，也能为广大农民群众所接受的口号作为自己的宗旨。

"人民之家"的口号最初是由瑞典社会民主党的第二任主席阿尔滨·汉森（Per Albin Hansson，1885—1946）在1928年的演讲中提出来的。汉森是工人出身，1918年当选国会议员，1925年接任布兰亭担任瑞典社会民主党主席，1932年起担任瑞典政府首相直至1946年去世。他的"人民之家"的思想不仅对瑞典、对北欧，甚至对整个现代社会民主主义的发展都产生了重要影响。

在这次讲演中，汉森把国家与家庭做了类比。他认为，家庭的基础就在于共有和团结。一个好的家庭中不应该有特权者和被剥削者，应该只有平等、关心、互助、合作。国家也应该如此。社会民主党的目标就是要把瑞典建成"人民之家"。显而易见，"阶级斗争""暴力革命"等原则已经被放弃了。丹麦社会党的领袖人物、丹麦著名社会改革家斯顿克（K. K. Steincke，1880—1963）说得更明确：我们的方针是"激进与保

---

[1] B. R. Mitchell, *International Historical Statistics Europe 1750 – 1988*, London: Palgrave Macmillan, 1992, pp. 399 – 405.

守的必要折中，从而既防止反动，又防止布尔什维克主义"[①]。

也就是说，北欧三国的社会民主党虽然没有公开放弃马克思主义，但在其实际行动中一开始就接受了社会民主主义。例如在丹麦，社会民主党领袖斯道宁（Thorvald Stauning，1873—1942）早在1916年，就应邀参加了由激进自由党主导的政府，并且出任了不管部部长。1924年，丹麦社会民主党在选举中以36.6%的选票成为议会最大政党，并且以此身份，组建了历史上第一届社会民主党政府，斯道宁出任首相。

在瑞典，社会民主党在1918年的选举中，成为议会最大政党，得票率为39.2%。在1921年的选举中，瑞典社会民主党的得票率又增加到39.4%，它也以最大政党的身份第一次上台执政，社会民主党领袖布兰亭（Karl Hjalmar Branting，1860—1925）出任首相。

在挪威，受十月革命的影响，挪威工党一度曾加入第三国际，虽然1923年它又退了出来，但工党的左派随即组建了挪威共产党。工人运动的分裂使挪威工党在挪威的议会选举中得票率曾长期低于20%，一直到1927年，挪威工人运动重新联合，挪威工党也以36.8%的得票率成为挪威议会最大政党，1928年，挪威工党也得以上台执政。

不过，必须指出的是，如同在德国、英国、法国一样，北欧三国的社会民主党也是靠选票上台的，因此，即使权柄在手，由于受各种力量的掣肘，它们在社会改良方面没有作出多少突出的成绩。

第二节 成为主流

虽然执政、参政时间有长有短，社会改革的力度有大有小，但总体上来说，到了20世纪30年代，在西欧政坛上，公开主张社会主义的工人政党已经成为一种常态。对于资产阶级和反对派来说，社会主义已经不再是可怕的幽灵。用英国工党早期的领袖麦克唐纳的话来说就是：即使主张社会主义的工人政党上台执政，一切也都不会改变。换句话说，资产阶级和反动派对工人政党的"偏见"和恐惧已经逐渐消失，一些虽然

[①] Gunnar Heckscher, *The Welfare State and Beyond: Success and Problems in Scandinavia*, University of Minnesota Press, 1984, p. 45.

有利于工人群众眼下的直接利益,但更符合资本主义长远发展利益的改革它们也能够接受了。

在工人群众方面,人们对国家的态度也悄悄发生了变化。按照马克思的观点:资产阶级国家就是管理资产阶级共同事务的委员会,是专门为资产阶级服务的。其本质就是一架暴力机器,其职能就是镇压无产阶级的反抗。因此马克思曾经公开号召工人阶级要团结起来,用暴力来打碎旧的国家机器,建立无产阶级政权。但是,经过了一段参政执政的实践,用法国社会党领袖布鲁姆的话来说,就是"占有权力"之后,工人群众逐渐发现,国家权力也可以为他们所用,他们也可以利用国家政权来推行一些有利于人民群众的社会改革。因此,他们也就逐渐不再蔑视权力,不再拒绝执政,而开始重视选举,重视议会道路,重视合法斗争了。

不过,一直到20世纪30年代,在实行多党制的西欧政坛上,西欧各国社会民主党只不过是各国政坛众多政党中的一员。在各国的选举中它们也只是偶尔露一下峥嵘,还没有成为主流政党。1929—1933年的世界经济危机及随后爆发的第二次世界大战为西方资本主义制度的大调整、从而为西欧各国社会民主党的大发展带来了机遇。

前文提到,经济危机自1825年首次在英国爆发以来,就成为西方资本主义世界的一种常态。萧条—危机—复苏—繁荣,西方资本主义世界似乎已经习惯了这样的发展周期。但是,与先前的那些危机不同,1929年的这场危机,不仅来势凶猛,而且持续时间长,影响范围广,破坏力特别巨大,它深刻动摇了整个西方资本主义体系的根基。

这场危机于1929年10月24日(黑色星期四)首先在美国爆发,而后迅速蔓延到整个资本主义世界。当天上午10点,美国纽约的股票交易市场一开盘就出现大抛售,55种主要股票当天平均下跌了44%,此后一发不可收拾,到1933年3月,美国共有11730家银行破产,251200家企业倒闭,1700万工人失业,另外还有100多万户农民破产,在危机最严重的1932年,美国居然有半数以上的人没有任何收入。美国社会危机四起,罢工、请愿、起义、叛乱、抢劫、偷盗等各种社会犯罪频繁发生。在这样的背景下,于1933年1月出任美国第37届总统的罗斯福,被国会授予了只有战时总统才享有的特别权力:可以全面、全权管理社会生活,即所谓的"罗斯福新政",而罗斯福也做好了当最后一届美国总统的准备，对美国的社会制度进行了大刀阔斧的改革。

危机迅速蔓延到整个西欧，一直持续到1933年才开始复苏。危机使整个西方资本主义经济萎缩了44%，危机期间，世界贸易减少了三分之二。在危机最严重的1932年，美国的工业生产仅相当于1929年的53%，德国为59%，意大利为66%，法国为69%；在受危机冲击最轻的英国，也仅为1929年的82%。正如本书前面提到的，如此严重的、全面的、持续的衰退，不仅引发了各种社会矛盾，引起了剧烈的社会动荡，也引起了人们对资本主义制度本身的深刻反思：资本主义的丧钟是否真的敲响了？这个持续了不到两个世纪的制度还有出路吗？

在这样的背景下，凯恩斯主义出台了。

在1929—1933年的这场危机之前，在西方经济理论中占主导地位的是所谓的"萨伊定律"。萨伊（Jean-Baptiste Say，1767—1832）是一位法国经济学家，他在英国留学期间接受了亚当·斯密的思想并将其做了进一步的发展。萨伊认为，资本主义生产过程在本质上就是一种商品交换过程，所有的产品在本质上都是用来交换的，所有的购买者同时也是生产者。用亚当·斯密举过的例子来说就是，农民所穿的衣服和鞋子在本质上是用他生产的粮食来购买的（货币在这个过程中只是起了一个媒介的作用），因此，商品的供给会为自己创造出需求，总供给与总需求必定是相等的。因此，人们把所谓的萨伊定律简化为"供给自动创造需求"。在这一定律的作用下，尽管供给与需求之间可能会出现局部的、短暂的不一致，但价格和利率的调整会使二者趋于一致，资本主义生产方式能够实现充分就业。因此，虽然当时的西方社会已经出现了这样那样的问题，但在总体上来说，在这场危机之前，人们对资本主义制度还是信心十足。

然而，1929—1933年的危机还是爆发了。萨伊定律显然没有办法解释这场危机。因为在长达四年的时间内，在西方世界存在这样一个明显的矛盾：一方面是大批大批的产品找不到销路，另一方面是一大批衣不蔽体、食不果腹的失业工人找不到工作，用当时刚刚就任美国总统的罗斯福的话来说就是"百分之九十八的美国人都遭受到'天诛地灭'"[1]

---

[1] [美] 富兰克林·D. 罗斯福：《罗斯福选集》，关在汉编译，商务印书馆1982年版，第116页。

了,还能指望"萨伊定律"吗?

凯恩斯在他1936年发表的《就业、利息和货币通论》中解释了经济危机发生的原因并且提出了一套解决办法。

凯恩斯承认,虽然一切社会生产的最终目的在于满足消费者,但生产(亦即就业)与消费之间不会自动实现平衡。他认为,一个国家的实际就业水平是由该国的有效需求所决定的。而由于边际消费水平递减、人们总愿意在手头持有过多货币的灵活偏好以及投资边际效益递减等因素的作用,一国的实际有效需求通常处于一种不足的状态,于是才会导致非自愿失业(即生产不足)现象的产生。如果政府不加以干预,那就等于放任有效需求不足继续存在,放任失业和危机继续存在。他提出,国家应该采取积极的财政政策,从增加有效需求和增加公共投资两个方面下手,积极干预经济生活,从而使生产和消费之间真正实现平衡。凯恩斯的这套理论通常也被人们称为赤字预算理论或者国家干预主义。

凯恩斯主义从一出台就饱受争议,褒贬不一。但它客观上确实适应了垄断资本主义时期国家对经济生活进行积极干预的需要。虽然无论从家庭环境、个人成长经历,还是思想渊源上说,凯恩斯主义与工人运动、与社会民主主义等都毫无关联,但这一理论在客观上为欧洲各国社会民主党后来的各种社会政策、为它们的各种社会改革提供了一个非常重要的理论基础。

这场危机对英国冲击虽然相对较轻,但在危机最严重的1932年,英国经济毕竟也下降了将近20%,也有300多万人失业。为了应对这一危机,英国工党领袖麦克唐纳不顾工人群众和党内多数人的反对,脱离工党,与保守党合作,组建了所谓的"国民政府"。在大资产阶级的支持下,这届所谓的国民政府以挽救英国为名,采取了压缩公共开支、增加税收、紧缩财政的传统反危机措施,结果使英国经济迟迟未能摆脱危机,国民政府于1935年宣告破产。遗憾的是,由于麦克唐纳的背叛,英国工党事实上分裂了。这使得工党以很大的劣势输掉了1935年的选举。

不过,为了迎接这次选举,就在选举前不久当选为英国工党新领袖的艾德礼,在以他的名义发表的《走向社会主义的意志和道路》的竞选宣言中,针对1929—1932年的经济危机,重申了工党锐意改革的政策主张。艾德礼指出:随着科学技术的进步和生产力的发展,英国当时已经能够生产出足够多的产品来满足人们的需要。只要合理组织,就不应该出现过剩产品与贫困并存这种现象。国家在社会生活中必须扮演更加积极的角色,必须通过控制银行、金融业来引导投资,必须通过将铁路、运输、土地、矿山等资源实行国有化的办法来引导经济发展。保守党和自由党都不想改变现状,因此它们对经济危机以及由危机所引发的各种社会问题无能为力。工党要建立一个有计划的、协调发展的社会,逐步消除无序竞争和浪费。但工党决不违反宪法。工党的国有化要通过公平合理的购买和补偿逐步进行。[①] 工党虽然未能赢得这次选举,但工党的政策主张在英国社会引起了强烈的反响。工党不仅保住了第二大党的地位,在随后的补充选举中又逐步赢得了更多的胜利。这就为它参加战时联合政府、为1945年的全面崛起打下了基础。

第二次世界大战的爆发,客观上为英国工党全面推行改革提供了契机。

在民族存亡的危急情况下,英国工党动员全体人民团结一致,共同战胜法西斯,并且于1940年5月,响应保守党的建议,停止竞选,全面参加了联合政府。工党领袖艾德礼出任联合政府副首相,另外还有15位工党议员出任了联合政府的部长。新的联合政府成立不久,在全体英国人民的倾力帮助下,英法联军完成了有史以来最大规模的军事撤退——敦刻尔克大撤退。在海外作战失利的英法联军,以希特勒意想不到的速度,从欧洲大陆的一个唯一通道——敦刻尔克迅速撤回到了英伦三岛,保存下了最后战胜法西斯的有生力量。这一壮举至今仍被许多西欧思想家作为强调社会团结的一个典型案例。这也为英国战后福利国家的建设打下了重要基础。

敦刻尔克大撤退之后,英德之间展开了旷日持久、铺天盖地、全方位的战略大轰炸。炸弹是不长眼睛的,它不分贵族、平民,不分有产者还是无产者,都一样对待。为了躲避空袭,英国社会不同阶层、不同身份的人常常会聚集在同一个防空洞、同一个掩体之内。这就打破了英国社会传统以来不同社会阶层的人几乎不相互往来的传统。这在客观上促

---

① [英]克里门特·艾德礼:《走向社会主义的意志和道路》,郑肃译,商务印书馆1961年版,第20—35页。

成了英国社会不同阶级、不同阶层之间的相互理解和相互包容。而且，为了战争的需要，联合政府还把许多资源、许多企业在事实上收为了国家所有，或者归国家所控制和支配。英国的经济效率非但没有因此而降低，反而明显提升。例如，为了保证供应，保证战争的需要，联合政府还对几乎所有的食品实行了配给制，这不仅保证了每个人都有饭吃，还破天荒地实现了每个儿童都有牛奶喝。此外，由于战争的需要，英国所有的机器都开足马力，从而使所有人都找到了工作，在社会中都找到了自己的位置，英国社会出现了前所未有的和谐。这使得英国社会各界普遍意识到社会团结的重要意义，认识到分配不公、两极分化、阶级对抗的不合理性，从而也意识到国家调控、国家在社会生活中发挥积极作用的合理性。这就为战后英国工党的社会改革提供了依据。用英国当时的一位批评家的话来说就是："我们打仗不是为了恢复过去，我们必须筹划创建一个崇高的未来。"[1]

工党抓住了这个历史机遇。早在 1940 年 7 月即加入联合政府不久，工党就提议在议会中成立一个专门研究战后重建问题的委员会，由工党领导人格林伍德担任主席。1942 年初，工党自己还通过了一份名为《旧世界和新秩序》的纲领性文件，对战后英国的社会政策提出了自己的设想。1942 年 11 月，受战后重建委员会的委托，英国著名经济学家贝弗里奇（William Beveridge，1879—1963）向国会提交了《社会保险和相关服务》的报告，即著名的《贝弗里奇报告》，对战后英国社会政策建设提出了具体的设想。

可以说，《贝弗里奇报告》与凯恩斯主义是一脉相承的，是对凯恩斯主义的具体应用。贝弗里奇在报告中详尽分析了英国社会保障制度的现状和存在的问题，指出贫困、疾病、愚昧、肮脏、懒散这五大恶魔是影响英国经济发展、阻止英国社会进步的主要障碍。他提出，社会应该通过收入再分配机制来建立一套完善的社会保障体系，其中包括儿童补助金、全民义务教育、失业津贴、医疗保险、伤残补助、养老金等，即所谓"从摇篮到坟墓"的福利国家体制，其目标是："确保每个公民只要各

---

[1] ［英］阿萨·勃里格斯：《英国社会史》，陈叔平等译，中国人民大学出版社 1991 年版，第 327 页。

尽所能，在任何时候都有足够的收入尽自己的抚养职责，以满足人们的基本需要。"①

在报告中，贝弗里奇还引用了大量数据，支持了艾德礼在1935年工党的竞选宣言中所提出的观点：英国已经有足够的生产能力，能够生产满足全体英国人基本需要的产品。而之所以还有大量挨饿受冻的贫困人口，完全是由于分配机制不合理造成的。他指出："在这场战争之前，即使不触及其他更富裕阶层，仅在工薪阶层进行收入再分配，就可以满足人们的基本需要。这并不是建议收入再分配只应限于工薪阶层，更不是说人们只应该满足于避免贫困，只满足于获得维持基本生活的收入。这只是最令人信服地说明，在战争刚开始前社会占有的资源已能轻而易举地满足人们的基本生活需要，如果只是由于怕麻烦而不采取防范贫困的措施，那么这个国家就会无端蒙羞。"② 在他看来，无论是经济方面的原因还是社会伦理方面的原因，都"必须把人们从基本物质需要得不到满足的窘境中解脱出来，而这只能通过英国全社会万众一心才能做到。在做出这样的努力之后，这个计划才能走出书卷成为现实，并鼓舞所有个人去赢得高于国家最低生活需要的收入和生活待遇，去发现、满足并创造实现新的更高需求的途径，而不是停留在满足基本物质需要上。"③

也就是说，按照贝弗里奇的设想，全面的社会保障制度只是保障人们不再受基本物质需要之困惑，只是有助于人们摆脱后顾之忧，它不会挫伤人们的工作热情和劳动积极性。恰恰相反，它会激励人们去追求更高的需求，从而有利于人们积极性、创造性的发挥，从而有利于整个社会经济的发展。这样的一个计划，这样的一项改革，显然不仅会受到人民群众的欢迎，也完全能够被资产阶级所接受。因此，1943年2月，英国国会毫无争议地通过了这个报告。它在事实上成为战后工党政府的社会改革，甚至在某种程度上成为到目前为止的英国历届政府社会政策的

---

① ［英］贝弗里奇：《贝弗里奇报告》，劳动和社会保障部社会保险研究所组织翻译，中国劳动社会保障出版社2008年版，第157页。
② ［英］贝弗里奇：《贝弗里奇报告》，劳动和社会保障部社会保险研究所组织翻译，中国劳动社会保障出版社2008年版，第157页。
③ ［英］贝弗里奇：《贝弗里奇报告》，劳动和社会保障部社会保险研究所组织翻译，中国劳动社会保障出版社2008年版，第161页。

蓝本。

不过，当时在联合政府中处于主导地位的保守党对于贝弗里奇报告的反应并不积极。他们虽然也接受了报告的基本原则，但认为报告的实施条件还不成熟，而且也没有作出战后一定要实施的承诺。虽然英国民众已经接受了工党，接受了工党的社会改良主义，但保守党的领导层却无视这个事实，仍然把工党视为一种社会危害，甚至根本不把工党当作一个真正的对手。例如在1945年的一次选举演讲中，丘吉尔以轻蔑的口气攻击工党："毫无疑问，社会主义无可挽救地同集权主义和卑劣的国家崇拜交织在一起……社会主义在其实质上不仅是对英国企业的一种攻击，而且是对普通男男女女自由呼吸权利的一种打击。不能容许一只粗糙、冷湿、笨拙而残暴的手捂住他们的口和鼻。一个自由的议会——你们注意着——一个自由的议会与社会主义学说是格格不入的。"[①] 在其竞选宣言中，保守党虽然也提出了要实现充分就业、要建立全面的社会保障制度等主张，但没有具体的政策措施。这显然不足以赢得选民的支持。虽然在第二次世界大战中作出了重大贡献，丘吉尔在当时确实享有很高的威望，但正如英国史学家所指出的：英国的选民们只想"对他的战时业绩表示感谢，而并没有想要选他当和平时期的领袖"[②]。

工党则顺应了广大人民群众对战后新生活急切期盼的心情，在工会组织的强烈要求下，欧洲的战事一结束，工党就退出了联合政府。1945年5月，工党发表了《让我们面向未来》的竞选纲领。明确提出工党决心把人民的福利当作自己的神圣职责，认为必须保证全体英国人民群众的整体生活水平都得到提高，所有英国人民都应该有一个美好的未来。工党虽然把建成"大不列颠社会主义共和国"作为自己的最终目标，但同时也再次声明：工党无意在一夜之间实现这个目标，而是要通过一系列的改革，通过各项社会政策的实施，一步一步地向这个目标迈进。

结果，在1945年7月举行的战后第一次选举中，工党大获全胜。工

---

① [英] T. F. 林赛、迈克尔·哈林顿：《英国保守党》，复旦大学世界经济研究所译，上海译文出版社1979年版，第142页。

② [英] T. F. 林赛、迈克尔·哈林顿：《英国保守党》，复旦大学世界经济研究所译，上海译文出版社1979年版，第141页。

党获得 1200 多万张选票，得票率达到 47.8%，比保守党多出 8 个多百分点。在议席上工党也以 393 对 210 的绝对优势，领先于保守党，从而以第一大政党并且拥有议会绝对多数席位的身份上台执政，工党领袖艾德礼出任政府首相。

由于战后的英国百废待兴，并且由于在战争期间，联合政府在事实上已经对矿山、铁路、码头、机场等实行了统一管理，因此，为了多快好省地完成重建任务，工党政府延续了联合政府的一些统一管理措施，并开始了一些国有化步骤。工党首先在 1945 年 10 月就通过了一个至关重要的法律——《英格兰银行法》，通过赎买的方法把英国最大的银行实现了国有化，随后又通过了一系列立法，把战时由联合政府控制的航空、交通运输、煤炭、钢铁、电报通信等行业实现了国有化。在这一进程中，工党政府采取的是政府购买的方式，给原所有者以充分、合理的补偿，而且其初衷是为了避免恶性竞争，是为了提高效率。对于其他绝大多数工商企业，工党没有、也不曾打算实行全面的国有化。

按照《贝弗里奇报告》的原则，工党政府把它改革的重点放在了社会政策领域，即通过再分配机制，建立了一套系统的社会保障体系。

事实上，在与保守党联合执政时期，工党就与保守党积极配合，促使联合政府在 1944 年就通过了《国民教育法》。该法确立了教育机会均等的原则。它规定：所有 5—15 岁的儿童，都应该由国家免费为其提供基本的义务教育。从 1946 年起，利用其在国会中的绝对优势地位，工党又接连通过了《国民医疗保健法》《国民保险法》《国民救济法》《住房法》《工伤赔偿法》《儿童法》等一系列法律，这样贝弗里奇报告所设想的社会保障体系就基本建立起来了。

《国民医疗保健法》规定：国民医疗服务是面向全体英国民众的，健康需求是一项基本需求，无论贫富，人人都有权享受。为了切实落实这一原则，除了一些特殊项目，英国的许多医疗服务都是免费的。医疗服务实现全面覆盖，这是英国政府至今仍引以为豪的一项业绩。

《国民保险法》是另一部对英国社会产生了重大影响的法律。它是一项强制性的全民保险制度。它规定：所有超过义务教育年龄的人，即 16 岁以上、退休年龄（男 65 岁、女 60 岁）以下的人，都必须参加社会保险，所有的人都按照统一的比率缴费，然后在有需要的时候就可以领取失业救济金、病假津贴、产妇津贴、寡妇津贴、丧葬补贴，等等。这个法律不仅保证了所有人的最基本的物质需要，而且客观上把英国社会不同收入阶层的人联结在了一起，从而提升了英国社会的整合程度。

《国民救济法》实际上是对《国民保险法》的补充。它规定：因种种原因不能缴纳社会保险费从而无法享受社会保险的人，可以领取由政府财政支付的国民救济金，其数额能够保证国家规定的最低生活标准的要求。此法律颁布后，在英国历史上实行了300多年的《济贫法》宣告废除。此外，《儿童法》还对儿童的权益作了更加具体的规定。

完成了上述一系列立法之后，《贝弗里奇报告》所设想的社会保障制度基本建成。英国有了一套从摇篮到坟墓的社会保障体系。1948年7月，英国首相艾德礼正式向全世界宣布：英国已经建成了福利国家。

工党的社会政策得到了广大人民群众的热烈欢迎。而且，战后初期，在千疮百孔的乱摊子上，英国经济迅速恢复。仅仅用了三年时间，即到1948年，英国经济就恢复到了1939年的水平，其恢复速度遥遥领先于欧洲其他国家。这个事实也征服了保守党人，他们也逐渐转变了立场和态度。例如，在1950年的选举中，保守党明确表态：一旦他们获胜，他们不会改变工党政府已经建立起来的社会保障制度。不过，保守党对工党的国有化政策还是提出了猛烈的批评。因为，国有化毕竟触及了资产阶级的根本利益。此外，由于缺乏经验，国有化企业在管理上也确实存在一些问题。这使得工党在1950年的选举中丢掉了一些选区。它的得票总数虽然比1945年有所增加，达到了1350万张，但赢得的议席却有所下降，仅为315席，保住了第一大政党的地位并且破天荒地连续执政。由于政策的调整，保守党赢回了它的一些传统选区，它的议席则由210席增加到298席，与工党的差距大大缩小了。

工党虽然赢得了连任，但由于它在议会中的优势非常微弱，无法通过重大的改革立法。再加上朝鲜战争爆发后，工党内部在是否增加军费问题上出现了分歧。在不得已的情况下，艾德礼决定在1951年提前进行大选。吸取了前两次失败的教训，保守党在1951年的选举中特别重视社会政策，它不仅承诺完全接受工党政府已经建立起来的社会保障体系，甚至还承诺：如果它赢得选举，还会把工党承诺的每年新建24.7万套住宅，增加到40万套。而与此形成对照的是，工党未能提出吸引选民的新举措。结果，工党以 295 席比 321 席的劣势，输掉了这次选举，保守党东山再起。老资格的丘吉尔再度出任政府首相。

工党虽然再度沦为反对党，但它所推行的社会改革、它所建立的社会保障制度在原则上已经变得不可逆转了。因为，接任的保守党实际上不得不继续推行这些改革。赢得这次选举的保守党的发言人、后来的保守党政府财政部长巴特勒（Rab Butler）说过这样一句著名的话："福利国家不只是社会党人的发明，也是我们的创造。"自那时起一直到 20 世纪 70 年代后期，保守党和工党虽然不断交替执政，但由工党创建的这套社会保障体系基本上没有改变。

在实行多党制的法国，社会党在政坛上的地位虽然不像英国工党那样显赫，但在第二次世界大战后也迅速发展为主流政党。

前面提到，为了战胜由 1929—1933 年经济危机引发的法西斯势力，法国社会党、激进党和共产党联合起来，组成"人民阵线"并且上台执政。社会党领袖布鲁姆在出任政府总理期间，曾经领导、推进了一系列社会改革。由于当时法国经济仍然比较低迷，政府财政十分困难，在这样的条件下，社会改革显然格外艰难。执政一年多之后，布鲁姆就被迫辞职。第二次世界大战的爆发，为法国社会党的崛起提供了新的契机。

战争爆发不久，由激进党主导的政府即向德国法西斯投降，并且成立了卖国的傀儡政权。法国共产党和法国社会党领导法国人民与德国法西斯开展了不屈不挠的抵抗运动，它们事实上成为以戴高乐为旗帜的抵抗运动的中坚力量，并且始终战斗在抵抗运动的最前列。特别是法国共产党，它所领导的武装力量在纳粹德国投降前已经在事实上控制了法国的大部分领土。这使得法国的精英阶层深切地感受到了人民群众的力量。英国联合政府显示的效率，特别是《贝弗里奇报告》在英国社会的积极反响，使得法国的政治精英也下决心全面动员人民群众，共同战胜法西斯。为此，以法国共产党和法国社会党为中坚力量的抵抗委员会于 1944 年发表了著名的《全国抵抗委员会纲领》，承诺战后要在法国实行全面的社会改革。该纲领提出：在经济方面，建立真正的经济民主和社会民主，包括排除领导管理方面的经济和财政垄断；在企业内部，按照领导和行政职能，给予劳动者以必要的鉴定权和工人参与经济领导权。

在社会方面，要在以下八个方面有所建树：

（1）劳动权和休息权，特别是要重建和改善劳动契约制度；

（2）大幅度调整工资，保证工人及其家庭享有安全、尊严和充分享受人类应有生活的可能；

（3）稳定货币政策，保证国民购买力；

（4）根据传统的自由，重建在组织经济和社会生活中享有广泛权利的独立工会组织；

（5）建立全面的社会保障制度，目的在于保证公民的生存手段，协调国家和有关方面的管理情况，使那些不能用劳动获得生存手段的人也有社会保险；

（6）建立安全就业制度，调整雇佣和解雇规定，建立工厂代表制度；

（7）提高和保证农业劳动者的生活水平，实行有利的农业价格政策，改善和普及小麦管理所的经验；通过立法，给予农业工人以工业部门工人同样的权利；通过保险制度防止农业自然灾害；建立合理的租金制度和佃户规章；给年轻农户提供方便条件以获得产权，实行农业设备计划；

（8）给受灾户补偿，给法西斯恐怖政策受害者补贴。

此外，纲领还特别提出："使所有法国儿童享有受教育、接受发达文化的实际可能性，不论其父母财产情况如何，使高职位能授予那些称职的人；不管其出身状况，而是根据功绩，提升真正的精英分子，而且根据人民提供的情况予以更新。"[①]

1945年10月，法国举行了战后的第一次大选。由于刚刚经历了战争的磨难，法国选民对各党派在战争中的表现显然记忆犹新，自然会把它作为重要的考量指标。结果，传统的最大政党激进党，因为战前的绥靖政策和战争期间对傀儡政权的支持，地位一落千丈，在全部545个议席中只得到了29席，被挤到了政坛边缘，而法国共产党则由于其在战争中的英勇表现，一下子赢得了159席，破天荒地成为最大政党。人民共和党和

---

① [法]让·马雷、阿兰·乌鲁:《社会党历史——从乌托邦到今天》，胡尧步、黄舍骄译，商务印书馆1999年版，第90—91页。

社会党分别获得150席和146席，分列第二和第三大政党。也就是说，三大左翼政党占据了议会多数席位，在理论上有可能组建一个左翼政府。但是实际上，由于在第四共和国时期，法国的每次议会选举，都有20—30个政党参加，最后能够突破最低门槛进入议会的政党也在10个以上。为了顺利执政，各个政党之间还必须进行谈判，达成必要的妥协。在这样的条件下，处于最左翼的法国共产党，虽然贵为最大政党，但其执政的机会并不大，处于中间偏左的社会党则特别有利。因此，虽然这次选举，法国人把最高权力授予了抵抗运动的标志性人物戴高乐（由于无法调和众多政党之间的分歧，很快辞职），但在1946年的选举中，在法国共产党和法国人民共和党的支持下，社会党人樊尚·奥里奥尔（Vincent Auriol, 1884—1966）当选为第四共和国第一任总统，这也是法国历史上的第一位社会党人总统。随后，由布鲁姆出任总理，组织了一个清一色的社会党政府。社会党在法国政坛的地位达到了空前的高度。

但是，在第四共和国时期，法国总统权力不大。权力主要在政府手中。而如此之多的政党参政，政府很难达成妥协，于是就出现了走马灯式地更换政府的现象。在第四共和国存在的11年半中（1946—1958年），法国共更换了20届政府，每届政府平均任期仅为6个月，其中任期最长的不过一年多一点，最短的只有两天。

必须指出的是，在这一时期的20届政府中，绝大多数情况下是由中左政党主导的。由于在政治光谱上的有利地位，社会党在这一时期，始终处于非常突出的地位。因为，这一时期的各届政府，实际上执行的正是社会党主张的社会改良主义路线。

法国是第二次世界大战时期的主要战场之一，曾经被纳粹占领并严重掠夺，因此，战后的法国几乎变成了一片废墟。恢复和重建是第四共和国时期法国所面临的主要任务。在这一时期，法国的各主要政党虽然在政见上有分歧，但在贯彻、执行抵抗运动纲领上基本上能够达成一致。它们无论执政还是在野，都能把民族利益放在首位，而当时法国最大的民族利益就是兑现抵抗运动纲领中的承诺，推行各种社会改革，尽可能快地医治战争创伤。这一时期，法国主要推行了三大改革。

第一是国有化。受凯恩斯主义和英国工党政府的影响，法国也把它最大的银行——法兰西银行以及另外四大金融机构、30多家保险公司及大部分公用事业实现了国有化,这不仅增加了国有经济在整个国民经济中的比重,而且还大大提升了政府在整个社会经济领域中的调控力度。

第二是计划化。这一时期恰逢美国政府实施马歇尔援助计划,该计划客观上要求受援国有合理分工和长远规划。法国政府把金融业和公用事业国有化之后,就可以根据国民经济的整体发展需要,分轻重缓急地、有序地安排投资,使各个经济部门、使全国的经济能够协调发展。

第三是统一管理社会保险基金,完善和建立新的社会保障制度,缩小了法国社会贫富差距,为广大劳动人民提供了最基本的生活保障。

可以看到,虽然在具体做法和力度上有所区别,虽然法国在这一时期更换了20届政府,但法国的社会改革,与战后英国工党政府推行的改革在方向和基本内容上完全一致。

这些改革,使得法国迅速医治好了战争创伤,经济发展水平很快恢复到了战前的水平。长期困扰法国社会的劳资矛盾明显缓解,法国的社会发展进入了黄金年代。在1950—1959年,法国的国内生产总值年平均增长率达到了史无前例的4.6%,仅次于当时的日本和联邦德国,法国又重新回到了世界大国、强国的行列。这也为后来密特朗时期社会党达到鼎盛打下了基础。

进入第五共和国时期以来,法国政治制度有了比较大的改革。总统在法国政治生活中的地位大大加强,它成为"国家不可分割的权力"的代表,在法国社会政治生活中发挥着举足轻重的作用。总统虽然通常还是由各政党提出候选人,但选举时则改为由选民直接选举产生。由于法国依然保留了多党制,因此,在总统选举第一轮投票中,通常会有十几个候选人参加角逐,但能否进入第二轮(得票最高的前两位),特别是能否最终当选,就成为各个政党政治影响力、民众支持程度的试金石和晴雨表。因此,如果说,法国社会党在20世纪二三十年代还可以蔑视权力、拒绝执政的话,那么,进入第五共和国时期之后,它就必须把竞选总统当作自己的一项核心工作。

要赢得选民的信任和支持,就必须提出一套令选民动情、令选民信服、令选民向往、令选民追随的纲领。中间偏左的基本政治立场使得法国社会党处在一个相对有利的地位。第五共和国的第一任总统(当时实行的是间接选举)的职位毫无悬念地被它的创始人戴高乐所获得。1965

年，按照新的选举法，法国进行了第一次总统直接选举，作为共产党、统一社会党、激进党和社会党共同推举的候选人，社会党人密特朗以"民主、社会主义、正义、幸福"的纲领，向当时政治威望仍处于巅峰的戴高乐发起了冲击，结果成功地进入第二轮。最终虽然以44.80%比55.20%的劣势失败，但能够从戴高乐那里争取到将近45%的选票，这给了法国社会党以巨大的鼓舞。这证明社会民主主义在法国有着深厚的社会基础。

1969年，为了适应新的政治形势，法国社会党决定与另外几个左翼政治组织合并，成立了新的社会党，密特朗当选为合并后的社会党第一书记。新建的社会党变得更加温和、更加明确地坚持改良主义道路。如果把新建的社会党所通过的新纲领与社会党在1946年所通过的纲领加以对比，这个转变就更加明显。

法国社会党在其1946年的全国代表大会上通过了这样一个原则声明："社会党本质上是革命的党，它的宗旨是用另一种制度取代资本主义所有制。在那种制度中，自然财富作为生产资料和交换资料将成为集体的财产。因此，阶级将消灭。这种改造符合全体人类的利益，只能是劳动者自身的事业。不管用什么手段完成这种事业，它本身就是社会革命。在这种意义上，社会党过去是，并且今后继续是建立在劳动者组织基础上的阶级斗争的党。"[①] 到了1969年，上述这样的纲领显然过于激进了。于是，社会党又通过了一个新的、更加温和的纲领。在这个新的纲领中，"阶级斗争""推翻""公有制"等字眼都不见了。新的纲领这样说："社会党确信，人类的解放不仅在于正式承认一些政治权利和社会权利，而且要使经济条件能充分发挥作用。因为社会党人是彻底的民主派，所以他们认为在资本主义社会里不可能有真正的民主。在这个意义上，社会党是一个革命的党。"[②]

为了能够争取到传统左派的支持，新建的社会党又与法国共产党进

[①] [法]让·马雷、阿兰·乌鲁：《社会党历史——从乌托邦到今天》，胡尧步、黄舍骄译，商务印书馆1999年版，第184—185页。

[②] [法]让·马雷、阿兰·乌鲁：《社会党历史——从乌托邦到今天》，胡尧步、黄舍骄译，商务印书馆1999年版，第186页。

行了合作谈判并最终签署了《共同执政纲领》。经过这番准备工作之后，在1974年总统选举中，密特朗再次向法国最高权力发起了冲击。这一次，为了迎合中间甚至是偏右的选民，密特朗在自己的竞选纲领中尽力淡化了左翼色彩，尽力显示务实风格，结果，在第一轮投票中他以43.25%的得票率高居第一位，比第二位保卫共和联盟的候选人德斯坦（32.60%）的得票率高出了10多个百分点。虽然由于中右翼的联合使得密特朗在第二轮投票中还是以49.10%比50.80%的微弱劣势败北，但可以看到，法国社会党的政治影响力在继续增长。

恰好这个时候，以石油危机为导火索的经济危机席卷了整个西欧，法国经济战后30年的黄金发展时期宣告终止。从1974年开始，法国经济开始低迷，1975年甚至出现了负增长。1967—1973年，法国经济平均每年增长率为5.6%，1974—1979年则下降至3.2%。经济增长缓慢必然导致失业率上升。在1973年之前，法国的失业率很少超过2%，基本上实现了全员就业。1974年之后，法国的失业率开始攀升，1974—1979年，失业率平均达到了4.5%，1979—1989年则达到了9.0%。这个比率现在看起来并不算高，但在当时，经过了30年的充分就业，突然间有这么多人失业，法国政府一时间束手无策，提不出任何有效应对措施，这就为社会党的上台创造了机会。

在1981年5月的总统选举中，密特朗承诺要对法国社会进行全面改革，并且要使法国与资本主义彻底决裂。为了说服选民，社会党的竞选团队为他起草了一份详尽的政策纲领，提出了110条政策建议，纲领的名称就叫作《110文件》。密特朗承诺要改善住房、改革福利制度、男女平等、延长假期、提前退休年龄、缩短工作时间、创造就业机会、增加工资、减少失业等。虽然人们并不完全相信他的承诺，但法国经济当时毕竟深陷低迷，在位的德斯坦总统又提不出有效的举措。密特朗的纲领毕竟有新意、有创意，给他机会总比干受煎熬要好。结果第一轮投票，在全部10位候选人中，密特朗获得了25.85%的选票，虽然低于谋求连任的在任总统德斯坦（得票率为28.32%），但毕竟再次进入了第二轮。吸取了上一次失败的教训，这一次密特朗特别调整了对左翼的态度，从而成功实现了中左之间的联合，最终在第二轮投票中，以51.76%比48.24%的优势，成功地登上了总统的宝座，打破了自第五共和国以来右翼政党对最高权力的独揽。

乘总统选举胜利之威，密特朗决定解散议会，提前进行新一轮议会选举。结果，社会党以37.5%的得票率成为议会第一大党，在577个议席中独得269席。再加上法国共产党所获得的44席，社会党在议会中有了稳定的多数，社会党毫无争议地组织政府，社会党第一书记皮埃尔·莫鲁瓦出任政府总理，社会党可以实施它的社会改革计划了。

法国社会党的这次胜利不仅在法国近代工人运动，甚至在整个欧洲近代工人运动中都具有重要的意义。在法国，这是近代史上第一次由一位具有广泛群众基础的左翼总统和拥有议会多数席位的社会党政府来进行治理，用社会党早期领袖布鲁姆的话来说就是：这一次，社会党不是"占有政权"，而是实实在在地获得了政权。在整个欧洲近代工人运动的层面上，正如唐纳德·萨松所指出的："社会党在法国这样重要的国家取得胜利，在经济浪潮到处转向支持新自由主义的保守主义的形势下，无疑是一个里程碑式的事件。在欧洲北部瑞典的社会民主党还处于在野地位，德国社会民主党已临近任期结束，英国工党从1979年下台至今，其选举能力越来越弱。这些曾经强有力的社会民主主义政党，现在只能怀着好奇和期盼指望着弗朗索瓦·密特朗的惊人胜利。"[1]

法国社会党也不负所望，开始了一系列改革。虽然这些改革并没有像密特朗声称的那样，使法国与资本主义彻底决裂，但改革的力度还是比较大，以至于当时的西方媒体把社会党的这场改革称为"法国式社会主义"或社会主义的"法国模式"。这场改革主要包含以下四个方面。

第一，针对20世纪70年代中期以来法国收入分配贫富两极分化日益严重的趋势，社会党政府决定用国内生产总值的2%来提高弱势群体的生活水平，促进大众消费，以此来促进经济增长。其具体措施为：一是把最低保障工资提高10%；二是养老金提高20%；三是贫困家庭补贴提高25%。与此同时，政府还加大了公共开支，特别是加大了对教育、科技和文化事业的投入。据统计，社会党政府执政的前18个月，法国公共部

---

[1] ［英］唐纳德·萨松：《欧洲社会主义百年史》（下册），姜辉等译，社会科学文献出版社2008年版，第609页。

门就新增加了 10 万个就业岗位,这对当时已经逼近两位数的高失业率有一定的缓解作用。

第二,为了进一步解决持久的、居高不下的失业率问题,社会党政府缩短了法定工作时间,增加了带薪休假时间,提前了退休年龄。8 小时工作制曾经是西欧各国工人运动中的一项重要内容。法国社会党政府在利用"占有权力"的 1936 年曾经将其以立法的形式确定了下来。第二次世界大战之后,随着生产力水平的提高,西欧各国又先后实现了每周双休制,每周实际工作时间减少为 40 小时。为了让更多的人参与工作,法国社会党政府修改了劳动法,从 1982 年起,在不减少工资的前提下,法定工作时间减少至每周 39 小时。与此同时,社会党政府还把 1936 年由布鲁姆时期建立的带薪休假时间再一次作了延长,由此前的每年四周,延长至五周。领取退休金的年龄,由先前的工作满 37.5 年、年龄达到 65 岁,改为工作满 37.5 年、年龄达到 60 岁即可。所有这些措施的目的都是在增加人们的休闲时间的同时,让更多的人进入劳动力市场,从而减轻大规模失业的压力。正如密特朗预期的那样,社会党政府的这些改革后来的确被其他政府所接受。

第三,为了促进经济发展,与当时刚刚上台的英国保守党大力推行的私有化改革相反,法国社会党政府实施了一次大规模的国有化浪潮。用时任法国总理、社会党领袖莫鲁瓦的话来说就是:"新的经济增长必将与无政府的自由主义做出了断,后者之所以失败,是因为它让企业和劳动者受市场游戏左右,新的经济增长将更加自觉,也就是说,它依靠的是计划、积极的预算,有活力的和动力的公共部门。"[①] 法国的这次国有化,共动用了 250 亿法郎,把涉及电子、机械、制药、玻璃、化工、计算机等行业的共 11 个产业集团、36 家私人银行和 2 家金融公司实现了国有化(分为完全国有、国家控股和国家参股等不同形式)。有人认为,法国政府此举真正目的是防止法国的一些企业落入外国人之手,所以,所谓的国有化实际上是民族化。但无论如何,这一轮国有化之后,法国公共部门的生产总值,占到了法国国内生产总值的 17%,就业人数占到了全

---

① [法]阿兰·贝尔古尼欧、吉拉德·戈兰博格:《梦想与追悔:法国社会党与政权的关系 100 年(1905—2005)》,齐建华译,重庆出版社 2013 年版,第 273 页。

国就业总人数的15%，信贷额则占到了全国信贷总额的95%。[①] 难怪当时的西方媒体把法国称为社会主义了。

第四，在推行国有化的同时，社会党政府还在私营企业内推行了民主化。1982年12月，法国议会颁布了以当时的劳动部部长让·奥鲁（Jean Auroux）的名字命名的新的关于劳工权利的法律即《奥鲁法》。该法对劳动者的权利作了明确规定。例如：雇主在工资、工作时间、工作条件等问题上必须同工会进行谈判协商。工人通过他们自行选举产生的工作委员会，在工厂倒闭、工人健康、安全以及技术改造等重大问题上与雇主协商，等等。虽然由于产业结构调整及失业人数增加不可抵御的原因的影响，《奥鲁法》对提高工人在生产过程中的权利没有产生多少实际的影响，但必须承认，该法还是反映出法国工人群众希望能够参与企业管理、参与生产过程的管理与决策。

可以看出，法国社会党的这场改革，实际上是对凯恩斯主义的全面实践。虽然由于种种原因，改革并没有取得预期的成功，但在法国近代史上，社会党的确写下了厚重的一页。

在西欧各国社会民主党中，德国社会民主党经受的磨难可能最多。

第二次世界大战在对世界人民，特别是西欧各国人民带来深重灾难的同时，也对德国人民，特别是德国社会民主党带来更为深重的灾难。且不提在战争中死亡的近800万青壮年，作为主要战场之一，到战争结束时，整个德国没有一座完整的城市，在任何一座城市，几乎没有一栋完整的楼房，在任何一栋楼房，几乎没有一扇完整的窗户。德国铁路、公路、码头、桥梁等也被破坏殆尽。就是这样一片废墟，还被苏、英、美、法四国分区占领，德国一度丧失主权地位。至于德国社会民主党，由于希特勒一上台就被取缔，它的领导人或被暗杀或被关进监狱，它的骨干或被流放或被迫隐姓埋名流浪国外，因此到战争结束后尽管恢复了合法地位，但由于组织结构已被完全破坏，在很长一段时间内社会民主党根本无法恢复正常的活动。

劫后余生的德国民众最迫切需要的显然是休养生息，这在客观上为

[①] ［法］阿兰·贝尔古尼欧、吉拉德·戈兰博格：《梦想与追悔：法国社会党与政权的关系100年（1905—2005）》，齐建华译，重庆出版社2013年版，第272页。

基督教民主党的发展壮大提供了机遇。在基督教有着深厚基础的德国,基督教民主党在德国政坛上很早就显示出了它的影响力。第二次世界大战之后,为了防止法西斯主义死灰复燃,盟国对以纳粹为代表的极右势力进行了彻底铲除并采取了严格防范措施,这使得基督教民主党成为中右翼选民不二的选择。在其 1947 年通过的《阿伦纲领》中,基督教民主党正式提出了社会市场经济的主张。它提出:"德国人民应该享有一种经济和社会福利法,主要符合正义和人的尊严,有利于我国人民的精神与物质建设和确保国内外的和平……私人资本肆无忌惮统治时代一去不复返必须成为德国经济新结构的前提。但同时,又必须避免出现国家资本主义取代私人资本主义,前者会对个人的政治与经济自由构成更大的危害。"[①] 随后,在基督教民主党人的主导下,1949 年 5 月,《德意志联邦基本法》正式生效。该基本法不仅确定了德国社会市场经济的基本发展方向,而且还延续了帝国时期的"国家社会主义"传统,对德国福利国家制度发展的基本方向也作了明确规定。该基本法规定:在公共福利、工人保护、社会保险、职业介绍、教育等领域,联邦和各州共同拥有立法权,联邦政府将对失业保险、失业救济等提供一定的补贴。基督教民主联盟的这些政策主张显然既能为美、英、法占领当局所接受,也能为广大工人群众带来一些实惠。正如达伦多夫所指出的,在大多数国家,例如在英国,这些政策和社会改革通常是由社会民主党来实施的,但在德国却是由基督教民主党来完成的。[②] 这在客观上又挤占了德国社会民主党的发展空间,从而使得战后的德国政坛上,基督教民主党一度独占鳌头。

因为,此时的德国社会民主党还在恢复重建之中。1946 年 5 月,一些隐藏于地下的老社会民主党人聚集起来,决定恢复组织联系。被纳粹关进集中营将近十年的库尔特·舒马赫(Kurt Schumacher,1895—1952)出任了重建后的第一任主席。虽然由于西欧当时对"红色危险"的极度恐惧,使得舒马赫和重建的社会民主党没有提出激进的社会改革方案,

---

① [德] 迪特尔·拉夫:《德意志史》,德国波恩 Inter Nations 出版社 1987 年版,第 347 页。
② 参见 [德] 拉尔夫·达伦多夫《历史重新开始》,慕尼黑贝克出版社 2004 年版,第 226 页。

但是，正如德国学者弗朗茨·瓦尔特所指出的："在第二次世界大战之后，社会民主党人首先还是倾向于卡尔·马克思的。"① 他们明确提出要在德国建立一种由计划指导的社会主义经济，并强调整个社会生产必须顾及人民群众的利益。虽然这些主张并不怎么偏激，但刚刚恢复组织联系的社会民主党人从组织方式、活动方式甚至包括所使用语言，都必然带有明显的传统的印记，而有许多东西，在战后的德国实际上已经不合时宜了。但此时的社会民主党并没有意识到这一点。在1949年战后德国进行的选举中，社会民主党仅仅获得了29.2%的选票和131席，其主要竞争对手基督教民主联盟则以31%的选票和139席的优势成为最大政党并且获得了组阁权。两大政党之间的差距并不大。也就是说，德国的民众此时对德国究竟要走怎样一种复兴之路还并没有拿定主意。但此时的社会民主党依然停留在传统观念的束缚之中，它根本就没有尝试，甚至根本就没有考虑与基督教民主联盟组建联合政府，而是抱怨选民无知，抱怨选民只顾眼前蝇头小利，看不到自己的长远利益。到了1953年战后德国第二次选举，社会民主党仅获得28.8%的选票，比第一次明显下滑，而基督教民主联盟则大幅上升到了45.2%。此时的社会民主党仍然墨守成规，没有任何调整。接替舒马赫出任党主席的奥伦豪尔在1953年选举失利后，面对党内改革派时还这样说：他不希望与党的传统表现方式断然决裂。"一个没有红旗这一象征符号的社会民主党将是一个没有心脏的政党。没有了歌谣和战斗歌曲——90年来，它们已经长入我们的心中，也许、但愿明天能得到新的和及时的补充；没有了同志般的'你'；没有了有联系的、约束性的'同志'的称呼，这样的一个政党就是没有血液的政党。"②

到1957年的战后德国第三次选举，基督教民主联盟的得票率飙升到50.2%，即它独自获得了绝对多数，这在德国近代史上是绝无仅有的。社会民主党虽然有所回升，但还是只有31.8%，比基督教民主联盟少了

---

① [德]弗朗茨·瓦尔特：《德国社会民主党：从无产阶级到新中间》，张文红译，重庆出版社2008年版，第78页。

② [德]弗朗茨·瓦尔特：《德国社会民主党：从无产阶级到新中间》，张文红译，重庆出版社2008年版，第89页。

将近20个百分点。此时的社会民主党才开始考虑如何争取新的选民，如何打破"30%"这个魔咒，如何取得政权。

1957年选举的惨败，促进了社会民主党的改革。1959年在哥德斯堡举行的社会民主党特别代表大会通过的《哥德斯堡纲领》，标志着社会党与传统彻底决裂。《哥德斯堡纲领》不仅公开放弃了阶级斗争的提法，还放弃了大胆的社会主义要求和不妥协的社会主义最终目标。特别值得注意的是，该纲领还首次明确承认教会组织为社会伙伴，并声称要尊重其特殊提案，对它们的合法权益提供保护。这显然是想争取广大的基督教选民。用瓦尔特的话来说就是："1959年11月13—15日，在巴特哥德斯堡举行的德国社会民主党非常代表大会标志着社会民主党工人运动史上伟大的纲领转折。从此，社会民主党也正式成为人民党了；从此，它不再坚信无产阶级和马克思主义，而是深信基本价值和多元主义。党纲起草者们为经济领域找到了这样的格言：'只要可能就竞争——只有必要才计划'！"① 这样，德国社会民主党实际上就把自己完全"基民盟化了"，以至于这之后的社会民主党领导人甚至自我嘲笑说，社会民主党已经变成了"所有时期最好的基民盟"②。

社会民主党的这种转变很快收到了效益。在1961年的选举中，它的得票率终于打破了30%的魔咒，上升到36.2%，1965年上升到39.3%，与基督教民主联盟的差距越来越小了，社会民主党开始觊觎它已经久违的政权了。

1965—1966年，德国经济低迷，为了平衡预算，执政的基督教民主联盟政府决定提高税收，联合执政的自由党坚决反对，自由党的几名部长集体辞职，导致了联合政府垮台。而这时候，德国的新纳粹党和共产党的力量都非常活跃，德国政局有些动荡，在这样的情形下，社会党决定与自己多年的竞争对手合作，组建了一个大联合政府，社会党新任主席勃兰特出任副总理兼外交部部长，社会党老资历的领导人、著名的经

---

① ［德］弗朗茨·瓦尔特：《德国社会民主党：从无产阶级到新中间》，张文红译，重庆出版社2008年版，第97页。
② ［德］弗朗茨·瓦尔特：《德国社会民主党：从无产阶级到新中间》，张文红译，重庆出版社2008年版，第99页。

济学家卡尔·席勒出任经济部部长。在人们对社会民主党还普遍怀疑的情况下,能够得到已经连续执政将近20年的资产阶级大党的认可,并且主管基民盟一直引以为豪的两个部门——外交部和经济部,这对已经被靠边站了17年的社会民主党来说,至少是一次证明自己的机会。当时领导大联合政府的基民盟领袖、政府总理基辛格在1966年12月13日联邦议院发表的政府声明中这样说:"基督教民主联盟-基督教社会联盟和社会民主党,决心在联邦范围共同组阁……这无疑是德意志联邦共和国历史上的里程碑,是我国人民寄予许多希望和关怀的事件。人们希望在联邦议院中有远远超过三分之二多数的大联盟成功地完成交付与它的使命,特别是调整公共财政收支,紧缩行政开支。人们关心的是我国的经济增长和货币的稳定。"①

德国社会民主党确实不负所望。在被誉为德国经济政策超人的经济学家席勒的精心调整下,德国经济很快走出了低迷,公共财政也日渐平衡。与此同时,在社会民主党的推动下,大联合政府对社会保障政策也做了一些调整。例如在病假津贴方面,白领阶层一直能够领取全额工资,工人的病假津贴最初只有原工资的50%,1957年提高到65%,1961年改为由雇主来支付原工资与病假津贴之间的差额,1969年的新法令明确规定:工人的病假津贴的前六周由雇主按原工资标准支付,这样既节省了公共开支,又基本上实现了在病假津贴方面的人人平等。此外,大联合政府还对失业保险作了修改,把失业保险的范围做了明显的扩大。1969年颁布的《就业促进法》规定:所有年龄在65岁以下、缴足社会保险费、参加失业保险满26周的失业者,均可以领取失业津贴,其标准为失业前20天平均工资的62.5%,最高每天不超过60马克。由失业者抚养或赡养的亲属,每人每周还可以再领取12马克的补充津贴。失业保险费为工资的2%,由雇主和雇员各承担1%。不具备领取失业津贴的人失业或找不到工作的,可以领取由政府财政支付的失业救济金,其标准低于失业津贴。这个法令不仅刺激人们积极参与劳动力市场,还有效加强了社会团结。正如瓦尔特所指出的:"随着大联合政府的建立,社会民主党纲领中的一些内容突然在政治上实现了。这首先是由于新的执政联盟是

---

① [德]迪特尔·拉夫:《德意志史》,德国波恩 Inter Nations 出版社1987年版,第378页。

一个社会政治家联盟。社会政策此时不再局限于社会救济、缓解困境、疾病保障措施、养老和残疾人保障措施。自从社会民主党参与执政以来，人们就将这些政策理解为有远大抱负的、旨在减轻阶级差别和收入差别的社会政策；理解为建立社会公正的重要手段。但社会政策也影响到教育、文化、司法和发展部门，这些部门同样也要关心最重要的社会财富的所有参与者。"① 虽然与英国的剧情恰好反转，但也许是记起了1951年重新赢得选举时英国保守党发言人巴特勒说过的那句话（"福利国家不仅是社会党人的发明，也是我们的创造"），当时在德国社会民主党的领导人中流传着这样一句格言："我们不是做得完全不同，但我们能做得更好。"②

在外交方面，作为副总理兼外交部部长，勃兰特积极推动了新东方政策，促成了与民主德国及波兰、捷克斯洛伐克、匈牙利等东欧国家关系的解冻。

社会民主党的负责任、敢担当的精神和治理能力征服了选民。在1969年的选举中社会民主党的得票率又增加了3个多百分点，达到了史无前例的42.7%，时隔40年，再次成为议会最大政党并且获得组阁权。它随即与自由党组成联合政府，由勃兰特出任政府总理，竞争了整整20年，社会民主党终于成为德国政坛的主导力量。

在外交方面，社会民主党政府继续推进大联合政府时期的新东方政策。1970年12月7日，联邦德国总理勃兰特在访问波兰期间，在参观华沙犹太隔离区起义纪念碑并向纪念碑敬献花圈时，在事先没有安排的情况下，突然在纪念碑前下跪，为纳粹时期德国所犯下的罪行作了真诚的忏悔。尽管他本人也深受纳粹迫害、在第二次世界大战期间一直在与纳粹做着坚决的斗争。勃兰特的华沙之跪，让人们看到了一个全新的德国，为德国赢得了世界的尊重与好感，为德国赢得了广阔的国际活动舞台。就在当天，联邦德国与波兰签署了关系正常化的友好条约。随后德国与

---

① [德] 弗朗茨·瓦尔特：《德国社会民主党：从无产阶级到新中间》，张文红译，重庆出版社2008年版，第109页。

② [德] 弗朗茨·瓦尔特：《德国社会民主党：从无产阶级到新中间》，张文红译，重庆出版社2008年版，第99页。

其他东欧国家也相继签署了类似的友好条约，联邦德国正式回归到了国际社会。

在内政方面，社会民主党政府一上台就发表了一份《社会报告》，明确提出要深化社会改革，不仅要挖掘原有社会政策的潜力，还要探索新的内容。社会民主党政府成立了四个专家委员会，负责推进社会政策方面的新的立法。

社会民主党政府首先把医疗保险的范围做了明显的扩大。1970年，德国规定，不论从事何种职业，不论受雇于公共部门还是私营部门，是长期合同还是临时工，所有的雇员都必须缴纳社会保险金，从而都在国民医疗保险的覆盖范围之内。1971年，德国又给所有在学校就读的学生，建立了意外伤害保险，1975年又把所有在学校就读的学生都纳入国民医疗保险的范围之内。

在养老金方面，为了保证收支平衡，社会民主党政府把社会保险费的费率做了上调，但同时又规定了灵活的退休年龄，允许那些缴足25年社会保险费的人，因健康原因，可以提早退休并领取比例稍低一些的养老金，但最低不能低于全体领取养老金人员平均收入的75%，如果低于这个标准，政府财政将补足到这个标准，从而保障了老年人的基本生活水平。

在新修订的劳动法中，德国政府除了继续给破产企业的工人发三个月的工资外，还给建筑工人增加了冬季补贴，同时对整个失业津贴做了大幅上调。

在住房政策方面，社会民主党政府降低了申请住房补助金的收入门槛，从而扩大了住房补助金的受益范围。此外，社会民主党政府还颁布了两个租房保护法，使得房主不能随意解除租约、不能随意提高租金。同时还出台了相关政策，鼓励工人自己购买或建造住宅。

社会民主党政府最重大的改革是在劳资关系领域。在基民盟执政的1951年，德国就颁布了《共同决定法》。当时主要是为适应欧洲煤钢联营的需要，规定在联营的企业内，必须成立由包括职工代表在内的最高监督机构——监事会，参与企业的经营和管理。社会民主党政府把这一法律扩大到所有超过2000名雇员以上的大企业。当时在联邦德国，达到这一标准的企业有600多家，包括了全部骨干企业。其核心原则是让工人参与企业管理和企业决策。这虽然不可能对企业的资本主义性质带来任何改变,但劳资之间有一条固定的、常规化的沟通渠道,显然有利于劳资双方的相互理解,有利于缓和劳资矛盾,有利于双方达成共识,从而有利于企业的持续、稳定的发展。

从德国社会民主党 1966 年参与执政到 1969 年主导政府,德国不仅在外交上有了重大突破,在经济上也出现了良好的发展势头,德国人民群众的整体生活水平,特别是他们的社会保障水平有了明显提高。1965 年,德国的人均社会保障费还只有 888 欧元,社会民主党参与执政的第二年,这个数值就达到了 1044 欧元,到 1972 年议会换届选举时,这个数值已经大幅提高到 1723 欧元。[①] 这在当时是西欧,也是全世界社会保障水平的最高程度,德国的社会团结水平、社会凝聚力也达到了空前的水平。这为后来的德国统一奠定了基础。在这样的条件下,德国社会民主党毫无悬念地赢得了 1972 年的选举,得票率再创新高,达到了 45.8%。社会民主党继续执政,勃兰特继续担任总理。

1974 年,由于其秘书被指控为东德的间谍,勃兰特不得不辞去总理职务。继任的施密特延续了勃兰特的所有政策,并且带领社会民主党分别以 42.6% 和 42.9% 的明显优势,相继赢下了 1976 年和 1980 年两届选举。但在 1982 年,由于联合执政的自由民主党的倒戈,社会民主党连续执政 16 年(其中有 3 年为参与执政)后再度被挤下了政坛,成为反对党。

在北欧三国,由于特殊的社会历史条件,三国的社会民主党成立之初,就提出了"人民之家"的口号,选择了社会改良主义的道路。在 1929—1933 年的经济危机爆发之前就已经尝试过执政,1929—1933 年经济危机爆发后,三国社会民主党先后在本国政坛确立了主导地位。特别是瑞典社会民主党,自 1932 年上台执政后,在多党制、定期选举的条件下,居然连续执政到 1976 年,创下了近代政党政治史上的一项吉尼斯纪录。丹麦和挪威的社会民主党虽然比它们的瑞典伙伴表现得稍有逊色,但在各自的政治舞台上,也无可争议地占据着主导地位。由三国社会民

---

① 姚玲珍编著:《德国社会保障制度》,上海人民出版社 2011 年版,第 383 页。为了便于比较,该书编著者根据可比价格把德国政府 1960—2007 年用于社会保障方面的开支统一换算为欧元。

主党所创建的、曾经一度被称为"人间天堂"的北欧福利国家,常常被誉为社会民主主义的典范,北欧三国也因此常常被誉为社会民主主义的麦加。

社会民主主义在北欧三国之所以能取得如此显著的成功,也与第二次世界大战有着密切的联系。

20世纪30年代后期,北欧三国虽然已经逐步摆脱了经济危机,但由于其经济结构还属于西欧经济中心的边缘地带,其整体经济发展水平还远远落后于英、法、德等西欧国家。第二次世界大战给了北欧三国赶超西欧国家的机会。

第二次世界大战爆发前,北欧三国与西欧列强之间没有任何纷争,更没有矛盾。1939年,丹麦与德国还缔结了互不侵犯条约。但大战爆发后,为了自己的战略利益,纳粹德国于1940年3月还是突然出兵占领了丹麦。由于力量对比上的过分悬殊,丹麦人只抵抗了几个小时就束手就擒了。

一个多月之后,纳粹又对挪威发动了突然袭击。凭借有利地形,挪威军队虽然顽强抵抗了一个多月,但毕竟力量相差悬殊,到1940年6月,挪威也完全落入了希特勒的手中。

丹麦和挪威的沦陷,使得瑞典感受到了巨大的压力,在极其艰难的条件下,包括答应低价向德国出售铁矿石,后来又极不情愿地允许纳粹的军队在其境内通过(开往芬兰),瑞典保持了中立。

纳粹德国对丹麦和挪威虽然进行了疯狂的掠夺,战争对这两个国家的人民也造成了巨大的创伤,但由于这两个国家是被纳粹德国当作战略后方来对待的,因此,这两个国家的工业基础设施没有受到大的破坏,瑞典的基础设施则几乎可以说是毫发未损,这使得北欧三国在战后欧洲的重建中处在了特别有利的地位(见表2.4)。

表2.4　　北欧三国与西欧三强的工业生产指数(1937—1949年)
(1937=100)

年份	丹麦	挪威	瑞典	英国	法国	德国
1937	100	100	100	100	100	100
1938	100	100	101	97.3	92	110

续表

年份	丹麦	挪威	瑞典	英国	法国	德国
1939	107	107	110	n/a	n/a	113
1940	87	92	100	n/a	n/a	109
1941	83	90	98	n/a	n/a	112
1942	87	82	103	n/a	56	113
1943	89	78	108	n/a	49	127
1944	88	64	115	n/a	35	125
1945	75	57	113	n/a	45	n/a
1946	102	97	137	99.7	76	n/a
1947	117	115	140	105.7	89	n/a
1948	128	128	150	114.0	103	63（西德）
1949	137	137	155	120.7	112	90（西德）

资料来源：根据 B. R. Mitchell, *International Historical Statistics Europe 1750 – 2000*, London： Palgrave Macmillan, 2003, pp. 423 – 424 改编。

从表 2.4 中可以看到，战后的第二年即 1946 年，丹麦和挪威的工业生产就恢复到或接近于战前的水平，瑞典的工业生产则几乎未受战争的影响，仅在 1941 年和 1942 年略有下降，战后则迅速上升。而西欧三强中，法国最高的 1944 年，工业生产还仅相当于战前三分之一，1948 年才恢复到战前的水平。英国虽然是最大的战胜国之一，但由于其工业设施遭到严重破坏，1946 年还没有恢复到战前的水平。

之所以出现这样的现象，是由于战后初期，北欧三国不仅基础设施完好，而且由于接受了马歇尔援助计划，在技术上也缩小了与西欧国家的差距。再加上重建之中的西欧三强为北欧的机械产品、原材料、运输服务等提供了一个巨大的市场，从而使得战后北欧三国的工业得以迅速发展。到 1949 年，丹麦和挪威的工业发展水平已经达到了战前的 137%，瑞典则达到了战前的 155%。

工业的迅速发展使得北欧三国一度出现了劳动力供不应求的局面，这使得工人阶级在劳动力市场上处于特别有利的地位。此外，由于在沦陷期间，丹麦共产党和挪威共产党一直领导两国人民进行着各种形式的抵抗运动，瑞典共产党也积极参加了战时联合政府。它们以实际行动赢得了选民的信任和支持，因此，在 1944 年的选举中，瑞典共产党破天荒地获得了 11.3% 的选票，在 1945 年的选举中，丹麦共产党和挪威共产党的得票率更是达到了 12.5% 和 11.9%。在战后国际共产主义运动高潮的带动下，北欧三国的工人运动也形成了高潮。这一方面对北欧三国的资产阶级形成了巨大的压力，迫使它们不得不接受一些更加有利于工人群众的改革，另一方面也极大地促进了战后在北欧三国仍处于执政地位的社会民主党的改革步伐，因为否则的话，它们有可能丧失在北欧工人运动中的主导地位。

1944 年，当欧洲的战局确定时，瑞典社会民主党就把社会改革提上了议程。在这一年举行的代表大会上，瑞典社会民主党通过了一个新的纲领，明确地向资本主义所有制发起了挑战。该纲领提出："社会民主党旨在资本主义社会的经济组织，以便使生产的决策权掌握在全体人民手中，使绝大多数人从对少数资本家的依赖下解放出来，使建筑在经济阶级基础上的社会秩序让位于在自由平等基础上的相互协作的公民共同体。"①

不过，与英国工党和法国社会党的做法不同，瑞典社会民主党没有大张旗鼓地搞国有化，而是选择了从调控劳动力市场着手。1946 年，瑞典政府决定成立一个超党派的、由政府、工会和资方代表组成的劳动力市场委员会。该委员会直接对议会负责，其职责是对整个国民经济的运行进行调研、预测、调控。例如，为了控制经济发展节奏，战后瑞典建立了投资储备制度，规定所有企业都必须把自己税前利润的 40% 存到公共账户上，其所有权仍归属各企业，但什么时候投出、投资在什么方面，则要听从劳动力市场委员会的建议。这就等于把整个国民经济的发展纳入了一种计划的轨道。用达伦多夫的话来说，就是把自由资本主义这匹野马套上了一个笼头。而控制了投资、控制了经济发展节奏，也就控制了劳动力市场。劳动力市场委员会还会根据自己的规划，安排和指导各种职业培训、就业服务、失业救济，等等。该委员会的职能类似于我国计划经济时期的计划委员会，在整个国民经济的发展中发挥着非常重要

---

① 高峰、时红编译：《瑞典社会民主主义模式——述评与文献》，中央编译出版社 2009 年版，第 176 页。

的功能。丹麦和挪威很快也建立了这样的劳动力市场委员会。

建立劳动力市场委员会、控制投资，其目的是实现充分就业。为了实现这个目标，北欧三国在制度上又做了进一步的安排。例如，三国虽然在法律上都依然承认雇主有选用雇员的权利，但同时规定：所有雇主都必须向政府的就业机构申报自己的招聘计划，所有的招聘都必须公开、公平。三国从中央到地方，特别是在求职相对集中的每一所大学，都设立了就业服务办公室，免费为雇、求双方提供服务。此外，为了鼓励企业聘用长期失业者、残疾人、青年人、刑满释放人员等，三国政府都制定了相应的特殊法律并且设立了特别的基金，其目的是保证所有的人在社会上都能找到自己的位置，都能发挥出自己的作用。由于采取了一系列政策，从战后一直到20世纪70年代中期，北欧三国不仅一直保持着世界上最高的劳动力参与率，同时也保持着世界上最高的就业率。事实上，北欧三国在很长一段时期内几乎实现了全员就业。

不过，在资本主义条件下，失业是不可避免的，而且，一定比例的摩擦性失业是保持经济活力所必需的。为了保障失业者及其家庭的正常生活。近代所有发达国家都建立了失业保险制度，北欧三国在20世纪30年代中期也建立了这一制度。在战后的社会改革中，北欧三国把这一制度又做了进一步完善，把失业保险的范围大大拓宽。北欧三国所有工会会员都自动享有失业保险，而北欧三国几乎所有工资劳动者，包括全日制劳动者和半日制劳动者、临近毕业的大学生都会加入工会。工会会员费一般为收入的5%（内含医疗保险费），三国的失业津贴在很长时期高达原收入的90%—95%。在成为工会会员一年以上，在登记失业的同时就可以领取失业津贴。领取失业津贴的期限，丹麦曾规定3年之内工作累计满26周，其余时间即可享受失业津贴。瑞典规定连续领取失业津贴不能超过300天。满300天依然找不到工作的，必须参加政府组织的培训或接受政府安排的工作。在挪威，1954年的宪法把为每个公民提供就业条件列为政府的义务，1959年的失业保险法又把享受失业保险规定为每个公民的权利。也就是说，在挪威，所有公民都享受失业保险。这在世界上是绝无仅有的。

这一时期，北欧三国还建立起了非常完善的职业培训制度。上文提到，瑞典规定连续领取失业津贴的时限为300天。超过300天以后必须参加政府（通常是通过工会）组织的职业培训。在绝大多数情况下，人们不会等到300天之后再接受培训，而是一失业就会参加新的职业培训。根据自己的研究和预测，劳动力市场委员会通常会做出前瞻性的、有计划的安排。因此，在北欧三国，对于绝大多数人来说，失业—职业培训—再就业，这三者之间通常是无缝连接的。因此，北欧人有时候就把失业津贴叫作培训津贴。

第二次世界大战之后，随着和平的到来和经济的发展，同许多西方国家一样，北欧三国也迎来了一个生育高峰。劳动力无疑是一个国家最重要的生产要素，国家理应担负起劳动力再生产的基本责任。但一直以来，劳动力的再生产几乎主要是由家庭来承担的。这样一来，子女的多寡就成为家庭，特别是工人家庭实际生活水平的一个决定性因素。通俗一点说，多子女的家庭就必须把腰带勒得更紧一些。而与此同时，由于经济条件的限制，多子女家庭的儿童在生活、接受教育、开发自己的才能等方面必然受到更多的限制。这种现象显然不公平，也不合理。为了保证多子女家庭的生活水平不会有太大的落差，更为了保证每一个新的社会成员从一开始就有一个相对平等的、良好的发展机会，早在20世纪30年代，北欧的工人运动就提出：社会应该为每一个儿童提供一笔抚养费。1946年，挪威工党政府率先把工人运动的这一愿望变成了法律。这一年，挪威议会通过的《儿童津贴法》规定：每一位18岁以下的儿童，不论其家庭经济状况如何，从其出生之日起，政府都定期向其父母或法定监护人发放一笔津贴，北欧人将其称为儿童玩具费。这笔钱不是特别多（每年2500—3000美元），但它贵在体现了"人民之家"的原则。丹麦和瑞典随后也通过了同样的立法。

为了儿童的健康成长，除了慷慨的带薪产假之外，北欧三国还普遍建立了托儿所、幼儿园，对于低收入家庭的子女，托儿所和幼儿园都是免费的。为了系统地管理托儿所、幼儿园、小学以及儿童津贴等事务，挪威还在其政府中专门设立一个儿童事务部。

7岁之后，孩子们将进入义务教育阶段。战后初期，北欧三国都确立了9年义务教育制度，7—16岁的儿童必须接受义务教育。这期间，不仅不收任何学杂费，甚至连教科书、文具、公共交通、午餐等也是免费的。

16岁之后，如果继续深造，他们将继续得到政府的资助。北欧三国的高等教育不仅不收学杂费，政府还会向每一名学生发放一笔奖学金，其数额能够保证基本的生活需要，再加上在读期间还可以得到可在毕业后陆续分期偿还的低息贷款，这样，在北欧三国，任何一个人都不会因为家庭经济条件而失去深造的机会。

实现了充分就业，解决了儿童的成长和教育问题，接下来的一个普遍的问题就是养老。在20世纪30年代中期，北欧三国虽然已经建立起了类似于德国的强制养老保险体制，但毕竟有一部分人因为种种原因，从来都没有从事过有收入的工作，因而未能参加养老保险，这样，他们的养老就出现了问题。虽然这一部分人可以得到社会救助，但社会救助通常要与家庭经济状况调查联系在一起，这被认为是有失尊严的。不少的人宁可选择贫困也不接受家庭经济状况调查。北欧社会民主党人认为，这不符合"人民之家"的原则，不能对这部分人视而不见、弃之不管。为了消除这一现象，瑞典在1948年通过了一部新的养老法——《全民养老法》。该法规定：每一位年满67岁（后改为65岁）的瑞典公民，不论其经济状况如何，也不论其先前是否从事过有收入的工作，都可以领取一笔数额相同的、能够满足最基本物质需要的养老金（每月1000美元左右）。丹麦和挪威随后也通过了同样的法律。这样一来，在北欧三国，享受国家养老金也就实实在在地变成了公民的一项社会权利。

不过，北欧三国的工人群众对全民养老金并不满足。因为这个制度实行后，企业和政府的管理人员退休之后，不仅可以和普通民众一样领取一份全民养老金，而且还可以领到一份不菲的退休金，而蓝领工人退休之后只能领到1000多美元的全民养老金。退休管理人员与退休蓝领工人之间的差距太大，且仅靠全民养老金，工人退休之后显然难以安度晚年。因此，早在1956年，瑞典总工会和瑞典民主党政府就提出要在全体工资劳动者中间，建立起一种与原先收入挂钩的补充养老金。经过一番激烈的斗争，这个提案最终获得通过。全民养老金加上补充养老金，一般退休工人可以拿到退休前工资的大约三分之二，再加上对退休人员的一些优惠政策，这样，绝大多数瑞典工人退休之后生活水平不会下降，绝大多数瑞典老人不只是"老有所养"了，他们甚至可以安度晚年、可以颐养天年了。

丹麦和挪威随后也通过了同样的法律。

早在 20 世纪 30 年代，即"人民之家"初建时期，北欧社会民主党人就提出：只有当影响人们社会安全的四大隐患即疾病、年老、事故、失业等情况发生，贫困却不会随之而来时，人民之家就算基本建成。[①] 由于早在 20 世纪 20 年代，北欧三国就仿照德国俾斯麦的做法，颁布了《工伤事故保险法》，现在，既有了系统的劳动力市场政策，失业已经不会对生活带来多大影响，养老也不是问题，只剩下疾病这一隐患了。1955 年，瑞典颁布的《医疗保险法》把这个问题也基本上解决了。

这部《医疗保险法》规定：每一位年满 16 岁的瑞典公民及长期在瑞典工作、学习或居住的外国公民，都必须参加医疗保险。16 岁以下的儿童随同其父母参加保险。工会会员所缴纳的会费同时包含失业保险和医疗保险费。与此同时，瑞典还把先前已经建立的工伤事故保险与医疗保险做了合并：雇主在其为雇员所缴纳的社会保险费中同时包含失业保险、工伤事故保险和医疗保险。保险的范围不仅包括检查费、医药费、治疗费、住院费，甚至还包括住院期间的伙食费以及看病、住院期间的交通费。此外，考虑到生病住院不仅会影响本人，还会影响他们所抚养和赡养的亲属，因此，该法还规定：所有因病而不能工作的人都可以领取相当于原收入 90% 的病假津贴。

在丹麦和挪威，虽然筹资和运作方式稍有不同，但它们也很快建立起来了与瑞典基本上相同的、覆盖所有人的全民医疗保险体系。

这样一来，在北欧三国，人们从出生到入托儿所、进幼儿园、上学、就业、生病一直到年老，自始至终都能够得到国家所提供的社会安全网的庇护，人们确实就像生活在一个大家庭中一样。这就是人们所说的最典型的"从摇篮到坟墓"的福利国家制度。

如此健全的福利国家制度，意味着要有大比例的公共开支。而在北欧三国，除了挪威把石油业实行了国有化之外，丹麦和瑞典基本上没有国有化产业。这意味着，北欧三国巨额福利开支的主要来源只能是税收。因此，在描述北欧福利国家的特点时，人们通常会用两高来表述，即高福利、高税收。表 2.5 清楚地显示，20 世纪六七十年代，随着各种社会

---

① Gunnar Heckscher, *The Welfare State and Beyond: Success and Problems in Scandinavia*, University of Minnesota Press, 1984, p.48.

保障制度的建立，北欧三国的社会福利开支提高的同时，它们的税收也迅速增加。

表 2.5　　　　　北欧三国社会福利开支和税收的增长　　　　单位：%

	年份	丹麦	挪威	瑞典
社会福利开支	1962	10.6	9.7	10.9
	1972	19.3	15.8	20.3
	1978	26.2	21.9	33.1
	年份	丹麦	挪威	瑞典
税收	1960	26.0	35.6	30.0
	1970	40.0	41.2	41.0
	1978	42.9	48.7	50.9

资料来源：Esping-Andersen, *Politics against Markets*, Princeton University Press, 1985, p.168。

从表 2.5 中可以看到，到了高潮的 1978 年，在瑞典，其社会福利开支占了国内生产总值的将近三分之一！它的税收也超过了其国内生产总值的 50%。

北欧三国的社会福利开支之所以达到了如此之高的比例，是因为，为了体现"人民之家"的原则，它们把许多在其他国家商业化的服务——如教育、医疗、养老等都变成了公共福利，用埃斯平－安德森的话来说，就是把许多商业化服务实行了"去商品化"[1]，把它们变成了公民权利的一部分。

当然，羊毛归根结底还是要出在羊身上。如此巨额的社会福利开支最终当然还是要由北欧三国民众来承担。于是，北欧三国的税收自然要比其他西方发达国家高出很多。在北欧三国，不仅工资收入、投资、存款、固定资产等要交税，失业津贴、养老津贴、病假津贴、儿童津贴、奖学金等几乎所有的收入都要交税。这是否有点多此一举了呢？为什么这些纯粹的福利收入也要交税？北欧社会民主党人的逻辑是，既然享受

---

[1] 参见［丹麦］哥斯塔·埃斯平－安德森《福利资本主义的三个世界》，苗正民、滕玉英译，商务印书馆 2010 年版。

社会福利是每一个公民的权利,那么,支撑社会福利就必须是每一个公民的义务。这样做不仅有利于实现权利与义务之间的平衡,更重要的是能够时刻激发全体民众参与公共生活、参与政治的意识和热情。

此外,虽然几乎人人都要交税,但缴纳的数额和比例是不一样的。北欧三国很早就实行了累进征税制,并且是以家庭的实际生活水平来确定最终的税率。在20世纪六七十年代,北欧三国的高收入家庭,其最终税率最高可以达到其毛收入的80%。也就是说,这种高福利、高税收的政策,具有明显的"劫富济贫"的功能,实际上就是国家对人们收入的一种二次分配(见表2.6)。

表2.6　　　　　　　　1977年北欧三国不同家庭缴税情况

国别 项目	丹麦			挪威			瑞典		
收入类型	低	中	高	低	中	高	低	中	高
直接税占毛收入(%)	33.0	48.6	59.0	25.4	42.8	57.8	33.6	53.3	68.9
低收入家庭与中等收入家庭之比	100∶147			100∶169			100∶163		
低收入家庭与高收入家庭之比	100∶179			100∶228			100∶211		
边际税占毛收入(%)	54.0	64.8	64.8	33.4	60.4	68.4	55.1	80.0	85.0
低收入家庭与中等收入家庭之比	100∶120			100∶181			100∶145		
低收入家庭与高收入家庭之比	100∶120			100∶205			100∶154		

资料来源:根据Esping-Andersen,*Politics Agaist Markets*,Priceton University Press,1985,p.173改编。表中低收入即普通工人家庭收入指数为100%,中等收入家庭收入指数为200%,高收入家庭收入指数为400%(挪威为300%)。

从表2.6中可以看到,在北欧三国,一般工人家庭固然要把他们收入的相当大的一部分以各种税收的形式缴到国家手中,但是在比例上,跟中、高收入家庭相比,低收入家庭所缴税负还是要轻了许多。中、高收入家庭则要把他们收入的一大部分缴到国家手中,被用来做了"大锅饭"。中、高收入家庭固然也能够享受到"大锅饭"的福利,但比较起来,低收入家庭从"大锅饭"中得到的更多。正是由于这个原因,从20世纪六七十年代以来,北欧三国就一直成为世界上实际收入分配差距最小、人类发展指数最高的国家。也正是由于这个原因，自20世纪六七十年代以来，位于地球寒冷一隅的北欧三国引起了世界的关注。它们不仅被社会民主主义者视为社会民主主义的样本，甚至被人们称为人间天堂。

如果说在19世纪中期，在《共产党宣言》发表之际，共产主义在欧洲还是一个可怕的幽灵的话，那么，到了20世纪中期，社会民主主义在英国、法国、德国，在北欧三国，在整个西欧，已经变成一种普遍的现实。虽然历经艰难曲折，但总体上来说，社会民主主义还是取得了相当大的成功，它在许多国家，特别是在北欧三国，甚至已经成为占主导地位的意识形态。而它的源头，以《共产党宣言》为代表的马克思主义则似乎被人们悄悄忘记了。这显然是因为，马克思在《共产党宣言》中所描述的情景并未出现，而社会民主主义所提出的一些目标却几乎都实现了。用英国历史学家埃里克·霍布斯鲍姆（Eric Hobsbawm，1917—2012）的话来说就是："这是因为在实践中——在所谓的'黄金时代'结束以后——改良主义目标几乎百分之百地实现，工人的状况比1914年以前主张与资本主义和平共处的人们最乐观的设想还要好，那么，谁还需要社会主义？所以，修正主义政党尽管放弃了社会主义，在工人运动中不断确立稳固地位，首先它拥有选民基础，使它能够作为工人阶级的代表进行活动。工人政党在实践中背离自己的阶级，那是后来的事情。直到20世纪70年代末，用先进技术武装起来的工业呈现前所未有的繁荣，它始终要求一支非常庞大的工人队伍，这支队伍在居民中所占比例，还有它的选民数目，不管怎样，反正是不仅没有减少，而且还在增加。在20世纪70年代，在资本主义的欧洲，无产阶级无论在绝对数目还是相对数目上都比19世纪最后10年多，新的阶级意识、无产阶级的群众政党就像突然凭空变出来的一样。"[①] 也正因为如此，所以霍布斯鲍姆也赞同达伦多夫的说法，把整个20世纪称为社会民主主义的世纪。

---

① 转引自张世鹏编译《全球化与美国霸权》，北京大学出版社2004年版，第278页。

第 三 章

危机与挑战

在许多西方文献中，从第二次世界大战结束到 20 世纪 70 年代中期这一时段，通常也被称为资本主义发展的黄金时代。粗略计算，西方世界在这短短 30 年的时间里又创造了大约相当于此前生产力总和三倍的生产力。西欧各国社会民主党恰好也是在这一时期发展壮大起来并且成为西欧政坛的主流政党，在北欧三国，社会民主党甚至一度占据了主导地位。

一些西欧社会民主党思想家曾不无道理地指出：资本主义强调高效率生产，社会主义强调公平分配，社会民主主义则兼顾了两者。从 20 世纪二三十年代"占有权力"，到 20 世纪六七十年代取得政权，西欧各国社会民主党虽然也做过国有化的尝试，但从总体而言，他们并没有触动资本主义生产方式的基本秩序。他们所做的，实际上只不过是利用国家政权的力量，对资本主义市场分配机制做了一些调整，特别是通过各种社会政策，对人们的实际收入进行了二次分配，从而促进了生产与消费之间的基本平衡，保证了资本主义生产方式的持续运行。在战后资本主义大繁荣时期，社会民主党的一些社会改革，不仅使得西欧各国人民群众的整体生活水平有了明显提高，西欧各国资产阶级的财富也迅速膨胀，西欧各国社会民主党在西欧各国政坛的地位也随之飙升。

但是，进入 20 世纪 70 年代之后，西方经济的增长速度开始明显放缓。20 世纪 70 年代中期，石油输出国组织在两年之内把石油价格提高了 12 倍，从而引发了一场普遍的经济滞胀，所谓的黄金时代宣告结束。欧洲社会民主党也面临巨大的危机和挑战。

第一节　凯恩斯主义失灵

如果说，1929—1933 年的世界经济危机，催生了凯恩斯主义的话，那么，20 世纪 70 年代中期开始的西方经济的普遍滞胀，则宣告了凯恩斯主义时代的结束。

凯恩斯认为，生产与消费之间必须实现平衡，但二者之间不可能自动实现平衡。国家必须积极干预经济运行过程，以避免周期性的经济危机。他认为：在经济发展低迷时期，适度增加货币供给，必然使有效需求增加，从而刺激经济增长，减少失业，尽管这可能导致通货膨胀。相反，如果经济过热，则应该减少货币供给，减少有效需求，使经济增长放缓，这会增加失业，物价下跌，通货紧缩。总而言之，经济衰退与通货膨胀二者互相制衡，不可能同时发生。政府的责任就是在这二者之间不断平衡，从而保证整个经济平稳发展。

虽然凯恩斯主义自出台之日起就饱受争议，但不可否认的是，该理论对战后资本主义实现将近 30 年的相对稳定发展还是发挥了一定的作用。

但是，进入 20 世纪 70 年代后，西欧各国的经济增长速度普遍明显放缓。在 20 世纪五六十年代，德国、法国、英国及北欧三国的年均经济增长率达到了 4%—5%，进入 20 世纪 70 年代之后，特别是石油危机之后，西欧国家的年均经济增长率通常仅为 1%—2%，有些国家在有些年份甚至出现了负增长。经济萎缩必然导致失业增加。按照凯恩斯主义的传统药方，政府应该增加财政预算，增加公共开支，增加货币供给，以此来刺激经济发展。但是这一次，在经济萎缩的同时，西欧各国还出现了严重的通货膨胀（见表 3.1）。

表 3.1　　1973—1989 年欧洲 14 个国家的失业率和通货膨胀率

分项 年份 国别	失业率（%） 1974—1979	失业率（%） 1979—1989	通货膨胀率（%） 1973—1989	通货膨胀率（%） 1980—1989
经合组织（欧洲）	5.1	9.1	11.9	7.4
奥地利	1.8	3.3	6.3	3.8
比利时	5.7	11.1	8.4	4.8

续表

分项 国别	失业率（%） 1974—1979	1979—1989	通货膨胀率（%） 1973—1989	1980—1989
丹麦	6.0	8.0	10.8	6.9
芬兰	4.4	4.9	12.8	7.3
法国	4.5	9.0	10.7	7.3
希腊	1.9	6.6	16.1	19.4
荷兰	4.9	9.8	7.2	2.8
意大利	6.6	9.9	16.1	11.1
挪威	1.8	2.8	8.7	8.3
葡萄牙	6.0	7.3	23.7	17.5
西班牙	5.3	17.5	18.3	10.2
瑞典	1.9	2.5	9.8	7.9
英国	4.2	9.5	15.6	7.4
西德	3.5	6.8	4.7	2.9

资料来源：［英］唐纳德·萨松：《欧洲社会主义百年史》（下册），姜辉等译，社会科学文献出版社2008年版，第513页。

在英国，1951—1979年这一时期被称为"共识政治时期"。在这一时期虽然保守党与工党轮流执政而且保守党执政时间还稍多一些，但总体上说，保守党人在策略上也做了调整，他们基本上接受了凯恩斯主义。他们在执政期间，执行的实际上也还是工党在战后初期确立的社会民主主义路线：保证经济增长、实现充分就业、完善社会保障制度。

但进入20世纪70年代后情况就开始有所变化。从1970年6月以希思为首相的保守党政府上台到1972年2月（石油危机之前），英国的失业人数就从60万增加到100万。由于此前英国的全部社会政策都是以充分就业为基础的，而此时的保守党政府显然还没有充分的思想准备与战后已经形成的共识政治决裂。为了解决日益严重的失业问题，希思政府沿用了传统做法：由政府出资，接管了一些经营不善的企业，同时还成立了专门的人力服务委员会，负责劳动力培训和创造就业机会。但此时英国的通货膨胀现象也已经出现，其明显标志是物价快速上涨。为了保证实际生活水平不受影响，英国工会要求工人的工资必须随物价上涨而增加，而这势必加剧已经出现的通货膨胀。保守党政府显然不能满足工会方面的要求，结果遭到工会方面的强烈反抗，大批大批的工人群众纷纷举行罢工，要求政府保障人民群众的生活水平。在人民群众的一片抗议声中，保守党政府不得不提前举行大选。

在1974年的选举中赢得胜利并重新上台执政的工党政府，接手的实际上是一块极其烫手的山芋，甚至简直就是火山口：它不仅要止住经济发展的颓势，还要遏制住日益严重的通货膨胀。而这几乎是一个无解的方程。结果是，1974年和1975年，英国经济连续两年出现了负增长，1975年底，英国的失业率突破了两位数，其通货膨胀率也达到了惊人的24.2%。如此可怕的通货膨胀率不仅会造成广大人民群众实际生活水平的下降，还不可避免地导致资产缩水、资本外流。以至于在当时的《华尔街杂志》《经济学人》等杂志上都出现了这样的文章，认为英国的经济已经严重退化，工党政府已经变成了一种使英国财富荡然无存的政权。[①]而事实上，工党政府也确实被迫一再对英镑实行贬值，到了1976年的7月，英镑贬值了12%。这也正是后来上台的撒切尔夫人之所以把遏制通货膨胀当作她执政的第一要务的原因。

面对这样的局面，工党领导层内部产生了分歧，工党右翼公开主张要放弃凯恩斯主义，接受货币主义。而在左翼看来，放弃凯恩斯主义就是放弃社会民主主义，就是离经叛道。争论的结果是右翼逐渐占了上风。在1976年3月工党领袖选举中，右翼领导人卡拉汉胜出，并且接替辞职的威尔逊成为英国首相。在接任不久的工党大会上，卡拉汉发表了这样的讲话："我们被告知说，舒适的世界是永远运转下去的。在这个世界上，充分就业只需政府大臣动动笔就能够保证，减税，赤字花费——这样的舒适世界一去不复返了……究竟什么是造成失业的原因呢？很简单很清楚，就在于我们付给自己的东西多于我们生产的价值。不能去找什么替罪羊了……我们习惯于认为可以混过不景气时期，通过减税和增加政府开支来增加就业。我今天非常坦率地告诉你们，那种选择已不复存

---

① [英]唐纳德·萨松：《欧洲社会主义百年史》（下册），姜辉等译，社会科学文献出版社2008年版，第572页。

在了。"①

卡拉汉显然只说对了一半，即在当时的条件下，凯恩斯主义确实已经失灵了。但他没有说对的是：此前将近30年的充分就业，并不是仅仅靠政府大臣动动笔而创造的。凯恩斯主义对战后30年西欧资本主义相对稳定发展起了一定作用，但不是决定性的，更不是唯一的作用。事实上，战后西欧资本主义大繁荣形成的条件是不可复制的。本书前面提到，持续六年的第二次世界大战，把作为主要战场的西欧几乎夷为了平地。战争不仅严重破坏了西欧各国的基础设施，还夺走了欧洲数千万青壮年人的生命。第二次世界大战之后，在马歇尔计划的推动下，西欧各国的经济不仅得以迅速恢复，西欧各国的人口也迅速增长，出现了一波生育高峰。例如在法国，1939年它的总人口为4200万，由于战争的原因，1939—1945年，法国的人口死亡率达到了18.3‰，而同期其生育率则仅为14.9‰，也就是说，在战争期间，法国的总人口一直处于减少状态。到1946年，其总人口仅为4000万，六年减少了200万。战争结束后，法国领导人戴高乐曾公开号召法国的年轻夫妇在10年之内为法国生出1200万好娃娃。法国的年轻人还真差不多完成了这一任务。1954年，法国人口超过了战前，达到了将近4300万，1968年则达到了将近5000万。在1946—1968年，法国的总人口居然增加了23%。② 这就是所谓的"婴儿潮"。其他西欧国家的情况大致相同（见表3.2）。

表3.2　　　　　　　　西欧五国的出生率　　　　　　　　单位：‰

年份 国别	1911	1935	1955	1965	1981	1991
法国	18.7	15.5	18.5	17.7	14	14
英国	25.6	17.8	18.1	19.3	13	14
德国	28.6	18.9	15.7	17.7	10	11
意大利	31.5	23.4	17.7	18.8	12	10

---

① ［英］唐纳德·萨松：《欧洲社会主义百年史》（下册），姜辉等译，社会科学文献出版社2008年版，第569页。

② 吴国庆：《法国新社会剖析》，社会科学文献出版社2011年版，第73—74页。

续表

年份 国别	1911	1935	1955	1965	1981	1991
西班牙	31.5	25.3	20.4	21.3	16	12

资料来源：沈坚：《当代法国》，贵州人民出版社2012年版，第145页。

这一大批新增人口意味着对住房、汽车、道路、交通、建材、家具、电器、服装、食品、医疗服务、幼儿园、学校等的全面需求。在某种意义上说，正是婴儿潮这一巨大市场，才保证了战后资本主义的大发展。而到了20世纪60年代中期，随着西方各国社会保障制度的建立，家庭的功能日益弱化，人们的生殖欲望明显下降。1964年避孕药的全面推广，直接导致出生率的下降。一些西欧国家的总人口甚至出现了负增长。这实际上才是20世纪70年代中期以后西欧经济持续疲软的根本原因。凯恩斯主义对此显然无能为力。

而当时英国的经济形势是失业率和通货膨胀率都达到了两位数。物价飞涨，工人自然要求增加工资。为了遏制通货膨胀，卡拉汉又不能满足工人的要求，结果引起了工人群众的强烈不满。从1978年开始，英国各地的工人纷纷开始罢工。这使得卡拉汉政府处于十分尴尬的局面。特别是1979年1月英国150万公用事业工人为期六周的罢工，使整个国家一度陷入瘫痪状态。保守党抓住了这一机会，发动了对卡拉汉政府的不信任投票并最终导致了卡拉汉政府的倒台。

在1979年的选举中，工党虽然知道传统的政策主张已经失效，但又提不出任何新的举措，而保守党则明确提出要抛弃凯恩斯主义，要实行私有化，要限制工会权力，要限制货币发行量，遏制通货膨胀。结果，保守党以339对269个议席的优势赢得了选举，英国历史上第一位女首相、素有"铁娘子"之称的玛格丽特·撒切尔夫人上台执政，开始了英国近代史上的一个新的时期。

撒切尔夫人认为她的历史使命就是要把英国从病态中拯救出来，重振英国经济，恢复英国世界一流强国的地位。怎样摆脱"英国病"呢？这首先得找准病根。以撒切尔夫人为代表的英国保守党人认为，英国经济之所以呈现出"走走停停、慢慢吞吞"的病态，20世纪70年代中期以来之所以出现滞胀,最根本的原因就是国家对经济生活干预太多。他们认为,如果传统生产过剩表明市场机制失灵的话,那么失业和通货膨胀并存的"滞胀"则表明国家干预已经失灵了。他们认为,从摇篮到坟墓的福利国家制度在免除了人们的忧患意识的同时,也腐蚀和磨灭了人们的拼搏意识和进取意识,淡化了人们的社会责任感。由于有了福利国家这顶大号保护伞,人们就再也不会精打细算、省吃俭用、未雨绸缪,而这样一来整个社会的储蓄率必然降低,社会经济发展所必需的再投资就失去了一个重要来源。与此同时,为了做好福利国家这一"大锅饭",公司和企业利润中的很大一部分以各种税收的方式集中到国家手中,从而使得企业和公司为扩大再生产所需要的投资基金短缺,这就必然导致企业设备、技术落后、生产效率下降、国际竞争力下降。他们认为,到了20世纪70年代中期,英国经济已经病入膏肓了,不能再用常规的方法来治疗,必须下猛药,即人们通常所说的"休克疗法",才能使英国经济脱胎换骨。撒切尔夫人主要推行了四个方面的改革。

第一,减少公共开支,国家在社会生活中全面后撤。撒切尔夫人认为:英国当时面临的最紧迫的问题是通货膨胀。前面提到,进入20世纪70年代中期以后,英国的通货膨胀率曾连年在两位数以上,由此必然导致物价飞涨、资产缩水、资本外流、经济萎缩。造成通货恶性膨胀的原因就是自战后以来历届政府都采取的所谓积极的财政政策,也就是凯恩斯主义的所谓赤字财政政策。撒切尔夫人接受了弗里德曼的货币主义思想,认为要重振英国经济首先必须稳定英镑的币值,为此就必须减少英镑的发行量。她一上台就把控制货币总量确定为一个硬指标,同时还制定了各公共部门削减开支比例的硬指标。货币总量和公共开支的压缩,显然会使通货膨胀问题立刻得到遏制,但同时也意味国家在社会政治、经济生活中职能的弱化。用英国当时流行的一句话叫作:"一切交由市场来决定。"这也正是西方左派一直把以撒切尔夫人—里根为代表的新自由主义称为"市场原教旨主义"的原因。显然,这与凯恩斯主义是背道而驰的。

第二,降低税率,给企业松绑。保守党政府认为,社会不平等是绝对的,在某种意义上说,它是社会发展的基本动力之一。用政府二次分配的方法去消除不平等,不仅在事实上会造成新的不平等,而且还会消磨人们的社会责任。英国社会长期以来几乎把社会财富的50%集中在政府手中，这不仅必然会滋生腐败、浪费、低效率、官僚主义等，而且即使是上述都能避免，也不过是把人们都变成了"幸福的奴隶"而已。保守党政府接受了新自由主义的观点：原则上所有的服务都应该由市场提供。市场不仅能够满足人们的不同需求和不同偏好，还能保证高效率。国家不应该为人们安排一切。为了让每个人都享有更多的选择自由，就必须把钱留在个人的腰包里。在1979年之前，英国个人收入所得税的最高税率曾达到了83%，保守党上台后将其逐步降低到40%。1979年之前，英国的公司所得税最高税率曾达到了52%，保守党执政后将其逐步降低到了33%。把更多的钱留在企业家手中，企业家们才会真正实现自主经营。

第三，私有化。战后第一届工党政府曾经把英国的铁路、航空、煤炭、电力、钢铁、电信等许多行业实行了国有化。保守党执政后曾经把钢铁业进行了私有化改造。1964年工党重新执政后不仅把钢铁业重新实行了国有化，而且把公路运输中的主要企业、机场、主要码头等也收归为国有。1975—1979年，为了挽救一些濒临破产的企业，工党政府又出资收购了一些企业，并且还创办了英国国家石油公司。到1979年，英国国有企业的职工占了全部就业人员的5.9%，国有企业的产值占英国国内生产总值的10%以上，其固定资产占英国固定资产的15%，成为当时西欧各国中国有化程度最高的国家。经济滞胀以来，一些国有企业本来也应该做相应的调整，但由于国有企业工会力量相对强大，包括裁减人员、降低工资等改革难以推行，1979年的大罢工的主体就是国有企业的职工，那场罢工使英国的整个社会生活几乎陷入瘫痪，从而使国有企业在普通民众中的地位大打折扣。再加上此时的国有企业大都经营不善，效率低下，所以保守党政府决定要把绝大多数国有企业私有化。仅在撒切尔夫人担任首相的前两个任期，英国就把全部国有企业的三分之二实行了私有化。此举不仅为保守党政府获得了270多亿英镑的财政收入，从而弥补了因减税而出现的财政亏空，而且还大大增加了英国社会中"股票持有者"的队伍。1979年英国共有300万名股票持有者，1989年这个队伍扩大到1100万。撒切尔夫人把此举称为"资本人民化"。与此同时，保守党政府还把战后初期英国政府建造的一大批住房也实行了私有化。这样一来，保守党政府不仅获得了大笔收入，而且还扩大了自己的选民基础。

第四，驯服工会。如前所述，英国的工会运动一直比较发达，英国工党就是在英国工会运动的基础上组建起来的。作为工党的主要对手，保守党对工会组织一直耿耿于怀。1979 年的大罢工，使得英国工会的威信大大降低。私有化和大批工人失业，又等于从工会运动的釜底抽了薪。这样，保守党政府一上台就决心对工会开刀。在 1980—1990 年，英国共颁布了 5 部限制工会运动的法律。英国的工人运动自此几乎一蹶不振。

这些改革，标志着凯恩斯主义在它的故乡已经被彻底抛弃了。

但是在法国，凯恩斯主义的气数似乎还没有完结。前文提到，1981 年法国社会党不仅赢得了总统选举，而且在议会选举中也大获全胜。密特朗在入主爱丽舍宫时发表了这样的演说："改造社会的伟大方案是伟大民族的特权。在今天的世界，在我们的国家，没有比铸就一个社会主义和自由主义的结盟更为紧迫的了，没有比把这样的结盟贡献给明天的世界更伟大的雄心壮志了。……1981 年 5 月 10 日所见证的唯一胜利者就是：希望！"[①]

法国社会党人的口号是要与资本主义彻底决裂。由于他们已经全面接管了国家机器，已经满足了当年布鲁姆所提出的"取得权力"的条件，准备发动社会革命了。社会党的一些领导人甚至提出：他们要在上任 100 天之内、最多不超过半年，就要使法国社会发生根本的改变。但是，正如前文所提到的，社会党政府所谓的新政，实际上只不过是凯恩斯主义在法国的实践：以提高低收入阶层的收入来刺激需求，以需求来刺激经济，以经济发展来刺激就业。但是，实际情况却在社会党政府的预料之外。提高了低收入阶层的收入的确刺激了消费，但却没有刺激法国的经济增长，而是刺激了法国的进口。1981 年，法国的贸易赤字为 600 亿法郎，收入政策调整后的 1982 年，法国的贸易赤字一下子飙升至 927 亿法郎。也就是说，法国人的消费实际上主要刺激了它的贸易伙伴——德国和日本的经济，法国自己的失业率不仅没有下降，而且还在进一步攀升。而提高低收入阶层的收入势必刺激通货膨胀，这就使得法国当时面临的

[①] ［英］唐纳德·萨松：《欧洲社会主义百年史》（下册），姜辉等译，社会科学文献出版社 2008 年版，第 622 页。

滞胀现象——经济停滞和通货膨胀并存——更加严峻,其失业率和通货膨胀率双双超过两位数。在不得已的情况下,社会党政府1981年10月、1982年6月和1983年3月连续三次宣布法郎贬值,同时宣布冻结工资和物价,压缩了公共开支,收紧了银根。在新自由主义已经成为潮流的情况下,法国显然既不可能置身事外,更不可能逆潮流而行。时任社会党领导人、政府总理法比尤斯1984年在法国国民议会发表讲话时承认了这一点。他说,为了与失业作斗争,现代化是必需的。但"人们必须有勇气承认……现代化将以损失更多的工作为代价,而不是创造就业岗位"[①]。

放弃了凯恩斯主义之后,法国经济有所好转,失业率和通货膨胀率都明显下降,但在1986年的议会选举中,社会党还是失去了多数派的地位,法国开始了左右共治时代,即由左翼总统密特朗监视着保守党人希拉克领导的政府。

正如表3.1所显示的,跟英国和法国相比,20世纪70年代中期以来西方经济滞胀在德国要缓和很多。1974—1979年,它的失业率平均仅为3.5%,1973—1989年,其通货膨胀率也仅为4.7%。这其中有三个重要原因。其一,德国法律规定:德国联邦银行有保证德国马克币值的义务,这使得德国马克享有坚如磐石的美誉,当然,这也限制了政府对经济的干预力度。20世纪70年代中期以后,当英镑和法郎先后贬值时,德国联邦银行则抬高了马克的汇率,从而保住了马克币值的稳定。其二,勃兰特执政时期通过的《共同决定法》此时实际上帮了德国资本家的忙。德国的工人代表参与企业的决策与管理,使得德国工人在经济不景气的条件下没有提出增加工资的要求。其三,在经济高涨时期,德国曾吸纳了一大批外籍工人。第一次石油危机爆发后,大约有50万没有获得长期工作许可的外籍工人被迫离开了德国,这就大大降低了德国的失业率。当然,德国经济一直严重依赖世界市场,整个西方经济都不景气,德国经济也不可能风光独好。第二次石油危机爆发后,德国经济开始明显下滑,1981—1982年其国内生产总值出现了负增长,登记失业的人数达到了200万。在连续30年几乎实现充分就业的条件下,200万人失业简直无法想

---

① [英]唐纳德·萨松:《欧洲社会主义百年史》(下册),姜辉等译,社会科学文献出版社2008年版,第639页。

象，社会民主党政府也拿不出任何应对措施，赤字财政政策失灵了。因此，社会民主党输掉1983年的选举几乎是不可避免的。

也就是说，到了20世纪80年代中期，新自由主义在西欧逐步占据了统治地位，而一直被社会民主党人所信奉的凯恩斯主义则被全面抛弃了。

第二节 从福特制到后福特制

英国历史学家埃里克·霍布斯鲍姆在其1999年发表的题为《工人运动的世纪》的文章中指出：社会民主主义在西欧之所以能够盛行将近一个世纪，是因为它拥有三大基本柱石：第一大基本柱石是"有一个庞大的工人阶级，而且它的数量不断增长，认为自己属于工人阶级的归属意识也在不断增长，这种归属意识把形形色色的劳动群众以及或多或少比较贫困的人们融合为一个唯一的阶级"；第二大基本柱石是对"共产主义和苏联的恐惧"——对于西欧资产阶级来说，接受社会民主党的社会改革是为了抑制共产主义进军；第三大基本柱石是充分就业："1945年以后，改良主义，特别是充分就业政策，不仅在政治上，而且在经济上都是十分必要的。如凯恩斯和瑞典社会民主党经济学家所预言的那样。这是改良主义的第三个基本柱石。不仅社会民主党政府，当时所有政府都推行同样的政策。这种政策不仅给西方国家带来了社会稳定，而且还使资本主义实现了前所未有的经济增长和经济繁荣。"[①]

自20世纪70年代以来西方经济的长期低迷和普遍滞胀，使得西欧各国不得不放弃了充分就业政策，从而使得社会民主主义赖以支撑的第一大基本柱石在事实上已经坍塌。而经济的长期低迷迫使西方资产阶级不得不改进生产技术和生产方式，从而使得西欧各国完成了从福特制到后福特制的蜕变，完成了从传统经济向知识经济的转变。后福特制和知识经济时代的到来，又使得西欧社会结构发生了深刻的变化，西欧社会民主主义赖以支撑的另一基本柱石——庞大的工人阶级——逐渐解体，从而使得曾经风靡一时的社会民主主义遭遇了前所未有的危机与挑战。

马克思指出："物质生活的生产方式制约着整个社会生活、政治生活

[①] 转引自张世鹏编译《全球化与美国霸权》，北京大学出版社2004年版，第281页。

和精神生活的过程。不是人们的意识决定人们的存在，相反，是人们的社会存在决定人们的意识。"① 根据马克思的一贯思想，所谓物质生活的生产方式最主要的就是制造业的生产方式。我们知道，近代资本主义制造业最先从手工业作坊开始。18 世纪中叶，随着机器的发明和蒸汽动力的应用，建立了现代工厂制度，从而整个近代资本主义生产方式才真正确立。而率先完成这一变革的英国才得以从一个边陲岛国变成首屈一指的日不落帝国的中心，资本主义生产方式也逐步在西欧、在全世界占据了统治地位。由于资本主义生产方式的内在矛盾而引发了一系列社会问题，马克思和恩格斯在他们的《共产党宣言》中曾经宣称：资本主义的丧钟已经敲响了，社会主义制度将取代资本主义制度。

马克思和恩格斯也充分考虑到了资本主义生产方式的调整能力。用马克思本人的话来说就是："无论哪一个社会形态，在它所能容纳的全部生产力都发挥出来以前，是决不会灭亡的；而新的更高的生产关系，在它的物质存在条件在旧社会的胎胞里成熟以前，是决不会出现的。"② 一方面，由于社会民主主义的兴起和一系列社会改革的推行，资本主义生产方式所引发的一系列社会矛盾得到了缓解；另一方面，资本主义生产方式自身也在不断地调整、改革。福特制的创立，就是资本主义生产方式发展的一个新的阶段。

福特制创立于 1913 年。以其创立者亨利·福特（Henry Ford，1863—1947）的名字命名的这种生产方式，其主要内容是在操作过程规范化的基础上，采用流水线的方法，实行大批量、大规模生产。1913 年，福特在底特律安装了一条将近两公里长的汽车生产线，把包括一万多个零部件组装的全部生产过程连接在一条流水作业线上，各个组装环节上的具体操作行为都被分解为数量有限的几个基本动作，流水线轮带转速所规定的节奏把这些不同的基本动作连接成为一个整体，从而大大提高了生产效率。在此之前，在福特公司，组装一部汽车的标准时间为 728 分钟，福特公司在 1914 年总共生产了 308612 辆汽车。而到了 1923 年，在福特公司的生产线上，一辆汽车的组装从第一道工序到最后下线，用时仅为

---

① 《马克思恩格斯选集》第 2 卷，人民出版社 2012 年版，第 2 页。
② 《马克思恩格斯选集》第 2 卷，人民出版社 2012 年版，第 3 页。

93 分钟，效率一下子提高了将近 8 倍。这一年，福特公司共生产了 200 多万辆汽车。每辆车的价格则从 850 美元下降到了 260 美元。

但是，正如凯恩斯所指出的："一切生产的最终目的都是为了满足消费者。"① 福特公司生产这么多汽车，必须卖得出去，公司才能收回投入并且从中盈利。由于生产效率的大大提高，福特公司不仅有足够的利润空间来提高其工人的工资，而且，从市场销售、从维持再生产的角度来考虑，它也必须提高工人的工资，以保证它自己的工人能够买得起它制造的汽车。正如德国《明镜》杂志社的记者汉斯·马丁和哈拉尔特·舒曼所指出的："从前，有一项原则使得美国的资本主义充满活力，并帮助它在全世界进行胜利的进军。这就是亨利·福特的那项诺言。可是如今，有越来越多的公司把这一原则置诸脑后。1914 年，这位美国老牌资本家把他的工人的日工资径直倍加为 5 美元，当时《华尔街日报》把他的这一率先行为抨击为'经济犯罪行为'。然而，福特不过是发现了后来的国际经济成长中的一条逻辑。他要想使他的汽车成为人人都能消费的产品，就应该让未来可能的顾客挣得足够的收入，这样才能买得起新产品。因此他让他的工人三个月挣到的钱，就可以买一辆该公司生产的 T 型汽车。"② 这样，从前通常只是少数人定制的"老爷车"，现在变成了一种大众化的日常消费品。而大规模消费必然进一步刺激大规模生产，从而使资本家获得更大的利润。因此，流水线作业法不仅很快在汽车制造业内流行起来，而且也很快被几乎所有的制造业所采用。这也是美国经济之所以能够后来者居上，迅速超过英国、法国、德国等老牌资本主义强国，成为世界头号资本主义强国的一个重要原因。

福特制不仅大大提高了生产效率，而且还在事实上把绝大多数人口都卷入了资本主义生产方式之中。在福特制度下，传统的手工业作坊、传统手工技艺等都失去了继续存在的理由。广大人民群众不仅是大量工业品的制造者，同时又是大量工业品的主要消费者。虽然从理论上说，每一个资本家都可以把他的工人工资压到最低，但作为资本主义生产方

---

① [英] 凯恩斯：《就业、利息与货币通论》，高鸿业译，商务印书馆1999年版，第52页。
② [德] 汉斯·马丁、哈拉尔特·舒曼：《全球化陷阱》，张世鹏等译，中央编译出版社1998年版，第168页。

式总代表的国家，却必须保证广大人民群众有一定的消费能力，从而使得社会总生产与总消费之间达到基本平衡，保证绝大多数人的生活水平会随着资本主义的发展而不断提高，从而保证资本主义生产方式持续运转。这也正是为什么自1929—1933年的经济危机之后，美国之所以接受了凯恩斯主义、接受了罗斯福新政的主要原因。这也能够解释，为什么在资本主义最发达的美国，特别是在罗斯福新政之后，美国的社会矛盾和社会冲突似乎不像欧洲那样剧烈，没有出现大规模的、群众性的社会主义运动。因为，自罗斯福新政之后，美国政府不仅对美国资本主义的发展进行了有效的控制，而且还出台了最低工资标准、各种社会保障、社会救助政策，为美国资本主义的发展开拓了更大的空间。

第二次世界大战为福特制向西欧进军提供了一个特殊的机遇。战争把作为主战场的西欧几乎夷为平地。如表2.4所示，法国和德国1945年的工业产值还不及1937年的一半，法国直到1948年、德国则直到50年代才恢复到1937年的水平。在战后欧洲重建过程中，西欧各国在接受马歇尔援助计划的同时，也接受了福特制流水作业法。战后初期，在马歇尔援助计划的直接帮助下，一条条福特制流水作业线雨后春笋似的在西欧各国建立了起来。

福特制的全面推广引起了西欧社会结构的深刻变化。英国虽然早在18世纪中叶就完成了产业革命，德国、法国、意大利及北欧各国在19世纪、20世纪之交也先后实现了工业化，但传统手工业经济及家族式管理体制在欧洲一直有着深厚的影响。福特制的全面采用，使得西欧彻底告别传统。大规模的现代化大生产在西欧国民经济的各个领域迅速占据绝对主导地位。与此相伴随的就是霍布斯鲍姆所说的那个庞大的工人阶级队伍。一条条流水作业线，客观上把工人们组织成为一个个纪律严明、目标一致的军团。流水线作业虽然加快了劳动节奏，提高了生产效率，但与此同时，由于它大大简化了劳动过程，从而使得广大工人群众的传统技术和技艺大大贬值。因为，在流水线上作业，通常意味着只是拧几个螺丝钉，上几根发条。这样的岗位通常只需要短期的培训就能胜任。这在客观上迫使全体工人群众必须团结起来，必须形成一个阶级。因为，流水线上的工人，已经变得跟他们所处理的零部件一样，也可以随时调换。而一旦离开了流水线，单个的工人将一事无成、一无所有、一文不值了。因此，随着福特制的普遍推行，西欧各国的工会组织也得到了空前的普及。西欧各国的工人，特别是制造业的工人，几乎百分之百地加入了工会组织。各国的各个行业都成立了各自行业的工会，有几个国家还成立了全国总工会。工人们组织起来了，这不仅对工人们争取和维护自身的利益有利，对于要建立稳定的劳动力市场、建立稳定的生产秩序的各国政府以及资本家阶级来说也是一件好事。西欧各国正是在这一时期，颁布了一系列劳动立法，建立了集体谈判和集体解决劳资冲突的机制。这样一来，过去通常发生在厂房、街头甚至街垒的劳资冲突，现在都放在了谈判桌上。这也是战后西欧资本主义大繁荣的一个重要成因。

但是，自进入20世纪70年代以后，情况有了变化。随着战后恢复性建设的完成和被战争压抑、延缓了的消费的满足，以大规模、大批量生产为特点的后福特制遇到了一个无法克服的困难：消费市场基本饱和。到了20世纪70年代中期，在西欧，基础设施建设已经更新完毕，小汽车、电视机、洗衣机、电冰箱等已经普及。不仅如此，1964年避孕药的普遍推广，战后一度出现的婴儿潮也戛然而止，有些国家的人口甚至出现了负增长。人口无疑是一切社会生产的最终消费者。没有了消费者当然就没有市场，而没有了市场，福特制也就没有了用武之地。

不仅如此，流水线上的大量产品——汽车、电视机、冰箱、啤酒、服装、面包等，一旦找不到销路，就意味着生产越多，亏损就越多，生产得越快，破产就越快。为了避免亏损、避免破产，资本家不得不压缩生产规模，从而导致许多生产线开工不足。生产线开工不足，必然导致生产成本提高和劳动生产率下降。据联邦德国的有关文件记载："劳动生产率，即每名就业人员创造的国内产值在1958至1966年期间平均每年的增长比例高达6.2%，1967至1975年期间平均年增长率为4.7%，1975至1981年期间下降为2.9%，1982至1985年进一步下降为1%。"[①]

西方的许多文献把战后资本主义大繁荣的终结归因于20世纪70年代中期的两次石油危机，这也不无道理。因为，石油价格暴涨，确实会增加生产成本。但实际上，如果市场不萎缩，资本家会很轻易地把增加了

---

① 张世鹏：《二十世纪末西欧资本主义研究》，中国国际广播出版社2003年版，第36页。

的成本转移到他所生产的产品之中，从而转嫁到广大消费者头上。而在市场已经萎缩、产品已经积压的条件下，石油价格的暴涨对于西欧资本主义来说，无疑是雪上加霜。也就是说，石油危机仅仅是压垮西欧资本主义的最后一根稻草。在当时的情况下，西欧各国资本家别无选择，只能压缩生产规模，甚至干脆关闭生产线。这就是为什么西欧各国的失业率自那时以来一直居高不下的真正原因。

前面提到，在资本主义大繁荣时期，西欧各国都曾出现过劳动力供不应求的局面，西欧各国都曾招聘了大量外籍工人。20世纪70年代中期以后，由于大量失业工人的存在，劳动力已经供过于求，这使得在劳动力市场上工人一方处于非常不利的地位。这在客观上为西欧各国资产阶级压缩工人福利、大砍已经建立起来的福利国家制度创造了条件。

与此同时，经过30年的大繁荣，到了20世纪70年代中期，西欧各国人民群众的整体生活水平已经有了很大提高，基本的物质需要已经得到满足。各国的法定工作时间都大大缩短（法定周工作时间都在39小时之内），工资水平都有大幅提高。再加上各种社会保障制度的建立，排除了人们的各种后顾之忧，致使人们不仅不再省吃俭用，甚至连孩子都不愿意生养。这意味着，西欧各国民众手里有了更多的钱，有了更多的闲暇，他们可以过更加丰富多彩的生活。他们不再满足于福特制度下那种千篇一律的、集体性的、模式化的消费，开始向个性化、多元化、后现代化的方向发展。而福特制那种流水线生产的千篇一律甚至万篇一律的产品，显然不能满足这种多元化、个性化、后现代的消费需求。于是，进入20世纪70年代中期以后，福特制逐渐被后福特制所取代。

所谓后福特制是指以模块化组建为手段，根据市场需求，小批量、多品种、灵敏、精益、快速生产客户所需产品的一种生产方式。从生产理念上说，福特制强调的是以生产为导向，考虑问题的出发点是怎样降低生产成本，是生产引导消费，是卖方市场。后福特制则恰恰相反，它强调以客户需求即以市场为导向，以销定产，是买方市场。因为20世纪70年代中期以后人们的消费观念发生了很大变化，已经从"温饱型"转变到了"享受型"，人们的消费需求已经变得丰富多彩，难以预测。在福特制时代，由于流水作业线的设备要求比较高，一般都比较昂贵，必须靠大批量生产才能收回在设备上的投入，才可能赚钱。因此，几乎所有的流水生产线都要求不间断地运转，然后生产出一大批千篇一律的产品，交给市场。而面对多元化、个性化的顾客，这种千篇一律的产品显然无法满足。例如，即使是同一品牌的汽车，有的人可能喜欢豪华版，有的人喜欢家庭版，还有的人喜欢越野版或者公务版，再加上不同的座位数、不同的厢位数、不同的颜色、其他不同的配置等。这些不同元素的不同排列组合，就可能形成成百上千种不同的生产方案。这成百上千种汽车显然不能在同一条生产线上生产出来，因此，从外观上看来，后福特制实际上是把原来的整条生产线化整为零，分解成为一个一个的"生产岛"，把原来整条生产线上的工人分成不同的班组。每个班组都是独立的生产单位，都能独立生产出一款别具特色的汽车（当然，所使用的都是标准零部件）。显而易见，这种灵活的生产方式能够适合灵活多变的市场需求。率先采用后福特制生产方式的日本丰田汽车公司曾经获得了巨大的成功，丰田汽车一度成为全世界最有名、销量最大、获利最大的汽车。丰田汽车公司的成功，甚至带动了整个日本经济的发展，使得日本的经济发展战略由原先的投资发展型转变为出口导向型，使得整个日本经济得以迅速崛起并且超过西欧老牌资本主义国家。因此，自20世纪七八十年代开始，后福特制（最初也叫作丰田制）的生产理念和生产方法逐步被西欧各国所接受，并且逐步地成为占统治地位的生产方式。

由于主要发生在生产领域和技术领域，因此，如同当年工场手工业向机器大工业的转变一样，从福特制向后福特制的转变是一个渐进的过程，是一场平静的革命，以至于人们甚至很难在这两者之间确定一个明确的分界线和节点，然而，这一变革所产生的影响却极其巨大：它打破了西欧各国在战后大繁荣时期所形成的社会结构和所建立起来的社会秩序，并且向主要由各国社会民主党创立的、以从摇篮到坟墓的福利国家制度为主要内容的社会政策提出了挑战。

首先是冲击了战后西欧各国普遍实行的充分就业政策。如前所述，充分就业是社会民主主义的三大基本柱石之一。西欧各国的福利国家制度是以充分就业为基础的。在福利国家制度全盛时期，西欧各国为其公民提供的各种福利和保障，归根结底还是要由广大人民群众来埋单。羊毛归根结底要出在羊身上。在充分就业的条件下，各种社会福利和公共服务的享受者，通过个人所得税的方式为这些福利和保障埋单。对于绝大多数家庭和绝大多数个人来说，他们对于福利国家这份大锅饭的贡献与回报基本上是持平的。后福特制的采用，淘汰了一些过剩、过时的产业和企业，出现了大量的失业人员，特别是出现了一大批长期失业的人员。如表 3.1 所示：1979—1989 年，法国的平均失业率达到了 9.0%，英国为 9.5%，意大利为 9.9%，西班牙居然高达 17.5%，经合组织欧洲成员国平均达到了 9.1%。如此大批量的失业人员的存在，必然导致福利国家制度入不敷出。因为这些失业人员不仅向国家交不了税，而且还得靠国家的失业救济金生活。这就意味着西欧各国政府在税基萎缩、收入减少的条件下还要加大社会福利开支。其结果必然导致各国政府都赤字运行、债台高筑，最终导致通货膨胀、货币贬值，从而使整个西欧经济长期处于"滞胀"状态。西欧各国社会民主党几乎无一例外地被当成"滞胀"状态的替罪羊。

此外，为了适应不断变化的市场需求，同时也为了应对全球化竞争，后福特制客观上要求所有企业都必须不断创新。有人甚至将后福特制称为"持续性创新制"。这意味着，任何一个企业要想取得成功，都不仅需要有大量的市场调查，还要有大规模的市场研究开发，必须敢为人先，必须创新。所有这些都意味着大量的资金投入。但是，在 20 世纪五六十年代，为了建设福利国家，当然也为了缩小实际收入上的差距，西欧各国都加大了税收的力度。西欧各国的企业不仅必须为自己的职工缴纳社会保险税，还必须向政府缴纳营业税、资源税、环境税、利润税等，资本家和高层管理人员还得缴纳高额的个人所得税。这样一来，企业用于技术研发、扩大再生产的资金就捉襟见肘了（见表 3.3）。

表 3.3　　　　　　　　1997 年经合组织部分成员国的税收

项目 国别	各种税收占 GDP （%）	个人收入的最高 税率（%）	公司收入的最高 税率（%）	单身职工可支配收 入占毛收入（%）
奥地利	44.3	50.0	34.0	71.4
比利时	46.0	61.0	40.2	58.2

续表

项目 国别	各种税收占 GDP（%）	个人收入的最高税率（%）	公司收入的最高税率（%）	单身职工可支配收入占毛收入（%）
丹麦	49.5	58.7	34.0	56.6
芬兰	46.5	57.5	28.0	64.6
法国	45.1	54.0	41.7	72.7
德国	37.2	55.9	38.2	57.9
意大利	44.4	46.0	37.0	70.1
荷兰	41.9	60.0	35.0	65.6
挪威	42.6	41.7	28.0	70.4
西班牙	33.7	56.0	35.8	79.8
瑞典	51.9	59.6	28.0	65.6
英国	35.4	40.0	31.0	74.8
日本	28.8	65.0	50.0	86.2
美国	29.7	46.6	39.5	74.2
欧盟	41.5	49.7	36.3	70.1
经合组织	37.2	47.8	35.1	74.4

资料来源：*OECD in Figures 2000*，（巴黎）经合组织出版社2000年版，第38页。

从表3.3中可以看到，与20世纪五六十年代相比，尽管已经大大降低，但到1997年，西欧各国的税收仍然占据着各国国内生产总值相当大的比重，其中法国占到了45.1%，瑞典占到了51.9%。就单身职工可支配收入占毛收入的比例而言，丹麦只有56.6%，德国只有57.9%。也就是说，在这些国家，收入水平相对较高的单身职工，几乎要把自己毛收入的一半交给政府被做成"大锅饭"。这固然有利于社会团结和社会稳定，但也必然抑制人们个性、创造性、拼搏精神的发挥。因此，以英国首相撒切尔夫人和美国总统里根为代表的新自由主义有一个共同的主张就是减税。新自由主义者认为：社会民主党人的高福利、高税收政策是导致20世纪70年代中期以来西方经济长期"滞胀"的根本原因。1984年12月29日《华尔街日报》上的一篇文章就这样写道："许多年来，左翼分子在世界范围许多国家所奉行的这种政策已经证明，它是阻碍经济增长的最佳公式。经济增长要求拥有资本，并有效地运用资本。当通过课税把资本没收,并让政府的部长们为自己的政治晋升而巧取豪夺时,这两者就都化为乌有了。"① 因此,自20世纪70年代末、80年代初以来在西方,减税、砍福利国家政策、私有化等成为一种主导潮流,这就是人们通常所说的"私有化浪潮"。

后福特制之所以能够改变西方社会政策发展的基本走向,是因为它从根基上摧毁了社会民主主义最重要的柱石——人数庞大、阶级意识日益增强的工人阶级。

西方有一种很流行的观点,认为自20世纪80年代末、90年代初即后福特制被广泛采用之后,西欧各国已经逐步进入了知识经济时代,进入了后工业社会。其明显标志就是制造业的就业人数(即传统意义上的工人阶级)在全部经济活动人口所占的比重明显减少、服务业即第三产业的就业人数明显增加,并且逐步占据了全部经济活动人口的绝大多数(见表3.4)。

表3.4　　　西欧国家制造业和社会服务业经济活跃人口
（1960—1961＝100）

项目 年份 国别	制造业				社区、社会和私人服务			
	1960—1961	1970—1971	1980—1981	1990—1991	1960—1961	1970—1971	1980—1981	1990—1991
奥地利	100	105.7	102.7	89.3	100	113.5	139.0	166.0
比利时	100	92.8	63.3	51.2	100	96.3	123.4	153.7
丹麦	100	90.9	60.3	69.8	100	109.4	144.1	157.6
芬兰	100	114.9	115.3	87.4	100	122.3	166.9	214.9
法国	100	95.6	82.6	70.0	100	100.0	126.8	138.4
德国	100	103.0	89.6	77.3	100	101.1	n/a	141.0
希腊	100	128.4	139.5	140.3	100	89.3	124.0	156.2
荷兰	100	80.3	62.9	55.5	100	89.8	121.7	139.1
意大利	100	116.9	83.8	77.3	100	128.9	143.0	184.4
挪威	100	104.7	79.2	56.1	100	109.8	165.2	202.2

---

① 陈宝森:《美国经济和政府政策》,社会科学文献出版社2007年版,第532页。

续表

项目 年份 国别	制造业				社区、社会和私人服务			
	1960—1961	1970—1971	1980—1981	1990—1991	1960—1961	1970—1971	1980—1981	1990—1991
葡萄牙	100	93.1	103.4	101.7	100	97.9	131.5	165.1
西班牙	100	143.5	137.8	107.8	100	111.3	113.5	141.8
瑞典	100	82.7	70.2	49.1	100	131.2	170.8	186.4
英国	100	93.1	59.2	54.3	100	112.4	97.5	104.9

资料来源：[英] 唐纳德·萨松：《欧洲社会主义百年史》（下册），姜辉等译，社会科学文献出版社2008年版，第147页，有调整。

虽然由于历史及自然资源条件等方面的差异，西欧各国制造业达到峰值的节点各不相同，因而制造业就业人数减少的节点也不尽相同，但总体而言，到了20世纪70年代中期以后，除了希腊、葡萄牙、西班牙这三个南欧国家之外，其他国家制造业的就业人员都开始明显减少。以1960—1961年为100的话，到了1992—1993年，比利时、荷兰、挪威、瑞典、英国等国制造业的就业人数才只有50多一点，瑞典仅为49.1。作为制造业大国的德国，制造业的就业人数也只有77.3。而与此同时，服务业的就业人数则明显增加，并且逐渐占据了全部经济活动人口的绝大多数。正如唐纳德·萨松所指出的："人数规模的问题相对来说是简单直接的。当界定一个阶级的时候，人们要做的首先就是关注其人数多少。在1900年，绝大多数社会主义者相信，最终差不多每个人都会成为一名工人。而到了1990年，很少有社会主义者对自己眼前的事实视而不见还坚持这样的观点。"[1] 甚至西方新左派运动的理论家、新马克思主义的著名代表人物、奥地利思想家安德烈·高兹也坦诚地承认了这个事实。他于1982年出版了一本著名的书，书名就叫作《告别工人阶级》。作为制造业之基础的钢铁业的就业人数的变化，可以佐证工人阶级队伍萎缩这一事实（见表3.5）：

---

[1] [英] 唐纳德·萨松：《欧洲社会主义百年史》（下册），姜辉等译，社会科学文献出版社2008年版，第745—746页。

表 3.5　1973 年和 1990 年西欧主要国家钢铁业就业人数比较

国别	1973 年（人）	1990 年（人）	变化百分比（%）
比利时	52512	20019	-61.88
法国	107872	24678	-77.12
意大利	72795	42359	-41.81
英国	139601	32799	-76.51
德国	171688	86688	-49.51

资料来源：［英］唐纳德·萨松:《欧洲社会主义百年史》（下册），姜辉等译，社会科学文献出版社 2008 年版，第 749 页。

表 3.5 清楚地表明：与 1973 年相比，1990 年西欧五个钢铁大国钢铁业的就业人数都大幅减少，其中法国和英国 1990 年钢铁业的就业人数还不到 1973 年的三分之一。

从钢铁行业、制造业裁减下来的人，绝大多数都加入了服务业。虽然按照马克思的宽泛定义，服务行业的绝大多数人也要靠出卖自己的劳动——包括体力劳动与脑力劳动——来换取工资，因此，他们依旧属于无产阶级，依旧可以称为工人，但正如霍布斯鲍姆所指出的，所谓工人阶级并不仅仅是简单聚集起来的一群人，他们必须同时具备自我认同意识和归属感。虽然在理论上我们可以把清洁工、夜总会的服务员、保安、收银员、私人保镖、保姆、经纪人、销售代理、运动员、艺术家、医生、律师、大学教授、公司经理、政府公务员等都界定为工资领取者，都界定为雇员（employee），都称为工人，但这些人与传统意义上的蓝领工人——在福特制流水作业线的操作工、高炉边上的钢铁工人、建筑工地上的建筑工、井下的矿工等相比，无论在工作环境、工资收入、生活方式、政治诉求等方面无疑都有巨大的差别，他们之间显然难以形成共同的语言，难以形成认同感和归属感。而且即使在制造业内部，后福特制已经把整体流水作业线分解成一个一个相对独立的"生产岛"，工人们的收入往往与自己所在的"生产岛"——即所在的生产班组的效益直接挂钩，而与其他班组则几乎没有关系。这在客观上就把同一产业甚至是同一品牌的工人分裂为不同的利益群体。由于人数的精减，在每个"生产岛"内，工人们往往要求掌握多种技术，甚至管理人员、技术开发人员和操作人员之间的界限也比较模糊。也就是说,即使是在制造业内部,工人阶级的自我认同意识和归属感也发生了根本性的改变。从这个意义上说,19世纪末、20世纪初的那个"工人阶级"已经不复存在了。也就是说,到了20世纪90年代,随着后福特制的全面采用,社会民主主义赖以建立的最重要的柱石在事实上也已经坍塌了。

如果说,在战后资本主义大繁荣时期,随着福特制的广泛采用,西欧各国的工业迅速发展,大批的农业就业人员变成了工人的话,那么,从20世纪70年代中期以后,随着后福特制的逐步采用,西欧各国的工业就业人数开始明显减少,而服务业的就业人员则急剧增加。这就使得传统的阶级分析和阶级斗争理论很难继续对号入座。事实上,自进入20世纪90年代以后,不仅传统以来的无产者和有产者的划分已经失去了意义,甚至传统的三大产业之间的区分也变得模糊起来。为了适应这种变化了的社会结构,西欧各国对社会职业的划分和认定做出了新的探索。例如,法国就把20世纪90年代以后的社会职业划分为40多个类别(见表3.6)。

表 3.6　　1990—1999 年法国社会职业分类

分类	1990（千人）	1990（%）	1999（千人）	1999（%）
小型农业经营者	338	0.6	106	0.2
中型农业经营者	310	0.5	165	0.3
大型农业经营者	365	0.6	371	0.8
农业经营者	1013	1.8	642	1.3
手工业者	850	1.5	761	1.6
商人和同业者	796	1.4	725	1.5
雇用10个和10个以上职工的企业主	177	0.3	173	0.4
手工业者、商人、企业主	1823	3.2	1659	3.5
自由职业者	311	0.5	355	0.7
国家机构的高级干部	288	0.5	373	0.8
中等教育以上的教师、科技教师	564	1.0	670	1.4
从事信息、文艺和影视职业者	170	0.3	234	0.5

续表

年份 分类	1990（千人）	1990（%）	1999（千人）	1999（%）
企业的行政和营业部门的管理人员	759	1.3	806	1.7
企业的工程和技术干部	601	1.1	727	1.5
管理人员、高知职业	2693	4.8	3165	6.6
2—11岁儿童的教师、小学教师和同业者	757	1.3	903	1.9
医疗和社会工作的中层职务	784	1.4	1032	2.1
教士、修士	48	0.1	21	—
国家机构中的中层职务	784	1.4	1032	2.1
企业的行政和营业部门的中层职务	1392	2.5	1843	3.8
技术员	762	1.3	944	2.0
工头、领班	574	1.0	576	1.2
中间职业	4714	8.3	5763	12.0
文职职员和国家机构中的服务员	1988	3.5	2343	4.9
警察和军人	414	0.7	523	1.1
企业的行政职员	2344	4.1	2178	4.5
商业职员	969	1.7	1115	2.3
为个人服务的服务员	1189	2.1	1649	3.4
职员	6913	12.2	7809	16.3
产业熟练工人	1640	2.9	1540	3.2
手工业熟练工人	1603	2.8	1574	3.3
司机	622	1.1	640	1.3
装卸熟练工人、仓库熟练工人、运输熟练工人	409	0.7	400	0.8
产业普通工	2136	3.8	1724	3.6
手工业普通工	932	1.6	887	1.8
农业工人	282	0.5	297	0.6
工人（包括农业工人）	7623	13.5	7062	14.7
原农业经营者	1273	2.2	1080	2.2
原手工业者、原商人、原企业主	773	1.4	946	2.0
原管理人员和干部	578	1.0	743	1.5
原中间职业者	1036	1.8	1507	3.1
原职员	2675	4.7	3204	6.7

续表

年份 分类	1990 （千人）	1990 （%）	1999 （千人）	1999 （%）
原工人（包括原农业工人）	2886	5.1	3155	6.6
退休者	9221	16.3	10634	22.1
长期失业者	276	0.5	352	0.7
应征军人	231	0.4	86	0.2
中学生或大学生	5261	9.3	5433	11.3
60 岁以下其他无职业者	4124	26.3	3518	7.3
60 岁和 60 岁以上的其他无职业者	1982	3.5	1945	4.0
无业者	11875	40.0	11334	23.6
总计	45875	100	48068	100

资料来源：吴国庆：《法国"新社会"剖析》，社会科学文献出版社 2011 年版，第 164—165 页。

  其他国家目前虽然还没有出现像法国这样详尽的职业统计，但基本情况是一样的。这 40 多种不同的社会职业与地区、民族、宗教、环境、女权、移民、欧洲一体化等问题相互交叉，就会产生出成百上千种不同的利益诉求。而这些诉求最终都要通过政治渠道来解决。于是就出现了在目前的西欧各国，特别是在法国和意大利，政党多如牛毛的现象。在法国和意大利，在地方选举中都有几百个政党在角逐议会席位，在全国选举中，通常也有几十个政党在竞争。最终突破门槛线获得议会席位的也有十几个政党。

  这就意味着在西欧各国，社会民主党的竞争对手绝不仅仅是保守党。为了保持其主流政党的地位，各国社会民主党首先必须跟几乎所有这些不同的政党竞争，以争取得到尽可能多的选民的支持，这样才有可能获得执政资格。如果它们长期得不到执政机会，就意味着被边缘化。一旦获得执政机会，它们还必须与议会中的其他政党进行妥协、合作。因为在目前的政党制度下，包括社会民主党在内的几乎所有政党，都很难在各国的议会选举中独自获得绝对多数的席位。在通常的情况下，只要反对派不构成多数就可以上台执政。然而这意味着，任何政党，包括各国社会民主党即使大权在握，也必须小心行事。因为，任何不当的政策在客观上都可能促使反对派形成多数。在这种情况下，一次不信任投票，就可能使政府倒台。进入20世纪90年代以后，西欧国家，特别是意大利、希腊等南欧国家都出现了走马灯式更换政府的情况。而政局不稳对发展国民经济，特别是对广大人民群众来说无疑是一种灾难。这也向西欧各国的社会民主党提出了新的挑战。

第三节　全球化

从第一章和第二章中可以看到，虽然自1951年重建之后，社会党国际一直非常活跃，已经成为目前世界上最大的政党组织，而且每隔两年社会党国际就要举行一次代表大会，通过一些决议和原则声明，达成某些共识。西欧各国社会民主党都是该国际的成员，它们彼此之间也有交流与合作，但实际上到目前为止，各国社会民主党的行动都是独立的。社会党国际的各项决议对各国社会民主党只具有指导意义，并没有约束力。换句话说，到目前为止，西欧各国社会民主党的所有改革、所有政策都只能限定在各自民族国家的范围之内，都是以民族国家为基本单位的。从全球的角度来看，社会民主主义还只是一种局部的、地域性的运动。正如英国学者皮尔森（Christopher Piersen）所指出的："传统的社会民主主义立足于对人们的民族性铸造之上，政府通过强化社会组织（实质上是各种工会组织和行会联盟以及社会民主主义政党的影响）和国家权力，将其国民和资本结合在一起，做出制度安排。如果不进行这种安排就等于放弃了政治权力。也就是说，社会民主主义政治依赖于不完全自治的民族经济主体的存在，在这个制度框架之内，发挥政府控制和分配资源的效力，并发挥广泛的社会保障的作用。以这种方式理解，社会民主主义可被视为是对全球化兴起的根本挑战。"[①] 反过来说，全球化的兴起是对传统社会民主主义的根本挑战。因为，西欧各国社会民主党的各种改革，实质上是借助于政治的力量，对市场分配机制加以调整和限制。当然，这种调整和限制只能在民族国家范围之内。从20世纪90年代

[①] 何秉孟、姜辉：《阶级结构与第三条道路》，社会科学文献出版社2005年版，第168—169页。

开始，随着全球化步伐的加快和民族国家之间界限的弱化，西欧各国社会民主党的政策空间也受到了严重的挤压。本书前面提到的1981年法国社会党政府的改革就是一个很典型的例子：它本指望通过提高低收入阶层的收入来增加有效需求、刺激经济，从而减少失业，但实际上，法国的经济没有刺激起来，法国的失业并没有减少，反倒是法国的进口有了巨大的增长。因为在全球化时代，传统的国境线已经弱化，任何一个国家都不可能关起国门，我行我素，独自制定一套社会政策。实际上，马克思早在19世纪中期就发现了这一点。他指出："交往的任何扩大都会消灭地域性的共产主义。共产主义只有作为占统治地位的各民族'立即'同时发生的行动才可能是经验的，而这是以生产力的普遍发展和与此有关的世界交往的普遍发展为前提的。"[①]

目前仍方兴未艾的全球化浪潮究竟从哪一天开始，学术界还没有一个普遍一致的说法。一般认为，1971年美国取消美元与黄金的固定汇率、布雷顿森林体系实际上解体是一个重要节点。随后在1974年，美国取消了对资本跨境流动的控制。英国在1979年也作出了与美国同样的决定。进入20世纪80年代后，西欧各国也都仿照美国和英国，取消了资本跨境流动的限制。从那时起，各种货币开始在西方国家自由流通。这意味着各个经济主体可以在相互之间、在世界各地自由投资。互联网的使用，使得大笔大笔的资金能够在几秒钟的时间内在全球实现自由转移。于是，跨国公司雨后春笋般地建立起来了。其中，最典型的西门子公司，在20世纪90年代中期就在全球190多个国家和地区创办了400多个子公司。随着跨国公司的普遍建立，世界贸易额和资金流动额也急剧增加。学者们普遍认为，到了20世纪90年代中期，全球市场已经形成。

正如德国《明镜》杂志1996年第39期以该杂志记者的名义发表的一篇文章所指出的："一场新的工业革命爆发了。资本主义失去了国界。世界范围内围绕劳动岗位和工资的竞争急剧地改变着人们的生活。眼中只看到本国福利的各民族国家政府孤立无援地与长期以来着眼于全球考

[①] 《马克思恩格斯全集》第3卷，人民出版社1957年版，第39—40页。

虑问题的康采恩公司和股票持有者相对峙。政治是否已失去它的力量？"[1]

全球化对社会民主主义的冲击在瑞典表现得最为明显。

瑞典一直被认为是社会民主主义成功的样板。前面提到，早在1921年，瑞典社会民主党就曾以最大政党的身份上台执政，从1932年开始就带领瑞典走上了一条既非传统资本主义又非经典社会主义的所谓"中间道路"。由于成功地躲过了第二次世界大战的浩劫，在战后欧洲重建过程中，瑞典处于特别有利的地位。瑞典的经济发展水平很快超过了英国、法国、德国等老牌资本主义国家。完善的社会保障制度，有效地缓和了各种社会矛盾。瑞典社会一度出现了资本家有钱赚、工人有工作、全体人民的整体生活水平普遍提高的局面。从1932年就开始执政的瑞典社会民主党得到了社会各界的信任，从而一直处于执政地位。

但进入20世纪70年代后，情况发生了变化。瑞典只有800多万（目前为1000多万）人口，国内市场狭小，且经济门类不全，其经济发展一直严重依赖国际市场。整个西方经济的低迷，使得瑞典经济也陷入了低迷状态。瑞典国内生产总值在1960—1965年，平均增长率达到了5.3%，1966—1970年下降为3.8%，1970—1974年下降到3%，1974—1977年又下降为0.3%。由于瑞典经济严重依赖于进口石油，因此，两次石油危机对瑞典的打击特别严重。在经济萎缩、失业增加的情况下还要维持已经实行了几十年的福利国家制度。这使得瑞典政府必然入不敷出、债台高筑，使得瑞典几乎在一夜之间就由先前的债权大国变成了债务大国。有人不无道理地讽刺说，瑞典福利国家是在高高的债台上修建的"安乐窝"。其最终结果必然是物价飞涨、货币贬值。在1973—1984年，瑞典的年均通货膨胀率达到了10.2%；瑞典货币也由1974年的4.08克朗兑换1美元，下降到1985年的9.1克朗兑换1美元，[2] 贬值了一半还多。在这样的条件下瑞典社会民主党输掉了1976年的大选，终结了连续执政44年的光荣历史。

货币贬值不仅意味着人民群众实际生活水平下降，也意味着资本家手中的资本大量缩水，资本家投资的欲望必然受挫。而投资不足必然会

---

[1] 张世鹏、殷叙彝编译：《全球化时代的资本主义》，中央编译出版社1998年版，第71页。
[2] 根据瑞典国家统计局公布的相关年份的数据整理。

导致生产进一步萎缩，这又必然引发失业、减少有效需求。怎样摆脱这一环环相套的困境呢？瑞典社会民主党的答案是增加投资。但由于已经出现了严重的通货膨胀，瑞典政府已经债台高筑了，因此瑞典社会民主党不可能沿用传统凯恩斯主义的老套路，不能再搞赤字预算了。瑞典社会民主党想到的办法是设立雇员集体投资基金。

在20世纪70年代之前的瑞典，由于福利国家制度非常完善，人们对未来充满信心，没有人省吃俭用，因为几乎一切所谓的"不测"都被纳入福利国家的保障范围之内，普通民众没有必要省吃俭用。这在客观上促成了资本的相对集中。在20世纪70年代初的瑞典，90%以上的家庭没有分文的股票。瑞典的资本市场完全被少数资本家所控制，其中，全部工业产品的93%由私人企业制造，95%的生产资料掌握在100个大家族手中，17个财政资本集团掌握着国民经济的命脉，仅占人口总数0.2%的人，却控制着全部股票市值的三分之二以上，仅占人口5%的人，却占有瑞典财富的二分之一以上。在经济低迷、通货膨胀、投资回报预期收益递减的条件下，这些手握巨资的资本家显然不会坐视自己的资本缩水，开始把目光转移到了海外市场。

为了振兴经济，为了筹得必需的资本，早在20世纪70年代初，瑞典社会民主党就提出了创建"雇员集体投资基金"的设想。由于这个基金的主要来源是那些盈利较高的企业的所谓"超额利润"，因此这个设想也叫作"超额利润分享计划"。

之所以被称为"超额利润分享计划"，是由于在瑞典，在社会民主党执政的这40多年间，为了维护工人阶级的团结，一直实行着一种叫作"团结一致"的工资政策，其内容是，在同一行业内，不论其经济效益和盈利状况如何，所有企业、所有雇主，都必须向其雇员支付基本上相同的工资。举例来说，一名建筑工人，无论就业于哪一家建筑公司，都能得到基本上相同的工资。这一政策显然既能有效地促进和维护工人阶级内部的团结，又能迫使经济效益差的企业改善经营状况，但却不可避免地引发了另外一种不合理的现象：那些效益好、盈利水平高的企业可以按低于其支付能力的标准支付其员工的工资。也就是说，那些效益好的企业可以得到高于平均水平的超额利润。这也是造成瑞典资本相对集中的根本原因。但按照工人阶级的说法，那些效益好、盈利水平高的企业的全部利润,是由这些企业的全体员工集体创造的,只是为了保持工人阶级的团结,这些企业的员工才放弃了更高的工资要求。这部分超额利润,这些企业的雇员至少应该是有份的,但现在却全部落入了这些企业的资本家的腰包。如果这些超额利润作为追缴投资继续投入生产领域中的话,那就显示出企业越做越大,财富仍然在瑞典,还会创造更多的就业机会,还会创造出更多的财富。但进入20世纪70年代后,瑞典经济开始明显萎缩。雪上加霜的是,随着资本边际回报率的下降,瑞典资本开始向海外转移,瑞典经济面临着被釜底抽薪的危险。

因此,瑞典总工会提出:国家应该通过立法,每年从所有企业的税前利润中,抽取20%作为该企业雇员的集体投资基金,主要用于购买本企业的股票。该基金的所有权归该企业雇员集体所有,任何单个雇员无论何时何地都无权将自己所占有的股份抽出、转让或转卖。从理论上说,这一部分钱只不过是把企业原来用于再生产的那一部分投资从资本所有者一方转移到雇员集体一方,以作为该企业雇员放弃更高的工资要求的补偿。瑞典社会民主党认为,该计划至少能实现三个目标:第一是保证瑞典经济有充足的追加投资;第二是防止瑞典资本进一步高度集中;第三是进一步维护工人阶级的团结。此外还有一个虽然没有挑明但却非常明显的目标,那就是能够逐步地改变瑞典的所有制结构,逐步地实现生产资料的社会占有。该计划制订者当时做过这样的测算(见表3.7):

表3.7 在不同利润率的企业中雇员集体投资基金将占有的比例

(按每年抽取20%计算)

年数(年)	利润率			
	5%	10%	15%	20%
1	0.01	0.02	0.03	0.04
5	0.05	0.09	0.13	0.17
10	0.09	0.17	0.24	0.30
15	0.14	0.25	0.34	0.42
20	0.18	0.32	0.43	0.52
25	0.21	0.38	0.50	0.60

续表

年数（年）	利润率			
	5%	10%	15%	20%
35	0.29	0.49	0.62	0.72
50	0.38	0.62	0.75	0.84
75	0.52	0.76	0.88	0.93
100	0.74	0.85	0.94	0.97

资料来源：[英] 菲利普·怀特：《瑞典与第三条道路》，刘庸安等译，重庆出版社2008年版，第81页。

从表3.7可以看到，如果只实行一两年，甚至三五年，雇员集体投资基金对瑞典的所有制还不会产生什么影响，但如果坚持下去，只需20年，在年利润率20%及以上的企业中，雇员集体投资基金所占的股份就将达到52%，而这个比例无论在理论上还是在实践中，都足以掌控一个企业。也就是说，只要实行20年，瑞典最优秀的企业就会变成为其雇员集体所拥有，也就是实现了社会占有。即使在盈利中等水平即年利润率在10%及以上的企业，只需35年，其雇员集体投资基金所占有的股份就可达到49%。甚至在年利润率仅为5%的企业，如果坚持75年，其雇员集体投资基金所占的股份，也将达到52%。如果实行100年，瑞典的生产资料将实现完全的社会化，这显然是一个名副其实的渐进社会主义的计划。这个计划是在1976年正式出台的。它既不是纸上谈兵，也不是危言耸听。因为，瑞典社会民主党当时已经连续执政了44年！难怪《欧洲社会主义百年史》的作者唐纳德·萨松把瑞典社会民主党的这个计划称为社会民主主义"退守在最后堡垒中的激进主义"[1]。

不过，由于瑞典社会民主党输掉了1976年的选举，所以，该计划也只能搁浅了。

1977年上台执政的保守党政府虽然踌躇满志，但实际上并未能扭转

---

[1] [英] 唐纳德·萨松：《欧洲社会主义百年史》（下册），姜辉等译，社会科学文献出版社2008年版，第816—824页。

瑞典经济的颓势。在 1982 年的选举中，瑞典社会民主党再次获得胜利并且重返政坛。这样，被搁置了 6 年的雇员集体投资计划又重新启动起来了。尽管遭到了三个政党的坚决反对，但是，凭借它在议会中 6 票的多数（包括瑞典共产党的 20 多个席位），瑞典社会民主党还是在 1983 年强行通过了关于建立瑞典雇员集体投资基金的两部法律：《利润分享税法》《全民养老基金有关规则法》。

《利润分享税法》规定：从 1984 年 1 月 1 日起，到 1990 年 12 月 31 日止，所有税后利润在工资和薪金总额 6% 以上或总额在 50 万克朗以上的瑞典股份有限公司、合作社、储蓄银行、财产保险公司等，均需将超出限额以上部分的 20%，作为利润分享税上缴国家，然后由国家拨付给在全民养老金管理委员会的基础上建立起来的雇员集体投资基金委员会。《全民养老基金有关规则法》规定：从 1984 年 1 月 1 日起至 1990 年 12 月 31 日，瑞典所有企业都必须在原有的基础上增加全民养老金的缴费比例，其中 1984 年提高 0.2%，以后逐年提高，到 1990 年底总共提高 0.5 个百分点。这个增量和利润分享税合在一起，构成雇员集体投资基金。1984 年，这个基金将达到 20 亿瑞典克朗，到 1990 年底，这个基金总额将达到 140 亿瑞典克朗，届时将占瑞典股票市场总值的 6% 左右。基金主要用来在瑞典股票市场购买瑞典企业的股份。通过占有股份来增加雇员在股东大会和董事会中的影响力，借以影响企业的决策和经营，促进生产和就业。这是迄今为止社会民主主义改革最为激进的一次尝试。

为了安抚资产阶级，法律对雇员集体投资基金的运转还做了一系列具体限定，如规定对任何一家企业股份的占有都不得超过其股份总额的 8%，所有投资的收益率都不得低于 3% 等，但这一改革还是遭到了瑞典资产阶级的坚决反对。他们认为：此举是西方世界前所未有的最大规模的没收，是对民主最野蛮的践踏和对正义的公开违背。在国会讨论上述两部法律时，瑞典资产阶级在首都斯德哥尔摩组织了瑞典历史上罕见的 75000 人抗议示威游行。四个非社会主义政党虽然各有不同政见，但在反对雇员集体投资基金的问题上立场完全一致。它们联合发表声明：一定要把社会民主党赶下台，一定要尽快废除这两个法律。在 1991 年的选举中，由于四个非社会主义政党的空前团结，瑞典社会民主党失利了。由四个非社会主义政党组成的联合政府一上台就立即废除了有关雇员集体投资基金的这两部法律，拆分了已经积累起来的基金，解散了相应的机构。在瑞典，乃至在整个社会民主主义运动史上最激进的这一改革就这样无声无息地结束了。

对于政府的行为，瑞典社会民主党几乎没有任何反应。尽管他们很快又重返政坛，但却再也不提雇员集体投资基金的事情了。原因非常简单：瑞典的人口那时只有800多万，国内市场非常狭小，一直严重依赖国际市场。1962年，瑞典工业品的52%要销往国际市场，到1983年，这个比例已经增加到了76%。自20世纪70年代中期以来，瑞典的许多企业在事实上已经走向了世界。其中，瑞典制造业中75%以上的企业都在海外建立了子公司。例如，于1927年创建的沃尔沃集团在20世纪七八十年代就先后在荷兰、比利时、意大利、加拿大、美国、秘鲁、马来西亚、泰国等地开办了子公司。沃尔沃集团那时候就在事实上成为一家名副其实的跨国公司。随着大量海外子公司的建立，瑞典制造业的产值和工作岗位也大幅度向海外转移。据统计：1965—1990年，瑞典制造业海外雇员的比例增加了11.4%，占同一时期雇员增长总数的42.7%，国外营业额提高了9.1%，占同一时期营业额增长总量的35.7%。其中，跨国公司在国外雇佣工人的比例从1965年的33.9%增加到1990年的60.6%。也就是说，到20世纪90年代初，瑞典制造业，特别是制造业中的跨国公司，已经把它们生产的绝大部分转移到了海外。由此必然导致瑞典资本的大量外流。仅在1985—1990年，瑞典资本的外流量就由17.83亿美元增加到141.36亿美元，瑞典的国外直接投资占其总额的比重从1985年的21.4%增加到20世纪80年代末的70.4%。[①] 正如英国学者菲利普·怀曼所指出的："瑞典资本国际化的后果，是它在国内经济中没有了原先就有的那种利害关系，因此，削弱了劳资之间的合作，增加了维持一个以充分就业为特征的社会民主主义福利国家的困难。瑞典经济的国际化增加了国家对经济进行控制的难度。资本所有人成了'判断政府政策的一个陪审团'，如果环境不利于他们的活动，他们就扬言要把他们的资产转移

---

① [英]菲利普·怀曼：《瑞典与第三条道路》，刘庸安等译，重庆出版社2008年版，第141—142页。

到别的地方去。"① 在20世纪80年代中期以后，瑞典的许多大财团、大公司确实把他们的许多资本转移到了海外。这对于瑞典经济来说无异于釜底抽薪，瑞典经济因此而陷入更深的危机之中。这也是瑞典社会民主党输掉1991年大选的根本原因。在这个意义上说，瑞典社会民主党的雇员集体投资基金改革，不是败给了四个非社会主义政党，而是败给了资本全球化浪潮。

虽然遭受到各种力量的抵制和反抗，但资本全球化的潮流依然不可阻挡，因为从根本上来说，资本全球化意味着生产要素在全球范围内进行最佳配置，因此它必将创造出更高的生产效率，创造出更大的生产力。例如，用瑞典的资本和工程师加上泰国的工人在泰国生产沃尔沃卡车，然后直接在泰国和东南亚各国销售，比在瑞典用高昂的劳动力和高昂的社会福利税生产同样的卡车，然后再漂洋过海地运到东南亚市场，效率显然要高得多。用一位德国学者的话来说就是："这准确体现了信息化时代全球化资本主义的新的劳动生产率法则：数量越来越少的、受过良好的高等教育、可以在全球范围内流动的人们却可以创造出越来越多的效益和服务。经济增长不再导致失业率的减少，而是相反，要以劳动岗位的减少为前提条件——这就是高失业率的增长……这个'唯私有者'的资本主义只以赢利为目标，它要把就业者、（社会福利）国家、民主制统统排除。……在这些全球安家落户的公司之间利益冲突日益增长的时候，这些公司使自己从两个方面摆脱了与费用昂贵的国家的关系：劳动岗位与社会福利税。把失业和发展文明的代价都推给别人。"② 而随着资本向发展中国家的转移（那里劳动力通常更便宜、社会福利税更低），西方发达国家失业率普遍上升（见表3.8）。

表3.8　　　　　　　　西方发达国家的劳动力市场危机　　　　　单位：%

国别＼年份	1980—1990	1991	1992	1993	1994	1995	1996	1997	1998
比利时	10.4	8.3	8.2	8.9	10.0	10.2	n/a	12.7	11.8

---

① ［英］菲利普·怀曼：《瑞典与第三条道路》，刘庸安等译，重庆出版社2008年版，第144页。

② 转引自张世鹏、殷叙彝编译《全球化时代的资本主义》，中央编译出版社1998年版，第122—123页。

续表

年份 国别	1980—1990	1991	1992	1993	1994	1995	1996	1997	1998
丹麦	7.4	8.6	9.5	10.1	8.2	6.7	8.9	7.9	6.5
德国	5.7	4.3	4.5	7.9	8.4	8.3	10.4	11.4	11.2
芬兰	4.7	7.6	13.1	17.9	18.4	17.2	15.7	14.8	11.8
法国	9.0	9.7	10.0	11.7	12.3	11.5	12.4	12.6	11.8
希腊	6.7	7.0	7.7	8.6	8.9	8.8	10.1	10.5	10.0
英国	9.5	9.4	10.8	10.4	9.6	8.8	7.5	6.9	6.5
爱尔兰	15.2	16.1	17.8	15.6	14.7	14.4	12.9	10.3	12.8
意大利	9.3	10.3	10.1	10.3	11.4	11.9	12.0	12.3	12.3
卢森堡	2.5	1.4	1.6	2.7	3.5	3.9	3.1	3.7	3.1
荷兰	9.9	7.0	7.7	6.7	7.0	6.7	6.6	5.8	4.1
挪威	3.0	5.3	5.3	5.5	5.2	5.0	4.8	3.9	3.6
奥地利	4.2	5.8	5.9	6.8	6.5	6.5	6.1	4.5	
葡萄牙	7.1	3.8	4.8	5.7	7.0	7.2	4.7	5.3	4.0
瑞典	2.4	2.7	n/a	9.5	9.8	9.2	7.9	8.1	6.5
瑞士	0.6	0.6	4.2	4.5	4.7	4.2	4.7	5.3	4.0
西班牙	17.9	15.9	18.0	22.8	24.3	22.7	22.7	21.5	18.8
欧盟	9.3	n/a	n/a	10.8	11.2	10.7	n/a	n/a	n/a
美国	7.0	6.7	7.4	6.7	6.0	5.5	5.4	4.9	4.5
加拿大	9.2	10.3	10.4	11.2	10.3	9.5	9.4	9.2	n/a

资料来源：欧盟统计局，转引自张世鹏《二十世纪末西欧资本主义研究》，中国国际广播出版社2003年版，第215页。

从表3.8可以看到，虽然在20世纪80—90年代，西欧各国的失业率就已经很高，但除西班牙、爱尔兰和比利时三国之外，其他国家的失业率还保持在10%以下。而进入20世纪90年代后，除了几个较小的国家之外，大多数国家，特别是英国、法国、德国、意大利、西班牙五个大国在绝大多数年份，其失业率都在10%以上。在西班牙，某些年份失业率甚至在20%以上。这五个大国的失业人数总计一直在1000万以上。难怪欧盟把这一现象称为"劳动力市场危机"。

如此长期、大规模的失业，使得欧洲长期以来的福利国家政策遭遇到了严重的挑战。正如在第二章中指出的，欧洲各国社会民主党的所有社会改革、所有社会政策都是以充分就业为基础的。在充分就业的条件下，看起来是社会为人们提供了各种各样的服务，但归根结底，这些服务是由人们所缴纳的税赋来支付的。虽然一个人在不同成长阶段对社会的贡献和从社会得到的福利会有所不同，但对于绝大多数家庭和个人来说，他们向国家所缴纳的税赋和他们从国家那里领回来的福利，大致上是相当的。在20世纪90年代之前，西欧各国的大锅饭之所以能够做得下去，是因为每个人都在为大锅饭做贡献。但20世纪90年代之后，出现了如此长时期的、大面积的失业，出现了许多全家没有一个人从事有收入的工作、完全依赖社会福利为生的家庭，使得作为缴纳税赋主体的中产阶级家庭很快就发现：他们向国家缴纳的税赋远远少于他们所领回来的福利。这势必引起人们对传统以来的福利国家制度提出质疑。以至于时任英国政府首相的卡梅伦在一次议会辩论中大声疾呼："没找工作别生娃！"因为英国当时就存在着上百万个没有任何其他收入、完全靠社会福利生活的家庭，而且许多仅靠领取生育津贴、儿童津贴的家庭，居然过得还非常富足、悠闲。广大中产阶级对此显然心怀不满。

中产阶级不满意，广大失业者更不满意。表3.8所显示的只是官方认可的失业人数。事实上，除了这些正式登记的失业人员之外，西欧各国还存在着一大批根本不可能找到工作的无业人员。这两部分人即失业者和无业者甚至已经成为目前西欧社会中最大的一个群体，他们在事实上就是目前欧洲社会的下层。他们之所以失业或者无业有许多原因，但他们却几乎不约而同地将其归之于全球化，特别是归之于伴随全球化而来的移民潮。

如前文所述，在战后重建时期，欧洲的劳动力市场曾经一度供不应求。为了缓解这个矛盾，西欧各国先后从南欧、中亚、巴尔干半岛及非洲北部等许多地区招募了大批客籍工人。当时的西欧各国并没有长远的考虑。它们认为，在劳动力供不应求的情况下招募一些客籍工人来，当经济不景气时再打发他们走，这是最正常不过的事情。但没有预计到的是，欧洲经济居然保持了近30年的繁荣。到20世纪70年代中期，早期登陆西欧的那批客籍工人在西欧已经生活了将近30年。他们不仅已经在东道国取得了公民身份，而且大都安家落户，养儿育女，甚至已经有了第三代，与东道国建立了千丝万缕的社会联系。再加上早期登陆西欧的那批客籍工人的确为欧洲建设作出了重要贡献，他们最初从事的大都是当时当地人不愿意从事的搬运工、清洁工、建筑工、洗衣工、卡车司机等既脏又累且收入不高的工作，而且他们目前主要仍从事这些工作，因此无论是从道义上、法律上还是实际上，无论哪一个欧洲国家的政府，目前都还没有办法对这些人实行有组织的遣返，甚至也没有这样的计划。这批人事实上已经成为欧洲社会的一部分。

问题是进入20世纪90年代后，随着资本、商品和服务的全球自由流动，西方又兴起了一波移民潮。在这一波新的移民中，既有各国竞相追逐的高级工程师、各种专门技术人员、管理人员、高水平运动员、投资移民等，也有与早期移民有各种各样的联系，以婚姻、家庭团聚、政治避难，以及被西欧社会的高福利所吸引的各种各样的移民，此外还有大量偷渡而来的非法移民。据经合组织测算，到2008年，在西欧国家生活的外国人已经超过了3000万，这其中不包括早期登陆西欧且已经加入东道国国籍的那一批人，以及他们在西欧出生的子孙后代。到2008年，不在本国出生的外国人（不包括偷渡者）占本国总人口的比例为：意大利6.6%，丹麦7.3%，法国8.4%，挪威和希腊均为10.3%，英国10.8%，德国12.9%，比利时13.0%，瑞典13.9%，奥地利15.3%，爱尔兰16.6%，瑞士则达到了25.8%。[①]

如果再加上那些早期移民和在东道国出生的外国人，在西欧各国的外国人比例平均接近20%。如此之大比例的移民，对西欧各国的社会政策带来了巨大的冲击。在西欧本土那些失业和无业者看来，正是这些移民，抢走了他们的工作岗位。不仅如此，由于移民家庭的生殖欲望普遍较高，东道国还必须为这些新增的移民人口提供医疗、幼儿园、学校等各种公共服务和社会福利，这在增加东道国社会福利开支的同时必然降低东道国普通民众的整体福利水平。除此之外，由于非法打工现象的普遍存在，这对劳动力市场的正常秩序、对正常工作人员的工资水平都会造成负面影响。更有人把20世纪90年代以来西欧出现的走私、吸毒、暴

[①] 经济合作与发展组织：《社会概览2011》，国家行政学院出版社、中央编译出版社2012年版，第47页。

力犯罪以及恐怖袭击频发等现象也归咎于移民的增多。

虽然绝不应该把西欧的所有社会问题都归罪于移民，但不可否认的是，对于西欧各国社会民主党来说，移民问题的确非常棘手，它甚至已经成为西欧各国社会民主党的"阿喀琉斯之踵"。因为，西欧各国社会民主党毕竟是以工人运动为基础的，而工人阶级力量的来源就在于团结。这也正是马克思和恩格斯在他们的所有著作和文献中都强调"全世界无产者联合起来！"这句口号的原因。虽然在实践中要实现这种联合还非常困难，但在原则上，西欧各国社会民主党都还坚持这一立场，因为，工人群众毕竟依然是它们最基本的选民。更不得不承认的是，移民曾经为欧洲经济的腾飞作出过重大贡献。问题在于，目前西欧大比例的移民与西欧工人群众的利益，特别是与西欧下层工人群众的就业和社会福利发生了冲突。西欧各国社会民主党怎样协调这个重大矛盾呢？近几年来在西欧各国兴起的民粹主义政党几乎无一例外地都打出了移民这张牌。最典型的案例是2011年7月27日发生在挪威的恐怖凶杀事件。这一事件的元凶安德斯·贝林·布雷维克（Anders Behring Breivik）通过一个连环恐怖袭击，一下子夺走了77位同胞的生命，死者大都是挪威社会民主党的骨干分子和支持者。布雷维克本人曾经加入过挪威右翼政党——挪威进步党，但发现该党还不够有力，不够极端，于是决定自己采取行动。他残忍地杀害了77名同胞，似乎只是为了表达他的政见：坚决反对移民，特别是反对穆斯林移民。因此，布雷维克事件在事实上并不是一个孤立的、偶发的事件，它是西欧极右翼势力对全球化浪潮、对移民潮极端不满的一种反映。

由上述可以看到，全球化事实上向西欧各国社会民主党提出了多重挑战：资本在全球范围内的自由流动，严重削弱了劳动力一方的地位，从而严重削弱了西欧各国社会民主党的社会基础；劳动力市场的全球竞争虽然提高了生产效率，但同时在西欧这些发达国家造成了大量的过剩劳动力，而大量失业人员的存在不仅使得在业人员的境况日益恶化，还会使各国政府的社会负担日益加重；全球化事实上加速了两极分化，破坏了工人阶级内部的团结，在客观上把工人阶级中地位最低、生活状况最差的那一部分人推到了极右翼政党一边。全球化使资本摆脱了国界控制的同时，也摆脱了各国政府束缚和控制，而在全球化浪潮中处于不利地位的工人群众和社会下层则越来越依赖于各国政府的保护。而由于对资本控制力的下降，各国政府管控自己社会事务的能力也在每况愈下。在全球化的条件下，且不说一国不可能单独实现社会民主主义的理想目标，就是凯恩斯主义也不可能在一国单独实施。正如前文提到的，1981年上台的法国社会党政府曾试图以通货膨胀来刺激经济，以期减少失业，结果，经济没有刺激起来，失业没有减少，反倒是进口有了大量增加。也就是说，没有了国境线的保护，凯恩斯主义已经变成了明日黄花。

第四章

转　　型

　　近代西欧各国社会民主党是在西欧各国工人运动的基础上建立并发展起来的。而近代西欧各国工人运动最初是作为对近代资本主义生产方式所引发的一系列社会问题的反应而形成的一种自发的社会运动。它最初表现为捣毁机器、殴打工厂主、焚烧厂房、罢工，甚至武装起义等一系列行动。这些行动虽然造成了一定的社会影响，但事实很快证明，工人群众这种自发的、局部的、零星的反抗既不能阻止资本主义生产方式的发展，也不能改变工人群众受压迫、受剥削的命运。

　　不过，随着资本主义生产方式的进一步发展，这个生产方式的内在矛盾也充分暴露了出来。这就是马克思所指出的：资本主义单个企业严密的组织纪律性与整个社会生产无政府状态之间的矛盾，其具体表现就是周期性爆发的生产过剩危机。在经济危机期间，西方各国都出现了大批产品找不到销路、银根奇缺、物价飞涨，从而导致大批企业破产、大量工人失业的现象。而在大量棉花、大批猪肉找不到销路的同时，却是大批失业工人及其亲属衣不遮体、食不果腹、流落街头。为了重新组织社会生产，人们常常不得不把已经辛辛苦苦生产出来的大批棉花烧掉，把大批生猪赶进大海。这显然有悖于人类理性。马克思据此把生产过剩危机称为"社会瘟疫"，并认为这表明资本主义生产方式已经发展到了尽头。他因此公开号召：全世界无产者联合起来，推翻资本主义制度，建立共产主义社会。马克思主义一产生，立即在工人群众中广泛传播。在马克思主义的影响下，西欧各国的工人运动逐步由自发的行动上升为自觉的社会运动。西欧各国的工人运动一度轰轰烈烈，两大阶级之间的战争曾一触即发，西欧社会一度处于分崩离析的边缘。在这样的条件下，西方各国政府不得不出台一系列社会政策,不得不推行一系列社会改革,其典型代表就是俾斯麦时期的德国社会保险立法。

资产阶级政府推行的社会改革,虽然不可能从根本上解决资本主义生产方式的基本矛盾,也不可能从根本上消除两极分化、杜绝各种社会问题的继续出现,但是它们却能够有效地缓解广大工人群众当下直接的困苦,从而能够缓解劳资两大阶级之间的矛盾。这在客观上催生了工人运动中的社会改良主义。因为对于广大工人群众来说,共产主义的目标毕竟太过遥远。于是在西欧各国,社会民主主义逐渐取代了马克思主义,成为各国工人运动的主流。

虽然西欧工人运动中信奉马克思主义的左翼对社会民主主义一直持批评的态度,但是由于有占人口绝大多数的工人群众的支持,社会民主主义运动在西欧各国影响力越来越大。特别是由于西欧各国社会民主党都公开放弃了暴力革命,都坚持走合法的议会道路,都谋求在资本主义体系的框架内进行社会改良,这使得它们的许多政策完全能够被资产阶级所接受。因此,自进入20世纪20年代以后,西欧各国社会民主党都先后获得了上台执政的机会,其中在北欧三国,社会民主党甚至长期处于执政地位。执掌了政权的西欧各国社会民主党,利用各种机会、各种条件,特别是第二次世界大战后资本主义持续高速发展等特殊机遇,推行了一系列社会改革,出台了一系列社会政策,加大了政府对经济领域,特别是对分配领域的干预力度,使得西欧各国都形成了一套较为完善的社会保障体系,西欧各国也因此先后宣布建成了福利国家。虽然这并不是传统社会主义者想要的,但是,正如吉登斯所指出的:"社会主义者和工人组织在战后福利国家成熟期间长期要求采取一些措施。掌权的改良社会主义是福利措施的主要推动者。但是,社会主义者收养并养育了并非完全是自己后代的福利国家。他们能够这样做,是因为他们按照社会主义思想的双重特征重新解释福利国家:经济生活的集中管理和追求更大的平等。通过使劳工参与政府管理,福利国家变成了阶级妥协的符号,明显地解决了长期存在着的'社会问题',同时也保护了经济的有效性。"[①]

[①] [英]安东尼·吉登斯:《超越左与右——激进政治的未来》,李慧斌、杨雪冬译,社会科学文献出版社2009年版,第105页。

凯恩斯在他著名的《就业、利息和货币通论》的结尾曾这样写道："我们生存于其中的经济社会的显著弊端是：第一，它不能提供充分就业以及第二，它以无原则的和不公正的方式来对财富和收入加以分配。"[①] 马克思认为，资本主义制度无法克服它自身的矛盾，无法克服它自身的缺陷，因而主张推翻资本主义制度。社会民主主义者则认为，资本主义制度的上述缺点可以改善。在某种意义上可以说，西欧社会民主党的全部努力就在于改善资本主义制度的上述两个缺点。正如唐纳德·萨松所指出的："19世纪末以来，特别是两次世界大战期间危机之后，资本主义社会中的国家不得不实行大规模的干预。这不仅仅是为了确立基本的游戏规则，而是为了保证制度本身的再生产：通过修改法律以适应资本主义企业的新形式，通过稳定货币，通过不断扩大的医疗、教育、交通和通讯系统。而且，国家还要对资本主义积累的消极后果——在政治上不能忍受的后果——负责：不公平的发展，地区之间的不平衡，失业，诸如矿业、造船或农业等领域的倒闭或衰落。在欧洲，与其他地区相比，作为劳工运动之政治代表的左翼政党实际上是对资本主义进行改良，通过让福利服务的提供同市场关系分离，以使资本主义变得在政治上能够被忍受。它不仅仅是在提供失业保护、医疗和老年保障等方面，是更为公平的制度，而且也比任何一种已知的市场体制更有效率（如美国的市场体制在医疗领域的困境所充分显示的）。因而，社会民主主义是资本主义发展的一个重要阶段。"[②] 而且正是在这一阶段，资本主义又创造了比自《共产党宣言》发表以来所有世代所创造的总和还要大的生产力。正因为如此，达伦多夫和霍布斯鲍姆都同意把整个20世纪叫作工人运动的世纪或社会民主主义的世纪。

但是20世纪70年代中期以后，随着战后资本主义发展黄金时代的结束，西欧各国社会民主党的改革步伐遇到了巨大的阻力。石油价格的暴涨无疑大大提升了生产成本，而在市场基本饱和的情况下资产阶级没有

---

① [英] 凯恩斯：《就业、利息和货币通论》，徐毓枬译，商务印书馆1999年版，第389页。

② [英] 唐纳德·萨松：《欧洲社会主义百年史》（下册），姜辉等译，社会科学文献出版社2008年版，第890页。

办法把大幅增加的生产成本转移到消费者头上。而资本的本性就在于增值，资本家的天性就在于赚钱。在生产成本增加、产品和服务找不到市场的条件下，资本家要做的事情必然是压缩生产规模或者干脆停产。因此，20世纪70年代中期以后，西欧各国经济普遍低迷。许多国家的经济甚至出现了负增长。生产规模的压缩必然导致失业。自20世纪70年代中期之后，西欧国家的失业率一直居高不下，许多国家的失业率甚至长期在两位数以上。而由经济持续低迷而催生的产业结构调整和知识经济的兴起，使得传统蓝领工人队伍急剧萎缩，他们中的相当一部分人事实上已经被知识经济所淘汰而落入长期失业者的队伍之中，成为真正意义上的过剩人口。而大批失业人员的存在使得政府在税基严重萎缩、财政收入明显减少的情况下还要增加大笔的失业救济金开支。这使得沉重的福利国家开支日益集中在中产阶级身上。在经济繁荣时期，在充分就业的条件下，社会福利开支实际上是由大家共同负担的，每个家庭，甚至每个人从国家领回来的福利与自己以税赋的方式向国家所作的贡献大致相当，因此制度的连续性不成问题。现在出现了大批的长期失业者，他们在事实上只能靠国家的救济金为生。而对广大中产阶级来说，他们向国家缴纳的税赋与他们从国家领回来的福利长期处于不平衡状态，这势必引起他们的普遍不满和反抗，引起人们对已经实行了多年的福利国家制度，从而对西欧各国社会民主党的普遍怀疑。于是，主张回归市场的所谓新自由主义和私有化浪潮在西欧悄然兴起。

还必须指出的是，西欧各国社会民主党所推行的一系列社会改革，其实质是利用国家政权的力量对社会收入进行二次分配。20世纪90年代以来，随着经济全球化浪潮的加快，资本在事实上已经冲破了民族国家的界限实现了全球自由流动。这使得西欧各国利用国家政权的力量进行二次分配的能力大大降低，社会民主党推行社会改革的范围和能力进一步遭到挤压。

再加上苏东剧变的负面影响，在20世纪末，曾经一度顺风顺水、被誉为引领整个20世纪的社会民主主义一度陷入低谷。随着法国社会党在1993年大选中失利，在整个西欧，居然没有一个国家由社会民主党执政，社会民主主义在西欧偃旗息鼓。在这样的条件下，西欧各国社会民主党不得不进行战略调整，开启它们的转型之旅。

第一节　英国工党及其"第三条道路"

1979年以玛格丽特·撒切尔夫人为领袖的保守党政府上台执政，标志英国"共识政治"时代的终结。撒切尔政府所推行的一系列改革，实际上是对英国战后以来所实施的福利国家政策的反攻倒算。

前面提到，第二次世界大战之后英国在工党政府的领导下率先建立了"从摇篮到坟墓"的福利国家制度。这一套制度是以贝弗里奇在1942年提供的报告为蓝本的。《贝弗里奇报告》有两个基本前提：一是充分就业，二是核心家庭是最基本的社会生活单位，且所有的家庭都是丈夫主外、妻子主内。而到了20世纪70年代中期之后这两个前提都不存在了。知识经济时代的到来和产业结构的调整使得大批劳动者长期找不到工作。后现代时期的到来使得传统的家庭观念受到了严重挑战。英国社会和绝大多数西方国家一样，也出现了许多单亲，甚至是同性家庭。就社会保障制度而言，英国社会也出现了几百万个家庭中没有一个人从事有收入的工作，完全依赖社会福利的现象。20世纪70年代中期执政的工党政府也意识到：战后初期建立的那套福利国家制度必须改革，但由于在"共识政治"时期，人们的思维已经形成某种定式：工人们已经得到的福利只能增加，不能减少。因此，工党政府的改革遭到了工人群众的激烈反抗。1979年英国公用事业150万工人为期6周的大罢工，使英国社会生活几乎全面瘫痪。保守党正是利用了这一时机，对工党政府提出了不信任投票，迫使工党政府不得不提前举行大选。结果，保守党以43.9%对工党的36.9%的得票率和339对269个议席的优势获得胜利并且重新执政，开启了英国历史上所谓的"新自由主义"时期。

在素以"铁娘子"著称的撒切尔夫人领导下，率先建立近代典型福利国家制度的英国，这一次成为率先大砍福利国家制度的急先锋。

必须承认，保守党政府的改革，对于身患重病的英国经济有明显的积极效果。在1981—1989年，整个西方经济还处于普遍低迷的情况下，英国经济居然出现了连续8年超过3%的增长，比战后所谓黄金时代的平均增长率还要高。随着经济的稳定、快速增长，英国的失业人数开始明显减少，失业总人数由1982年的300万，减少到了1990年的167万，通货膨胀率则由 1979 年的 25%，下降到了 1988 年的 4.4%。古老的英国经济焕发出了新的活力。这一现象当时被人们称为"英国奇迹"。英国人的平均生活水平在 1979—1990 年提高了大约 25%。这是保守党在此期间接连赢得 1983 年、1987 年和 1992 年的选举从而实现连续执政 18 年的本钱。

不过，保守党的改革也产生了巨大的副作用。其最大的副作用就是加剧了英国社会的两极分化。正如英国问题专家王振华先生所指出的，保守党的经济成就"是以牺牲或损害广大劳动者阶层、包括一部分中产阶级人士的利益为代价的。它使英国社会的贫富差距拉大，社会排斥现象异常突出。失业、贫困导致社会矛盾的加剧和犯罪问题的日益恶化，严重危及社会的安全与稳定。据一项调查显示，在 1979—1992 年，英国人口的 20%—30% 最贫困的人没能从经济增长中受益；而 10% 最贫困的人无论是实际水平还是相对水平，都变得更加贫困。20 世纪 70 年代，只有 6% 的人收入在国民平均收入的一半以下；然而到 1990 年，这种境遇的人已超过总人口的 20%"[1]。也就是说，按照西方公认的标准，英国有 20% 的人口处于贫困状态。其中使社会各界更为关切的是，由于贫困家庭多数为多子女家庭，这就导致了英国三分之一的儿童生活在贫困之中，这对英国社会的长治久安是一个巨大的威胁。许多评论家据此指出：撒切尔夫人确实创造了一个富裕的英国，但她同时又创造了一个贫困的英国。

日益加剧的两极分化、日益严重的社会犯罪必然引发普遍的社会不满。这就为工党的东山再起创造了条件。更何况，作为一个多世纪的竞争对手，工党当然也不可能坐视自己建立起来的、已经运行了 30 多年的福利国家制度被保守党一点一点地破坏掉。它一直在伺机反扑。

工党虽然输掉了 1979 年的选举，但由于与保守党的得票率（36.9% 对 43.9%）差距不是特别大，而且主要是输在了广大工人群众的倒戈，所以工党输得并不服气。因此，在 1983 年的选举中，工党摆出了一副与保守党短兵相接、一决高下的态势，在其题为《英国的新希望》的竞选纲领中，针对保守党的政策主张，工党针锋相对地提出要加大政府开支、

---

[1] 王振华：《列国志：英国》，社会科学文献出版社 2011 年版，第 106—107 页。

要重新实行国有化以创造更多的就业机会、给工会以更大的权力、单方面削减核武器、退出欧洲共同体等一系列更为激进的政策主张。工党希望借助于这样一个激进的纲领把工人阶级以及整个左翼力量重新动员起来、团结起来、联合起来。然而事与愿违。这个激进的纲领显然严重脱离现实。许多人批评说这个纲领实际上就是工党的一份自杀声明。选民对这些政策主张在1974—1979年已经领教过了。1979年上台的保守党虽然还没有完全扭转英国经济的低迷状态，但英国经济已经有了复苏的迹象。在这样的情况下，更多的选民自然会把希望寄托在保守党身上。大选的结果是，工党遭到了自战后以来最惨重的失败：得票率由1979年的36.9%猛跌至27.6%，一下子减少了将近10个百分点，议会席位则从269席减少至209席。而保守党的得票率则稳定在了42.4%，议席则从339席增加到397席，占据了绝对优势。

  1983年选举的惨败，使得工党领导层感受到了巨大的压力，他们不得不冷静下来，对自己的政策主张和竞选策略进行重新思考。他们意识到：整个西方的政治经济形势已经发生了变化，英国的社会结构、工党的选民基础已经发生了变化，工党的竞选战略和生存战略必须有所调整。但由于党内高层在认识上还不完全统一，工党的战略调整幅度也不是太大，因此，在1987年和1992年的选举中，工党的得票率虽然有了明显的回升，但还是没有取胜。

  接连四次失败，工党内部改革的呼声也越来越高。1994年，年仅41岁、力主改革的工党新星托尼·布莱尔被推到了领袖岗位。

  作为第二次世界大战后出生、通常被称为"婴儿潮"一代的人，布莱尔天生就属于现代派，天生就不受传统观念的束缚，而且能够准确地把握住时代的脉搏。平民出身的他，没有任何包袱，敢于应对任何挑战。接任工党领袖后，他在公开发表的第一次谈话中就指出：工党的一个死穴是，英国社会已经变了，而工党却没有随之一起改变。他认为，社会民主主义应该是"永恒的修正主义"。虽然社会民主主义自形成以来一直以"左翼"为荣，一直以工人阶级的利益代表自居，且对于广大工人群众来说它的确曾经产生了巨大的影响力和号召力，但是，苏东剧变之后，"社会主义"几乎已经变成了一个贬义词。虽然英国工党从来就没有完全接受过马克思主义，从一开始就反对暴力革命，就主张走曲折迂回的改良主义道路，但是，它的章程中却一直明确承诺着"社会主义"这个最终目标。布莱尔认为，固守"社会主义"这个传统目标，就是工党落后于时代的症结所在。他一接任工党领袖就提出了"新工党、新英国"的口号。他说："我国有着伟大的过去，然而我们往往沉湎于往昔的辉煌，却没有以史为鉴。我所说的把英国建成一个'年轻的国家'，就是要改变这种心态，使我们成为变革的推动者，而不是沦为变革的对象。我们的国家深信前途美好，我们的国家充满雄心壮志，又追求理想、友爱和正义。"① 工党要成为这样一个年轻国家的领导者，就必须调整战略，制定一个新的纲领。他说："工党做好了准备。我们的挑战是为新的不断变化的世界制定一种新的基本纲领。"② 他进一步论证说："如果世界改变了，而我们没有改革，那么我们对世界没有意义。我们的原则将不再是原则而只是僵化为教条。不变革的政党将会死亡，我们的政党是生机勃勃的政党，而非历史纪念碑。"③ 为了适应变化了的世界，为了做年轻的英国的领导者，布莱尔决心要修改工党的章程。

如前所述，工党成立之初还没有一个明确的章程。它的第一个章程是由费边社的领导人韦伯起草的，在1918年的工党代表大会上正式通过然后就一直沿用了下来。该章程的第一条规定："党的宗旨是在议会和英国境内组织并保持一个政治性的工人政党"，它的第四条即党的目标与价值中规定：工党"要使从事体力和脑力劳动的工人获得他们的劳动成果并享受到最公正的分配，从而使生产、分配和交换手段的公有制和可以实现民主管理及控制企业与公用事业的最佳体制成为可能"。这一规定，一直被认为是工党对生产资料公有制，从而是对社会主义最终目标的承诺，而且在事实上，战后工党政府所实施的一系列国有化改革，也的确是以上述规定为理论基础的。

但是，到了20世纪70年代中期以后，由于国有企业普遍效率低下，

---

① ［英］托尼·布莱尔：《新英国：我对一个年轻国家的展望》，曹振寰译，世界知识出版社1998年版，第2页。
② ［英］托尼·布莱尔：《新英国：我对一个年轻国家的展望》，曹振寰译，世界知识出版社1998年版，第9页。
③ ［英］托尼·布莱尔：《新英国：我对一个年轻国家的展望》，曹振寰译，世界知识出版社1998年版，第59页。

人们对生产资料公有制已经开始怀疑。当撒切尔夫人上台，把一大批严重亏损的国有化企业重新私有化时，工党也没采取什么抵抗或反对行动，工党内部也有许多人当时就主张要放弃对公有制的承诺。但由于在某种程度上"公有制"已经成为工党的标志，成为工党的"图腾"，所以该条款也就一直保留了下来。布莱尔认为，工党不应该背这个历史的包袱。经过充分的准备，在1995年4月的工党特别代表大会上，工党终于通过了党章修正案。修改后的党章第四条是这样写的："工党是一个民主社会主义的党。它相信依靠共同努力的力量，能够达成比个人努力所能达成的更多的成就，从而为我们每一个人创造实现真正潜力的手段，为我们全体人民创造这样一个社会，权力、财富和机会掌握在多数人而不是少数人手中；我们享有的权利反映着我们应承担的责任，我们以团结、包容和尊重的精神自由地生活在一起。"①

虽然这里还保留了"民主社会主义"的字样，但是已经完全放弃了对生产资料公有制的承诺。这样一来，工党就完全变成了一个资本主义体制内的政党了。新党章中所谓"相信、应该"等字样实际仅仅具有伦理的意义，而且可以为几乎所有的人所接受。用布莱尔的话来说就是，工党确实已经演变成了一个"永恒修正主义"的党，已经从资本主义制度的掘墓人，蜕变为资本主义制度的守护人、卫道士了。

被认为是所谓"第三条道路"的设计师、英国工党智囊的、著名理论家安东尼·吉登斯对这一转型作了更深刻的理论解读。他指出："过去，社会民主主义总是与社会主义联系在一起。现在，在一个资本主义已经无可替代的世界上，它的取向又应当是什么呢？战后的社会民主主义是在两极化的世界格局中形成的。社会民主主义者至少在某些观点上是与共产主义者相一致的——尽管他们把自己确定为共产主义的对立面。既然共产主义在西方已经土崩瓦解、而更一般的意义上的社会主义也已经衰落，那么，继续固守左派立场还有什么意义呢？"②

也就是说，在布莱尔看来，对公有制的承诺就是限制工党革新的

---

① 《英国工党章程全编（2008）》，工党网站，http：//www.labour.org.uk。
② ［英］安东尼·吉登斯：《第三条道路：社会民主主义的复兴》，郑戈译，北京大学出版社2000年版，第25页。

"紧箍咒"。"紧箍咒"一旦解除，工党就有充分的发展空间。布莱尔很清楚：为了重返政坛，工党还必须吸引更多的选民。而在产业结构调整、传统工人阶级队伍日渐萎缩的情况下，工党还必须改变"工人党"的形象。因为在英国，谁都知道，工党本来就是在工会的基础上组建起来的。在很长一个时期内，工党和工会之间一直保持着非常密切的联系。在领导层面，工党领袖和工会负责人通常都是互相兼职。在基层，工会会员通常都是以集体党员的身份参加工党的活动。媒体甚至干脆把工党描绘成工会的政治臂膀，把工会描绘成工党的选举臂膀。在传统工人阶级占据人口绝大多数的年代，正是凭借与工会的这种特殊关系，工党才成为英国政坛举足轻重的力量。但是到了20世纪90年代，英国传统工人阶级的队伍已经严重萎缩了。例如英国历史上一直非常强大的矿工队伍，此时在人数上已经变得比大学教授的人数还要少了，他们甚至连自己独立的行业工会都组织不起来了。不过，尽管如此，工党毕竟还是自我定位为工人阶级的政党，而且传统工人阶级依旧是工党最稳定、最可靠的"票仓"，工党当然不可能舍弃这一部分传统选民，它只是希望能吸引更多的选民。为此布莱尔提出了这样的一个观点：工会只是众多社会组织中的一种，工党要执政就必须代表全社会的利益，它要代表工会的利益，但不能只代表工会而不顾其他社会组织。为此他号召：必须把工党改造成为一个代表全体人民的党。在1995年9月的一次由费边社组织的战后工党选举获胜50周年纪念大会上，布莱尔在演讲中公开号召："要使工党变成一个开放的党，一个成员包括私营业主和无产业者、小商人和他们的顾客、经营者和工人、有房产者和住公房者、熟练的工程师以及高明的医生和教师的党。"[①]

这样，工党就不仅放弃了对公有制的承诺，放弃了社会主义目标，而且在事实上又放弃了阶级特色，不再专门为工人群众谋利益，而是要为全体人民谋利益。这样，按照布莱尔自己的说法，英国工党已经完成了脱胎换骨的蜕变，已经由一个固守传统、带有明显意识形态特色的老党，转变成为一个面向未来、没有意识形态特色的、务实的新党了。这

[①] ［英］托尼·布莱尔：《让我们面向未来》，转引自王学东、陈林《九十年代西欧社会民主主义的变革》，中央编译出版社1999年版，第61页。

样一来，在1997年的选举中，工党提出了一个题为《新工党，英国新生活》的、与以往完全不同的纲领，并且向英国选民郑重承诺：

> 我们将是一个福利改革的政党。它提出了十项承诺，它们成为我们获得人民信任的保证。在未来五年的工党政府执政中：
> 教育将是我们首要的优先事务，我们将增加国民收入中的教育开支比例；
> 将不会增加收入税的基本税率或最高税率；
> 保持低通货膨胀中稳定的经济增长；
> 将使25万年轻的失业者摆脱救济并进入工作队伍；
> 重建国民医疗保健服务体系，减少行政开支和增加用于病人护理的开支；
> 严厉对待犯罪及犯罪根源问题，那些顽固的少年犯的受审时间将减半；
> 我们将帮助建立健全的家庭和健全的社区，并奠定现代福利国家在养老金和社区护理方面的基础；
> 保护我们的环境，发展一项综合的交通政策；
> 清理政治，在整个英国范围内实行政治权力下放，将政治党派建立在合适和负责任的基础之上；
> 我们将赋予英国在欧洲的领导地位，这是英国和欧洲都需要的。①

这样一个不但不再搞国有化，甚至也不再增加税收、不再增加政府开支，还保证低通货膨胀和经济增长的纲领，自然受到英国选民的普遍欢迎。结果，工党在这次选举中大获全胜：得票率由1992年的34.4%增加到43.2%，议席则由271席增加到418席。保守党则由1992年的41.9%下降至30.7%，议席由336席减少至165席。这样，时隔18年，工党又以压倒性的优势重返英国政坛。

---

① ［英］马丁·鲍威尔：《新工党，新福利国家?》，林德山等译，重庆出版社2010年版，第9页。

在野 18 年，工党深刻地明白了一个道理：控制收入差距、保证社会公平、保证社会协调发展固然重要，但在全球化的条件下，保证本国经济的竞争力，保证经济的持续、稳定增长更重要。通俗一点说，首先必须保证有蛋糕且蛋糕还足够大，然后讨论怎样分割才有意义。在保守党执政的 18 年间，英国经济已经恢复了活力，那就没有必要去改变它。如果说，20 世纪 50 年代初重返政坛的保守党政府曾经几乎全盘接受了工党的社会政策的话，那么这一次，重新执政的工党政府几乎全盘接受保守党政府的经济政策，在某些方面走的甚至比保守党还要远。例如，为了应对全球化的挑战，为了留住本国资本、吸引外国投资从而保证英国企业的国际竞争力，工党政府一上台就宣布：英国的公司所得税将进一步降低。在保守党执政期间，英国的公司所得税曾一减再减。到 1996 年，英国公司所得税税率降到 33%，其中年利润少于 30 万英镑的中小企业所得税税率降低到了 23%，在西欧国家中已经属于最低。工党政府一上台就立即宣布：1997 年，上述两项税率同时再降 2 个百分点，分别降到了 31% 和 21%。1998 年，这两项税率分别再降 1 个百分点，分别达到了 30% 和 20%。这两项税率不仅在英国历史上，也是当时西欧所有国家中最低的。

与此同时，为了鼓励中小企业的发展和创办，工党政府还出台了另外两项政策：一是对年利润不足 1 万英镑的小企业，所得税仅为 10%。这实际上是鼓励人们自己创办企业。在当时，英国这样的小微企业已有 27 万家。二是为了鼓励人们投资中小企业，从 1998 年开始，工党政府还规定：对中小企业用于厂房、机器设备等固定投资的税前资产扣除，由先前的 25% 提高到 40%。这使得大批中小企业可以把大笔资金留在企业内部，从而使企业的发展有了更大的空间。

在公司所得税减少的同时，工党政府还破天荒地对个人收入所得税也做了大幅下调。保守党执政期间，英国已经把先前复杂烦琐的多级累进征税制简化为低、中、高三级征税制，而且税率大幅度降低，其中，低收入者所得税率仅为 20%、中等收入者为 23%、高收入者为 40%。这个税率在当时西欧国家中已经很低了。工党政府为了显示自己锐意改革的决心，以进一步激发个人的积极性为名，决定对个人收入所得税进一步下调：低收入者所得税税率降至 10%，中等收入者税率降至 20%，高收入者所得税税率虽然不变，但工党把高收入的标准由原来的 27100 英镑提高到了 28000 英镑。

与此同时，为了保证经济发展的后劲，工党政府还推出了一项所谓"全民持股"政策，规定所有的职工都可以用自己的税前收入来购买公司、企业的股票。这对英国公司、企业的发展也是一项重大的利好。

所有上述政策的目的都在于保证英国经济持续、稳定地增长。但问题是英国社会当时已经发生了严重的社会分化。本书前面提到，英国社会当时有 20% 左右的人口处于贫困状态，其中相当一部分为儿童，他们的可支配收入达不到平均收入的 50%。怎样解决这一难题呢？

按照工党的传统办法，这一问题并不难。只要加大转移支付的力度，效果会立竿见影。但是，现在工党政府已经兑现了承诺：减少了税收，压缩了政府开支，这就等于已经把传统的道路堵死了。而严重的贫困以及与此密切相关的严重的青少年犯罪问题又刻不容缓，怎样破解这一难题呢？

这就必须对传统的福利制度进行改革，用布莱尔自己的话来说就是要实行所谓"新政"。其核心思想是要把过去那种依赖国家转移支付的"消极福利"转变为努力工作的"积极福利"，或者叫作"工作福利"（workfare），把福利国家转变成"投资国家"。

因为在工党政府看来，造成英国社会两极分化的主要原因是自 20 世纪 70 年代以来居高不下的失业率，致使一大批有劳动能力的人被排除于劳动力市场之外。虽然传统福利国家制度为这些人提供了诸如失业津贴、单亲父母津贴、病假津贴等，从而保住了这一部分人的基本生活水平，但这在客观上弱化了这一部分人重返劳动力市场的积极性。换句话说，传统的"从摇篮到坟墓"的福利国家制度淡化了人们的社会责任感、淡化了人们的拼搏意识，它在事实上已经由社会保障的安全网蜕化为"贫困陷阱"。工党政府决心改变这一局面。1998 年，上台不久的工党政府发布了一份题为《一项新的社会契约：我国的新目标》的文件，提出："新的福利国家应该帮助和鼓励那些处于工作年龄的人们在他们所能的情况下去工作。政府的目的就是重建围绕工作的福利国家……我们的目的无异于福利的要求者、雇主和公共服务者之间的一种文化转变——使所有方都既有权利也有责任。那些从福利转向工作的人们将获得积极的支持，而不只是一种救济。"① 布莱尔本人在一次讲话中把上述政策作了更明确的解释：政府要转变职能，要为能够工作的人提供工作，只为那些不能工作的人提供保障。

根据上述文件的精神，工党政府随即启动了一系列促进就业的计划。一是帮助青年人就业的计划。该计划实际上是对18—24岁的青年人强制安排就业。这个年龄段的人逆反心理较强，一旦不能就业，不能融入社会，就会对社会造成严重的负面后果。英国社会当时日益严重的青少年犯罪就与此密切相关。而18—24岁的年轻人，他们的个人技能和受教育水平通常达不到劳动力市场的要求，在市场竞争中不占优势。由于保守党政府迷信市场的力量，对这一部分人的就业缺乏特殊政策，从而导致这一部分人的失业率远远高于其他人口组。在保守党执政后期的1995年和1996年，英国这一年龄组的失业率超过了16%。为了解决这一问题，工党政府规定：18—24岁的年轻人在领取失业金（工党政府将其称为求职津贴）6个月之后，必须到当地的就业中心登记并且参加当地就业中心组织的职业培训，否则就停发求职津贴。各地就业中心将为每一位求职者安排一名顾问，根据每个人的特点和特长制订具体的培训计划，其目标就是实现正常就业。培训期间，求职者将继续享受求职津贴，享受时间为4个月。

如果4个月之内还找不到合适的工作，求职者会有四个选择：第一是为期6个月的政府补贴就业，如果雇主愿意接受这样的年轻人，政府将为其提供每周60英镑的工资补贴，外加750英镑的岗位培训费。求职者可以从雇主那里领得工资，学到劳动技能。第二是对于那些缺少基本劳动技能的人，培训中心将会为其提供为期12个月的全日制系统培训。在此期间受训者可以继续享受求职津贴。第三是参加最长不超过6个月的志愿者工作，在此期间求职者可以领到高于求职津贴的工资和补助。第四是接受政府安排的环保工作。

在上述两个阶段结束后，如果还找不到合适的工作，求职者将自动转入为期13周的重新培训。在重新培训期间，求职者还能享受求职津

---

① ［英］马丁·鲍威尔：《新工党，新福利国家？》，林德山等译，重庆出版社2010年版，第17页。

贴，但必须寻找工作，积极参加培训。不积极、不努力者将会受到减少乃至停发求职津贴的处罚。

与以往的职业培训不同，工党政府此次针对青年人的就业安排计划，动员了包括社区、地方政府、工会、雇主协会、志愿者协会以及中央政府等全方位的力量，并且强调各地可以根据实际情况为青年人提供实用的、有针对性的服务和培训，从而大大提高了就业成功率。结果，计划只实施了两年，工党就兑现了1997年竞选时许下的诺言：25万年轻的失业者脱离了失业救济金领取者的队伍，走上了工作岗位。当然，由于这个年龄组的人口数量是动态的，工党政府的这一政策也一直延续了下去。到2004年，这一计划已经成功地帮助40多万这一年龄段的人找到了非政府补贴的工作，领取6个月以上求职津贴的人已经从计划实施前的25万人减少到只有5万人。

如此巨大的计划显然需要有大笔资金投入，工党政府已经大幅度减少了税收，从哪里筹到这笔钱呢？工党政府想到了一个办法：开征暴利税。撒切尔夫人极力实施私有化期间，曾经以招募股份的形式把一大批国有企业，特别是一些公用事业公司的股票都抛售掉了。由于这些企业和公司股票的市值当时被严重低估，再加上这些企业和公司大都享有特殊的垄断地位，因此在私有化之后这些企业和公司大都获得了比市场平均值高出很多的超额利润。工党政府将其定义为"暴利"。为了把这一部分流失的国有资产重新收回，工党政府决定对这一部分企业和公司开征"暴利税"，并把这部分收入全部用到了青年人就业培训上。而当大批大批的青年人能够顺利地进入劳动力市场，能够成功地找到工作从而不仅不需要政府救济，反而能够向政府缴纳所得税时，政府的财政压力也就自然减小了。

在安排青年人就业计划上取得成功之后，工党政府把这一计划又扩大到25岁以上的长期失业者。工党政府规定：25岁以上的失业者在领取两年失业津贴后，也必须到当地就业中心登记，接受政府安排的职业培训，以适应劳动力市场的需要。不积极参加职业培训者将失去失业津贴领取资格，只能接受标准低得多的贫困救济。

许多西方人士评论说，工党政府实际上对工人群众采取了新的"大棒加胡萝卜"政策。所有人必须竭尽全力在劳动力市场上拼搏，不能坐享别人拼搏的成果。

二是采取措施提高单亲家庭的就业率。20世纪90年代后期，单亲家庭已经成为英国社会的严重问题。单亲家庭已经占了英国家庭总数的30%，达到200多万。总共有300多万儿童生活在单亲家庭之中，占了英国儿童总数的四分之一。在单亲家庭中，单身母亲大约占了90%。由于女性就业率本来就低，再加上抚养儿童等其他负担，60%的单身母亲家庭选择了只靠领取单亲家庭津贴而不工作。她们中的绝大多数实际收入低于英国国民平均收入的一半，即生活在贫困线以下。这不仅成为政府财政的一个重大负担，而且还使得英国有将近四分之一的儿童自幼就生活在一个依赖国家救济的下层社会之中，生活在一种遭受社会排斥的环境之中，从而对整个社会的团结和凝聚留下了难以消除的隐患。为了改变这一局面，工党政府除了加大幼儿的社会护理等措施外，还采取了"工作家庭税收抵免"以及提高最低工资标准等政策，使得单亲家庭的家长工作收入很少交税，且即使只领取最低工资、每周只工作16小时，就能得到比政府发放的单亲家庭补助更高的收入。这使得英国单身父母的就业率明显提高，英国社会的贫困率，特别是儿童贫困率明显下降。

三是加强残障人员的就业保障。在依靠政策激励单亲家庭的父母积极参加工作的同时，工党政府还通过立法，激励有工作能力的残疾人尽可能参加工作。这部名为《反就业歧视法》的法律规定：残障人员申请就业时，任何雇主都必须将其与正常人一视同仁，不得歧视。对于一些公共部门，政府甚至还规定了必须接纳一定比例的残障人员。在此之前，由于补助金相对慷慨且审查程序相对宽松，到20世纪90年代中期，英国享受病残福利的人员总共达到了600万人。由于缺乏激励机制，许多明明有劳动能力的人宁愿只领取福利补助而不参与劳动。由于工党政府推行了税收抵免政策并且提高了最低工资标准，使得残疾人有了积极工作的动力，他们中有劳动能力的人很多选择了自食其力，政府的财政负担也大大减轻了。

上述一系列改革，在工党政府的第一个任期内就显示出了成效。1997年之后，英国经济开始稳步增长，失业率特别是年轻人的失业率以及暴力犯罪率开始明显下降。由于形势一片大好，为了能够巩固政绩、继续推进改革，2001年，布莱尔决定提前举行大选，结果工党毫无悬念地赢得了连任。在1997年至2004年，英国经济年均增长率达到了2.9%，不仅高于此前7年保守党执政时期的2.05%，而且也高于同期的德国、法国、意大利、日本等西方主要大国。英国不仅在世界上重新回归顶尖强国的行列，而且其国内形势也一片大好。不仅英国的富人越来越富，穷人的日子也越来越好过。在其他大多数国家仍有10%左右的人处于失业状态的情况下，英国的失业率居然下降到了只有4.6%。这在当时几乎是一个奇迹。保守党过去一直讥笑说：工党政府只会收税和花钱，不懂发展经济。布莱尔政府用事实有力地回击了保守党的攻击。为了进一步巩固大好形势，布莱尔决定再次提前一年举行大选，结果工党又毫无悬念，同时又是史无前例地赢得了第三次连任。

工党为什么能取得如此显赫的政绩呢？用布莱尔的话来说是因为工党发生了脱胎换骨的变化，而且新工党走的是一条既不同于老左派又不同于新右派的所谓第三条道路。这条所谓的第三条道路与老左派和新右派到底有什么区别呢？马丁·鲍威尔就它们三者之间的政治立场作了下述简要区分（见表4.1）。①

表4.1　　老左派、第三条道路、新右派主要政治方面的区别

派别 项目	老左派	第三条道路	新右派
方式	平均主义者	投资者	放松控制者
结果	平等	包容	不平等
公民的权利与义务	权利	权利和责任兼有	责任
混合的福利经济	国家	公共/私有部门	私有
模式	命令和控制	合作/伙伴关系	竞争
开支	高	务实的	低
福利	高	低	低
责任	中央政府/向上	两者兼有	市场/向下
政治主张	左	中左/后意识形态	右

---

① ［英］马丁·鲍威尔：《新工党，新福利国家？》，林德山等译，重庆出版社2010年版，第15页。

应该说，鲍威尔的区分还是非常有道理的。在工党的劳动力市场政策，特别是关于安排青年人就业的政策中，的确可以看出以布莱尔为代表的第三条道路与老工党即老左派以及与以撒切尔夫人为代表的新右派三者之间的区别。布莱尔在许多场合确实强调：新工党要把传统福利国家改造为社会投资型国家。

而在知识经济时代，教育无疑是所有社会投资中的重中之重。在1997年的竞选成功之后，有记者采访布莱尔：新政将优先考虑哪些问题？布莱尔的回答是：第一是教育，第二是教育，第三还是教育。这足见工党政府对教育的重视。布莱尔自己这样解释："我们第一投资目标是教育，理由非常简单：在21世纪我们将锻造一种立足于中左路线的新进步政治……过去赞成经济增长和个人富裕者同赞成社会正义和人道情义者之间的争斗也将不复存在。人的潜能的解放——包括所有人，而不只是少数特殊群体——是当今世界经济和社会共同进步的关键。从经济角度看，人力资本是一个国家的最大财富。智力、技能、灵活性是竞争力和生产率的决定因素。从社会角度看，过去那种建立在服从与等级基础上的市民社会已经落后于时代的发展。今天人们接受的是公民平等理念——所有人都有机会，所有人都承担责任。"[1]

近代英国的教育体制是由英国战时联合政府于1944年所颁布的教育法所确立的。该法规定由国家向5—15岁的儿童提供免费的义务教育。同时，高等教育也不收学费。为了保证家庭贫困者也能接受高等教育，政府还向家庭贫困者提供能够保证基本生活的助学金。不过，英国的高等教育一直被视为精英教育。第二次世界大战结束时，英国还只有17所大学，上大学的人的比例也一直明显低于其他发达国家。到了20世纪六七十年代，随着福利国家制度的完善，英国的教育事业开始有了长足的发展。义务教育得到普及，高等教育开始大发展，新创办了许多大学。特别是英国还首创了开放大学（open university），英国的高等教育开始惠及社会各个阶层，高等教育逐步由精英教育转变成了大众教育。

教育的大发展必然引发一系列问题。按照传统体制，义务教育主要

---

[1] 胡昌宇：《英国工党政府经济与社会政策研究》，中国科学技术大学出版社2008年版，第118页。

由各地方政府负责，儿童只能在居住地附近入学。由于师资配置及办学条件方面的差异，各地的教学质量也必然参差不齐。而教育质量势必影响儿童一生的发展，于是，人们总是会千方百计地把子女送进办学条件好的学校，尽管这在政策上是不允许的。保守党认为，这既限制了人们的选择自由，又违背了市场规律。因此，在 1979 年的选举中，撒切尔夫人仅用两句重要的口号就为她的选举赢得了大量选票，第一句是：让每个工人都拥有自己的住房！第二句就是：让每个家庭都能把自己的子女送进他们自己想送进的学校！这也可以看出当时的义务教育体制中问题多么严重。保守党政府上台后对传统教育体制进行了重大改革。

在义务教育方面，保守党政府主要是实行了全国统一课程、统一考试。在此之前，英国各地的课程设置和教学内容主要由各地教育主管部门负责，全国并不统一。这样一来，对于教育质量的检测也就难以采取统一标准。尽管几乎所有的人都知道各地、各学校的教学水平和培养质量参差不齐，但学校之间却难以形成竞争。为了改变这一局面，保守党政府规定：义务教育期间的课程设置和基本教学内容由中央政府统一规定，与此同时，在每一阶段（相当于我国的小学、初中、高中）结束后都要举行全国统一考试，并且公布各地、各学校的成绩和排名。这就为家长选择学校提供了依据。各学校的资源配置则主要依据学生人数来决定。这自然就激起了各地、各学校之间的竞争。

为了进一步调动各学校的积极性，1988 年通过的《教育法》对地方政府教育主管部门的权力做了进一步限定，例如，该法规定：地方教育主管部门必须把教育经费的 85% 按各学校所吸引的学生人数下发到各学校，由各学校自主决定如何使用。如果能够吸引 200 名以上的学生，则学校将会获得更大的办学自主权，这样的学校甚至可以越过地方政府，直接得到中央政府的财政拨款。全国所有的学校都必须实行开放入学，即撒切尔夫人所说的，家长可以把自己的子女送进任何一所自己所喜欢的学校。这实际上就把全国所有的学校都推入了激烈的竞争之中。

在高等教育方面，按照传统体制，大学由中央财政统一拨款。战后初期，英国只有十几所大学和几十万在校大学生，中央财政压力不大。但由于新的大学的创立和在校大学生的急剧增加，进入 20 世纪 80 年代后，高等教育投入不足、教育质量不高等问题日益突出。

为了摆脱财政负担，自 1981 年起，政府大幅减少了对大学的财政拨款，缺额部分由各大学通过承担研究课题、与国内外企业合作研发等手段来解决。也就是说，高等教育也被纳入市场竞争机制之中。保守党政府在 1988 年颁布了新的《教育法》，对高等教育体制做了重大改革，还把原来政府发放给家庭困难学生的助学金改为贷款，大学不再免费，所有的大学生都必须缴纳学费。

工党政府承认，保守党政府的上述改革对于促进英国教育事业的发展产生了一定的积极意义，但同时指出，这些改革也加剧了教育机会的不平等。例如，在义务教育阶段，尽管在名义上家长有了选择学校的自由，但实际上，能否进入高水平学校，并不取决于学生的学习成绩，而是取决于家长的经济地位和经济实力。对于绝大多数家庭来说，他们通常只能把孩子送进邻近的学校，即使这些学校的办学条件和培养水平不尽如人意。真正能够挑选学校的，只是个别经济实力超强的家庭。这样一来，普通家庭与经济实力超强家庭的子女从一开始就站在了不同的起跑线上。在高等教育方面，大学生一律收费，助学金改为贷款，但毕竟谁也不愿意在读书期间就欠下一笔繁重的债务，许多家庭困难的学生还是选择了中途辍学。这不仅使得这一部分人失去了发展自己潜力的机会，对于整个社会来说也是人力资源上的一个巨大浪费。从社会投资角度出发，工党政府认为，应该加大教育投入，尽可能为每个人都提供平等的受教育的机会。

工党政府虽然把个人收入所得税和公司收入所得税这两大税种的税率都做了大幅下调，但由于经济的稳步增长和失业率的下降，英国政府的财政收入并没有减少，反而稳步增加，这使得工党政府能够在不增加公共开支的前提下加大对教育的投入。在工党执政的前一个财政年即 1995—1996 年，英国政府的教育和培训开支仅为 366.98 亿英镑。工党执政后教育和培训经费开支逐年增加，到 2004—2005 财政年度，英国的教育和培训开支达到了 532.01 亿英镑，增加了 45%，这个增长速度非常罕见。1990 年，英国的教育和培训开支只占其国内生产总值的 4.3%，在西方发达国家中属于较低水平，而 2002 年这个比例已经达到了 5.9%，超出了经合组织成员国平均 5.8% 的水平。

布莱尔政府对工党政府在教育投入上的大手笔颇为自豪，并且认为这是他的第三条道路与老左派的一个重要区别。传统的左派政府确实更关注最终结果的分配。在布莱尔看来，这不利于充分、全面调动人们的创造力和积极性。新工党更关注教育机会的分配。因为在它看来，教育机会的平等比最终结果的平等更为重要。而在资本主义条件下，受教育机会本来就是不平等的。要改变这种不平等就必须加大政府投入，就必须限制市场机制在教育机会分配中的作用范围。

而要实现教育机会均等，学前教育、中小学教育显然比高等教育更为重要，即必须从起跑线上来保证公平，保证所有的人都有同等的机会。因此，工党政府在这一时期所加大的投入，主要投在了学前教育和中小学教育上。高等教育的投入非但没有增加，反而略有减少。

工党政府之所以特别重视学前教育，是由于最近几年西方，特别是美国的几项学前教育跟踪研究表明，对于那些来自家庭经济条件差、父母文化水平低、社会环境不利的儿童进行补偿性的学前教育，与那些没有实施补偿性教育的儿童对比，受过系统、健全学前教育的儿童在认知、语言、社会交往能力等各方面都能得到更好、更全面的发展，他们最终绝大部分都能顺利地完成学业并且能够成功融入社会，能够自食其力而摆脱社会救济。美国的研究表明：系统的学前教育不仅能够明显提升受教育者本人及其家庭的生活水平和社会地位，而且还能产生巨大的社会经济效益。因为，系统的学前教育将会为国家节省大笔的归化教育、治安管理、福利救济等一系列开支。有人测算出：在学前教育上每投入 1 美元，就可以获得 7.16 美元的收益。这就是布莱尔政府特别重视学前教育的理由。因此，工党政府一上台就加大了学前教育的投入，其中在 1998—2004 年就投入了 140 亿英镑。英国 3—4 岁儿童接受正规学前教育的比例在 20 世纪 70 年代中期还不足 30%，到 2004 年这个比例则达到了 65%。这实际上是英国工党对英国社会发展的一笔重要的长远投资。英国政府投资的项目，除了基础设施和师资培训之外，很大一部分是为中低收入家庭提供幼儿学前教育补贴，其中，最贫困的家庭可以得到实际费用 70% 的补贴，这就基本上保证了起跑线的平等。

除了学前教育之外，工党政府还特别加大了对中小学教育的投入。在工党上台之前的 1996 年，英国中小学教育投入在全部教育投入中只占 60%，到了 2004 年，在总投入有了大幅增加的前提下，中小学投入所占的比重又增加了 5 个百分点，在总投入中占到了 65%。

1988年的《教育法》颁布后，由于在法律上所有的家长都有权为自己的子女自由地选择学校，而政府则将根据各学校吸引的学生人数来划拨经费，这势必加剧各学校之间的竞争。而正如本书前面已经指出的，对于绝大多数中低收入家庭来说，他们实际上没有能力把子女送进更好的学校，通常只能就近入学，即便附近的学校教学质量非常低。这对中低收入家庭的子女来说显然不公平。

为了改变这一局面，从1999年开始，工党政府对办学条件较差的贫困地区、教学质量排名靠后的中小学校，实行了重点扶持政策，在师资配置、财政拨款等方面予以特别倾斜。1999年工党政府特别拨款3亿英镑，2005年则达到了7亿英镑。这一重点扶持政策效果非常明显，被扶持的贫困地区和教育落后地区的学校教育质量和教学水平迅速提升，从而使得中低收入家庭的子女与高收入家庭的子女能够大致上得到同等水平的教育。由此也可以看出工党的执政理念与保守党之间的明显区别。

在高等教育方面，为了适应知识经济时代的客观要求，工党政府一上台就决定进一步扩大高等学校的招生规模，并提出在2010年实现在18—30岁的人口中，受过高等教育的人的比例要达到50%。为了解决经费问题，工党政府决定提高学费标准。从2006年开始，大学学费由原来的每学年1000英镑提高到3000英镑。不过，鉴于许多中低收入家庭确实难以承受如此高昂的学费，工党政府做了一些变通，废除了过去的学费预交制度，改由政府垫付。学生可以在毕业后且年均收入超过15000英镑时再以税收的方式逐步偿还，偿还期限为25年。逾期仍无力偿还或偿还不清者将予以免除。这就保证了所有的人都不会因为家庭经济条件的原因而失去接受高等教育的机会。除此之外，工党政府还设立了助学金和困难补助金政策，帮助困难家庭的学生解决生活问题。

布莱尔的新工党政府不但重视教育，而且还对已经运行了多年的其他社会保障制度进行了一些重要改革，以适应变化了的英国社会的需要。其中的一个重大改革是对英国国民医疗服务体系的改革。

英国的全民医疗服务体系在1948年7月就确立下来了，是英国"从摇篮到坟墓"的福利国家制度的重要内容，其基本原则是：所有公民在缴纳基本社会保险费之后都可以根据病情的需要，得到同等的治疗机会、同等水平的医疗服务。而社会保险费的缴纳则以实际收入水平为依据，高收入的人缴纳的肯定要多，低收入或者没有收入的人缴纳的自然要少，但所有的人都可以得到同等水平的医疗服务。也就是说，这一制度事实上贯彻了同舟共济、富人帮助穷人的原则，它显然有利于社会团结，符合广大人民群众的利益，从1948年7月由工党政府确立之后很快就被英国社会普遍接受并且深入人心。正因如此，历届保守党政府，包括1979年上台的撒切尔政府，虽然不喜欢这个制度，但始终也没有对该制度提出多少异议。

然而在事实上，到了20世纪70年代中期以后，随着经济增长速度的减缓和人口老龄化趋势的加强，英国传统全民医疗服务制度的弊端已经显现出来了。

第一个弊端是效率低下。为了推行全民医疗服务制度，工党政府在1948年曾经把绝大多数医院实行了国有化，医疗服务所需要的费用绝大部分由中央财政统一安排。这种体制固然方便管理，但却不利于调动广大医务人员的积极性。因为在通常的情况下，医务人员从国家那里领取的固定标准的工资，与他们个人所在医院的业绩和经营状况没有直接的联系，这就很容易导致医院以及全科医生以预约已满为理由，拒绝给病人看病，以种种理由为名，拒绝多做手术，其结果必然加剧医患供求矛盾，导致无论看病还是治病，都需要排队等候，有些手术和治疗甚至要排一两年的队，这势必引起人们普遍的不满。

第二个弊端是医疗费用上涨，政府财政负担加重。一方面，进入20世纪70年代以后，英国人口老龄化趋势日益加剧。老年人口的增加直接导致医疗费用开支的增加。另一方面，在管理体制上，由于绝大部分的医疗费用都是在卫生主管部门和医院之间转账、划拨，费用信息不透明，既没有利益攸关方的密切监督和监管，也没有竞争机制，这就必然导致整个医疗费用上涨。而羊毛永远都只能出在羊身上，日益上涨的医疗费用最终还是要由全体纳税人来埋单。

第三个弊端是导致了事实上的医疗机会和医疗水平的不平等。英国虽然很早就实行了全民医疗保健制度，但一直还保留着一部分私营医院。由于到国有医院看病、治病不仅要排很长的队，且服务水平参差不齐，于是，私营医院很快发展起来了。为了缓解医患供求矛盾，保守党政府推行了鼓励人们购买商业医疗保险的政策，其杠杆就是购买商业医疗保险的费用豁免征税，即可用税前收入来购买，不影响人们的实际收入水平。这一政策显然仅对高收入的人有利。他们得病以后就可以得到迅速的、高水平的医疗服务，而中低收入的人群仍然需要慢慢排队，这样一来，所谓的全民医疗服务体系实际上就名存实亡了。这自然会引起广大中下层人民群众的不满。

针对上述问题，进入20世纪80年代后，执政的保守党政府开始对全民医疗服务体系进行改革。除了鼓励人们购买商业医疗保险之外，保守党政府还试图把竞争机制引进全民医疗服务体系之内。因为在保守党政府看来，全民医疗服务体系的效率之所以低下，根本的原因就在于缺乏竞争机制。

但是，医疗服务领域是一个特殊的领域，在这里显然不能完全采用市场机制。保守党政府在1991年决定在全民医疗服务体系内引入内部市场机制。

所谓的内部市场机制，就是要把医疗服务的购买者和提供者进行分离从而在不同的提供者之间建立一种竞争机制。而在传统的全民医疗服务体系中，政府实际既是购买方又是提供方。说得直白一点，保守党政府提出要把医疗服务提供方推向市场，建立起一套类似于在中小学改革中建立起来的那样一种体制，鼓励各医院尽可能多地接纳病人、为病人提供尽可能好的服务，这样它们才可能得到政府尽可能多的财政拨款。在改革之前，政府卫生主管部门不仅要代表病人从各医疗服务机构那里购买医疗服务，同时还要领导、管理各医疗机构，引入市场机制后，政府卫生部门不再直接管理各种医疗服务机构，而只是作为购买方通过签订合同与各医院、各社区医疗服务机构、各救护中心等购买医疗服务，各医疗服务机构在财务、人事、行政管理上独立于卫生管理部门。全科医生依据与其签约人数的多少也将掌控一定比例的医疗经费，他们有权根据病人的需要与相关医院签订合同，为病人购买相关医疗服务。在理论上，购买方可以拥有更多的选择，而医院则迫于竞争的压力必须提高效率，提供更多、更好的服务。

虽然这一改革的口号是"以病人为中心"，经费跟着病人走，但在实际运行过程中，由于病人对于自己的病情和医疗机构的服务水平永远都不可能完全知情，因此，选择权和决定权实际上还是掌握在卫生主管部门和全科医生手中,而且在大多数情况下,卫生主管部门和全科医生事实上也没有太多的选择余地。因为,医疗服务机构毕竟不同于一般的购物中心,如同学校一样,各个社区通常也就那么一两家。绝大多数卫生主管部门都会把绝大多数服务合同签给那么一两家医院。也就是说,就医疗服务机构而言,改革设计者所期待的那种竞争机制并没有建立起来。此外,在理论上卫生主管部门不再管理医院,而在事实上,由于传统的全民医疗服务体系已经运行了将近半个世纪,医疗服务机构与政府卫生主管部门的联系在事实上已经无法割断。为了推行改革,保守党政府在卫生主管部门之外又设立了一套专门负责购买医疗服务的机构。这实际上等于在原来的体系上又增加了一个官僚环节。而官僚环节的增多不仅会增加成本,而且铁定会降低效率。再加上,掌握经费的购买者实际上是用政府的钱去为民众购买服务,这在机制上没有合理性的保证,相反倒是导致了许多违背常理、违背道德、违背法律的事件发生。更为关键的是,为了控制日益增长的医疗费用,从20世纪80年代初开始,保守党政府就开始实行严格的总量控制,从而使得英国的医疗服务开支占其国内生产总值的比例一直低于法国、德国等西欧国家,还不到6%。但这不是效率提高了,而是把问题积压下来了。英国的医疗保健水平已经大大落后于其他西欧国家。例如在当时,在法国和德国,平均每1000人就拥有10张病床,而英国却只有4张。1997年工党上台时,英国已经有100多万人在等待做手术,其中有20多万人已经等了半年以上。保守党政府的改革,在理论上是为了挖掘医疗服务机构的潜力,即使有效,也有一定的限度,毕竟,随着人口老龄化的加剧,人们对医疗服务的需求大大增加了,这单靠挖掘现有医疗服务机构的潜力是不能满足的。1997年保守党政府在选举中的惨败与医疗服务政策上的失误有着重要的联系。

　　作为英国全民医疗服务体系的创立者,工党对该制度一直特别关注。因为该制度毕竟与广大人民群众,特别是广大中低收入人群的切身利益直接相关。1997年一上台,布莱尔政府就公布了一份改善国民医疗服务体系的白皮书,并且成立了一个关于国民医疗服务体系存在问题的调查委员会。2000年7月,布莱尔政府正式颁布了医疗服务体系改革的十年计划书,提出要在2000—2010年新建100家医院,新增7000张病床,新增7500名医生,20000名护士,2000名全科医生,新建500个由全科医生、牙医、配镜师等医疗保健专家组成的保健中心。1997年,英国的医疗服务开支总额为420亿英镑,占英国国内生产总值的6%,2005年这个比例要达到7.6%。事实上,英国的医疗服务开支在1998—2008年保持了年均3%的增长率,到2008年,英国的医疗服务开支总额达到了900亿英镑,比1997年翻了一番还多。虽然无论是人均开支还是占国内生产总值的比例英国还低于德国和法国,但这个增长速度在英国历史上,甚至在西欧、在世界上都是罕见的。

在管理机制上,工党虽然保留了保守党政府制定的把医疗服务的购买者和提供者分离开来的政策,但废除了事实上主要由全科医生控制经费的做法,更加强调不同医疗服务部门之间的合作。为此,工党创立了一个叫作初级医疗小组(primary care group)的新机构,以先前每个全科医生负责的范围为基础,每个初级医疗小组负责10万左右居民的医疗保健工作。初级医疗小组由全科医生、社区护士、社区医疗机构和地方医疗机构的代表联合组成,它掌握着75%—80%的医疗经费,由该小组负责代理病人购买住院服务。与此同时,该机制还增加了患者的选择权。在一般情况下,患者对到哪一家医院治疗可以有4—5个选择,最终由医疗小组决定。把经费下放到医疗小组,主要是鼓励全科医生和社区医疗机构尽可能多地接诊病人,尽可能做到小病不出小组、不出社区,减少住院,减少不必要的奔波,从而既减少病人的痛苦,又节省医疗成本。对于大型医院,它们除了能够得到各个初级医疗小组支付的费用之外,还能得到政府依据其接受病人的数量和服务质量而划拨的额外款项。这样,不仅各初级医疗小组要努力工作、精打细算,各大型医院也必须千方百计地改进服务态度,提高服务水平。在加大投入和理顺管理体制的双重作用下,英国的医疗服务体系有了明显的改善。这也是工党能够连续三届赢得大选的一个重要原因。

英国学者霍华德·格伦内斯特曾经指出:"在大多数欧洲国家,当然包括英国,政治就是社会政策。英国政府做的其他事情,没有多少会使公众感兴趣。"[1] 作为英国近代各项社会政策的主要推动者,工党当然深

---

[1] [英]霍华德·格伦内斯特:《英国社会政策论文集》,苗正民译,商务印书馆2003年版,第132页。

谙此道。因为从其创立之日起，工党始终是代表社会弱势群体的利益的，而社会政策的直接受益者，通常主要是弱势群体。这一点，可从工党政府对教育政策和医疗服务政策的改革中清楚地看到。

当然，在野18年的经历使得工党深刻认识到：要想执政，首先必须保证经济增长，保证蛋糕不断增大。正因如此，1997年重新执政后，所谓的新工党几乎全盘继承了保守党政府的经济政策。但新工党也并没有完全背离自己关注社会弱势群体的传统。只不过，与老工党相比，新工党更关注社会弱势群体参与市场竞争的机会，而不是结果。对此，布莱尔本人在他的回忆录中做了这样的总结："在我身为英国首相的十年期间，我们关注的焦点就在于如何改善机会。答案是：不要阻止人们致富，应该致力于为穷人或弱势群体改善自身状况消除障碍。"①

把布莱尔的上述观点与当年费边社为工党起草的章程，特别是被布莱尔废除的章程的第四条加以对比就可以看到：以布莱尔为代表的英国新工党已经承认：现行资本主义制度是无可替代的。如果说，老工党曾经试图一点一点地改变资本主义制度的话，那么，转型之后的英国新工党已经在事实上完全认同了现行的资本主义制度，而且它自己已经变成了这个制度的一部分。

第二节　德国社会民主党及其"新中间道路"

由于执政期间在内政、外交，特别是在社会政策方面的卓越表现，德国社会民主党在1972年的选举中曾经赢得创历史的45.8%的得票率并且得以继续执政。1974年，由于其秘书被指控为东德的间谍，勃兰特虽然被迫辞去总理职务，但继任的施密特全盘继承了勃兰特的政策，并且带领德国社会民主党连续赢得了1976年和1980年的选举。

1973年的第一次石油危机虽然重创了严重依赖进口石油的德国经济，但凭借巨大的贸易顺差，同时还遣返了50多万没有长期工作许可的外籍工人，从而大大缓解了由于石油涨价、经济萎缩而造成的巨大失业压力。但是当1979年第二次石油危机爆发时，德国应对第一次石油危机的两个

---

① ［英］托尼·布莱尔：《布莱尔回忆录》，李永学等译，译林出版社2011年版，第5—6页。

得天独厚的条件都不存在了。虽然凭借先前十几年执政的良好表现，在1980年的选举中，德国选民依然选择了社会民主党，但实际上，从1980年开始，德国经济就出现了负增长，失业率节节攀升，到1982年，德国的失业人口超过了200万。为了摆脱经济低迷的困境，德国社会民主党试图再次尝试凯恩斯主义的老办法，以扩大需求、增加投资来刺激经济，但是遭到联合执政的自由民主党的坚决反对。由于自由民主党的倒戈，社会民主党不得不提前于1983年举行选举，结果只获得了38.2%的选票，而主要竞争对手、以科尔为领袖的联盟党的得票率则达到了44.8%。社会民主党由此结束了连续16年的执政历史，再次沦为反对党。

而此时，随着英国撒切尔夫人和美国里根总统的上台，西方所谓的新自由主义浪潮已经兴起。在这一大潮的影响下，德国社会民主党在随后的所有地方选举和联邦选举中得票率一直萎靡不振，甚至节节下滑。在这样的形势下，德国社会民主党不得不考虑战略调整。1985年，由党主席勃兰特亲自挂帅，德国社会民主党成立了一个负责起草新纲领的"基本纲领委员会"，也叫作"基本价值委员会"，负责起草一个适应变化了的世界的新的基本纲领。这个委员会刚刚成立，波兰、匈牙利、保加利亚、罗马尼亚、波罗的海沿岸国家以及东德国家的政治形势都发生了深刻的变化，作为冷战时期的标志性建筑的柏林墙被推倒，以苏联为代表的传统社会主义体制摇摇欲坠，再加上在第三章中所列举的那些问题，所有这些都成为新起草的纲领的直接背景。在1989年12月于柏林举行的全国代表大会上，德国社会民主党通过了这部新的纲领，即《柏林纲领》，德国社会民主党由此开启了它发展的一个新的时期，即所谓"新中间道路"时期。

《柏林纲领》首先对自1959年的《歌德斯堡纲领》以来社会民主党的基本方针政策，特别是连续执政16年期间所完成的社会改革、所创立的各项社会政策做了充分肯定，并在此基础上再一次确认了社会民主党的历史地位和奋斗目标。《柏林纲领》中这样写道："《歌德斯堡纲领》从历史经验中得出新的结论。它把民主社会主义看作是一项任务，即通过社会的民主化、通过社会改良和经济改良去实现自由、公正和团结一致。社会民主党在歌德斯堡表明了自己长期以来就已经具备的身份，即它是一个左翼人民党。它将继续保持这种身份。"[1]

对于刚刚发生的苏联解体和东欧剧变,特别是它对西欧社会、对西欧各国社会民主党的影响,《柏林纲领》的起草者显然还没有充分的认识,而只是给予了简单的、表态式的回应。《柏林纲领》中这样写道:"作为国家和政党的共产主义在欧洲已经成为过去。工人运动曾经分裂为两个相互敌对的重要流派:社会党人和共产党人,这种分裂的后果对20世纪产生了很深的影响。共产主义的失败证实了社会民主党人的基本信仰,他们在反对共产主义的斗争中坚决维护了自己的信仰:建立一个自由、公正和团结的社会制度的目标将永远是无法与作为政治社会平等前提条件的人权保障截然分开的。民主社会主义者决心在民主和人权基础上实现一个美好的社会制度,这也被证明是一条走向未来的正确道路。"[2]

虽然与共产主义一直格格不入,而且在《柏林纲领》中又再次与以苏联为代表的传统社会主义划清了界限,但是,苏联的社会主义与德国的社会民主主义毕竟有着共同的起源,这使得苏东剧变,特别是东西德的统一,还是给德国社会民主党带来了严重的负面影响。在东西德统一后的第一次大选即1990年的大选中,德国社会民主党的得票率进一步下跌,仅为33.5%,为60年来的新低,比联盟党的43.8%少了10多个百分点。而且这也是社会民主党的三连败了。

如何才能扭转颓势,尽快重返政坛呢?德国社会民主党的高层,特别是《柏林纲领》的起草委员会认为,《柏林纲领》的战略调整还不到位。《柏林纲领》虽然划清了德国社会民主党与苏联共产主义之间的界限,但是它还是承认了社会主义这个最终目标,尽管它使用的是"民主社会主义"的提法和表述。德国社会民主党的重要理论家、《柏林纲领》的起草人之一的托马斯·迈尔这样分析道:"在东欧国家,从一种自称为社会主义的政策获得的现实经验成了对似乎起源于同一传统的一切事物

---

[1] 原文载于《德国社会民主党简史(1848—1990)》,波恩1991年德文版,译文参见赵永清译《德国社会民主党柏林纲领》,《国际政治研究》1993年第3期,第79—87页。
[2] 原文载于《德国社会民主党简史(1848—1990)》,波恩1991年德文版,译文参见赵永清译《德国社会民主党柏林纲领》,《国际政治研究》1993年第3期,第79—87页。

的深刻不信任的论据。社会民主主义在媒体上以及在很大一部分居民中间被看成只不过是共产主义的一种略为温和的和略为软弱的形式，却不像社会民主主义在自己的全部历史中一直声称的那样是在人权、民主、多元主义和经济制度等决定性问题上采取与共产主义极端对立立场的。"①迈尔认为，社会主义既然已经威信扫地，已经变成了一个贬义词，那么，社会民主主义应该与它决裂了。他建议，在今后社会民主党的所有文件中，都应摈弃"民主社会主义"这一提法，而应恢复德国工人运动史上传统的"社会民主主义"这一说法。

虽然"民主社会主义"与"社会民主主义"这两个概念差别似乎不大，而且在德国工人运动的早期，在德国社会民主党的许多文件中，甚至在马克思和恩格斯的一些著作中，这两个概念经常被交互使用，但托马斯·迈尔在这样的历史时刻提出这样的建议却有着特别的意义。正如曾经担任过德国社会民主党主席的汉斯·约翰·福格尔1994年在《新社会/法兰克福》杂志第4期对《社会民主党的传统和2000年的民主社会主义》一书所做的述评中指出的：民主社会主义被证明是一种关于未来社会的一个有吸引力的设想和主张，而社会民主主义则放弃了关于未来社会的设想。②也就是说，迈尔的这个主张实际上走得比当年的伯恩施坦还要远。伯恩施坦虽然强调"运动就是一切"，但是他毕竟还承认有一个"最终目的"。迈尔的建议实际上把"最终目的"也完全否认了。由于有不同意见，所以德国社会民主党并没有通过正式决议，但是，自进入20世纪90年代之后，在德国社会民主党的所有官方文件中，"民主社会主义"这个提法确实不见了，取而代之的就是迈尔所建议的"社会民主主义"。

显而易见，德国社会民主党的这一转变与英国工党关于党章第四条的修改有着异曲同工之意。所不同的是，德国社会民主党的这一转变不仅仅影响它自身，而且很快影响整个西欧，甚至影响整个世界。在1992

---

① [德]托马斯·迈尔：《社会民主主义的转型》，殷叙彝译，北京大学出版社2001年版，第97页。

② 参见《国外理论动态》1994年第22期："德国社会民主党前主席福格尔认为应当坚持民主社会主义的事业和概念。"

年柏林举行的社会党国际第19次代表大会上（此前由勃兰特担任主席），迈尔的建议事实上也被接受了。如果说，此前人们一直把Socialist International翻译成社会党国际，而不是直译为"社会主义国际"，是因为我们认为这个国际组织的宗旨不是社会主义，而是社会改良主义的话，那么，从1992年的第19次代表大会之后，这个国际组织的所有官方文件中，"民主社会主义"的提法也被"社会民主主义"所取代了。也就是说，从那时候起，在德国社会民主党的示范作用下，西欧各国社会民主党已经公开放弃了社会主义的目标，已经完全认同了现行的资本主义制度。为了表示与传统决裂，德国社会民主党甚至不愿意使用传统的带有阶级特征、描述左右分化的字眼和概念。与英国新工党的"第三条道路"遥相呼应，德国社会民主党声称，他们将要走一条所谓的"新中间道路"。

德国社会民主党的这一战略调整很快就收到一定效果。在1994年的德国选举中，社会民主党的得票率有明显回升，达到36.4%，基本上恢复到了1987年的水平。在随后的地方选举中，社会民主党"捷报频传"，在全国16个州中，居然在11个州获得胜利并且取得执政地位，这就为社会民主党重返联邦政坛打下了坚实的基础。

但是，正如本书第三章中已经指出的，随着所谓后工业化、后现代主义时代的到来，同大多数西方社会一样，世纪之交的德国社会已经发生了深刻的变化。如前所述，尽管它力图打扮成全体人民的党，但事实上，社会民主党是以工人运动为基础的。一方面，社会民主党的方针政策主要是为工人群众服务的；另一方面，广大工人群众一直是社会民主党稳定的"票仓"。但进入20世纪80年代后，德国工人阶级的队伍开始急剧萎缩。1970年，德国工人在全国就业人口中还占据51.2%的绝对多数，到1987年的时候，这个比例下降到41.5%，[1] 而到1998年，德国工人在全国总就业人口中的比例只占33.6%。[2]

雪上加霜的是，在工人阶级队伍萎缩的同时还发生了思想上的严重

---

[1] Yuko Aoyama and Manuel Castells, "An empirical assessment of the informational society: Employment and occupational structures of G – 7 countries, 1920 – 2000", *International Labour Review*, Vol. 141, No. 1 –2, 2002, p. 139. （注：该数据只包含德国非农业就业人口。）

[2] OECD: Labour Force Statistics 1978 – 1998, p. 158.

分化。按照西方一些思想家的观点，进入20世纪80年代后，包括德国在内的西方发达国家已经进入后物质主义时期，阶级地位与政治态度之间的关系越来越模糊，工人阶级也不再是铁板一块。随着绿色运动、和平运动、女权运动、同性恋权益运动以及欧洲一体化运动等的兴起，德国的政治生态也发生了深刻变化。新一代德国公民表达政治诉求的渠道和形式趋向多样化，传统政党在他们政治生活中的重要性下降，很少有选民对某个党派有稳定的认同感和归属感。代表特定价值取向、特定群体利益的小党，抗议党和单一议题党的数量越来越多。东、西德统一之后，活跃在德国政坛并且参与地方选举的大小政党有100多个，其中参加联邦议会选举的政党就有30多个。

也就是说，社会民主党现在的竞争对手不仅仅是联盟党。面对这样一个碎片化的社会，社会民主党要想赢得足够多的选票、要想重返政坛，就必须跟这100多个，至少要跟参加联邦议会选举的这30多个较大的政党竞争，它必须提出一套能够吸引、团结、凝聚绝大多数选民的政治主张。正如弗朗茨·瓦尔特教授所指出的："大量的结构性问题——这些问题从70年代后期就已经开始——给社民党制造了困扰。首先而且特别要提到的是社会的转型。随着从工业社会向带有强烈第三产业特征的社会的过渡，社会民主党传统的决定性资源匮乏了：传统工业和大工业领域的雇佣劳动阶级。与此同时，公职人员的数量下降，这就使社会民主党干部和代表的源泉逐渐干涸了。旧的环境缩小了，传承下来的、迄今为止仍能保持的条件瓦解了。更加困难的还有，社会不再是——仍像60年代时看起来那样——雇员单一的政党了，而是多元化和分化的。在社民党内能够特别强烈地感觉到这一过程的结果。在80年代，联邦德国没有其他任何一个政党能够使其选民内如此不同的态度和观点协调一致：社会民主党人必须兼顾后物质主义的享乐主义者和苦行僧，同时要把新中间阶层中的物质主义的技术决定论者留在自己的队伍中；但还不能把那些日益向右漂移的人口密集区的下层选民赶走；此外，还有5—6个具有不同生活方式的其他社会团体，必须以某种方式把它们吸引进来。"[①]

[①] ［德］弗朗茨·瓦尔特：《德国社会民主党：从无产阶级到新中间》，张文红译，重庆出版社2008年版，第149—150页。

这显然是一项极其困难的任务。社会民主党人除了做好自己的工作之外还必须等待时机。自进入20世纪90年代中期以后，德国经济出现了持续低迷。1996年，德国的失业率首次突破两位数，达到10.4%，1997年又进一步攀升到了11.4%，失业总人数达到400多万。如此严重的失业，意味着政府在税基萎缩、财政收入减少的情况下，还要拿出更多的钱去安置失业人员。而这时候欧盟正在酝酿启用欧元作为统一货币。为了启用欧元，欧盟各国商定要采用统一的财政政策，严格控制政府财政赤字，不得超出各自国内生产总值的3%，政府债务总额不得超过国内生产总值的60%，否则不允许加入欧元区。这就把当时在德国执政的联盟党逼进了死胡同。如何解决如此严重的失业问题，振兴经济，保证人民群众生活水平不断提高，显然是绝大多数选民共同关注的话题。联盟党束手无策，这给了社会民主党机会。社会民主党以"劳动、革新与公正"为口号，以工人出身、此前已经成功地连续两届出任下萨克森州州长的格哈德·施罗德为总理候选人，参加了1998年的大选，结果获得大胜。社会民主党的得票率重新回到40%以上，达到40.9%，比1994年增加4.5个百分点，在全部669个议席中赢得了298席。它的主要竞争对手、以科尔为领袖的联盟党的得票率仅为35.2%。社会民主党成为无可争议的第一大党。在拥有67个议席的绿党的支持下，德国社会民主党又重返阔别16年的政坛，施罗德出任总理，德国社会民主党开启了它的"新中间道路"之旅。

如同英国工党一样，重返政坛的德国社会民主党也推行了一套与传统迥然不同的政策，其中最突出的一点就是税收政策。一改过去一上台就增加税收的做法。这一次，顺应了当时西方普遍流行的减税大潮，社会民主党一上台也立即宣布大幅度减税。

在与绿党签订了《觉醒和革新——走向21世纪的道路》的联合执政协议后，社会民主党政府就宣布：为了加快资本积累，同时也为了减少人们对传统福利国家制度的依赖，从1999年起，德国税收的起征点将从1998年的12360马克，逐步提高到2002年的14000马克，同时，税率则从1998年的25.9%逐步降低到2002年的19.9%。此举表面上看来对低收入者特别有利，但实际上其真实用意在于激励人们尽可能地参与有收入的工作，包括下面要提到的那种每小时只有1欧元的工作。与此同时，为了加速资本积累，社会民主党政府还宣布：高收入者的所得税的税率也将从1998年的53%，逐步降低到2002年的48.5%。

为了实现可持续发展，同时也为了弥补由于大幅度减税而导致的政府财政收入减少，社会民主党接受了绿党的主张，从1999年开始德国正式开征生态税，对电、汽油、天然气等不可再生的能源使用一律额外征税。

此外，由于降低了收入所得税的起征点并且降低了税率，这意味着许多原来依赖政府救济的人现在可以在劳动力市场上得到其所必需的资源，这样就可以适当减少政府的社会福利开支。德国的这一开支在1995年就突破了国内生产总值30%的大关，而且还有增长的趋势。社会民主党政府决定：这部分开支从1999年开始不再增加，而且争取每年减少0.8个百分点。

施罗德政府还有一个重要的建树是通过了一部新的《国籍法》。

德国虽然不是移民国家，但却长期受移民问题的困扰。其主要原因就是本书前面提到的，在战后德国资本主义大发展时期，由于劳动力供不应求，德国曾经从东欧、中亚、西亚、北非等地招募了大批外籍工人，他们为战后德国的重建作出了重要贡献。由于战后德国经济繁荣持续时间较长，早期登陆德国的这些外籍工人大都在德国安家落户，生儿育女，并且与当地政治、经济、文化建立了千丝万缕的联系。1973年第一次石油危机爆发后，德国虽然遣返了50多万没有长期工作许可的外国人，但由于早期登陆德国的外籍工人基数太大，其中相当一部分人已经取得了德国国籍，由于家庭团聚等原因，德国的外籍人口还是急剧增加。到1999年，德国的外籍人口（不包括已经获得德国公民资格的早期外籍工人）达到了730多万，占了德国总人口的9%。他们中有一半已经在德国居住了8年以上，且其中有五分之一就是在德国出生的。在劳动力供不应求时，人们的国籍、身份似乎不那么重要，但当经济萎缩、劳动力严重过剩时，外籍人口的权利和社会地位问题就非常敏感。施罗德政府认为，对于那些已经长期在德国生活和工作的人，特别是那些出生在德国、成长在德国的外籍人，应当承认他们的政治权利和社会权利，这不仅有利于他们融入德国社会，有利于德国社会的安定与团结，也有利于树立德国在国际社会中的形象。因此，社会民主党经过艰苦的努力，于1999

年3月颁布了新的《国籍法》。

这部新的《国籍法》在德国历史上首次有条件地承认了双重国籍，表现出了社会民主党政府的灵活性。它将传统确定国籍的"血统论"改变为"出生地论"，规定自2001年1月1日起，所有在德国出生的外籍人，只要其父母一方在德国已经连续且合法居住8年以上，并且已获得在德永久居留权3年以上，即自动享有德国国籍；待其成长至23岁后，必须在其外籍父母的国籍和德国国籍之间选择一个，如果选择德国国籍，则必须放弃其他国籍。只有当其所拥有的国籍无法放弃时，才允许其拥有双重或多重国籍。此外，目前在德国居住的10岁以下的外籍儿童，成长至23岁时可以享有自2001年1月1日之后出生的外籍儿童同等的权利。与此同时，为了吸引德国社会急需的人才，新《国籍法》还放宽了一些特殊人才申请加入德国国籍的条件。

社会民主党政府的上述改革，虽然并没有触及德国社会的深层次问题，但至少适应了潮流，顺应了民意，证明了其执政能力，其减税政策对低收入的人积极寻找工作也起到了一定的刺激作用。从1999年开始，失业率开始下降，这为施罗德政府赢得连任创造了条件。再加上在伊拉克战争问题上，德国顶住了美国的压力，坚持了自主独立的立场，在赢得国际社会好评的同时也赢得了德国选民的认可。这样，在2002年的选举中，社会民主党的得票率尽管略有下降，仅为38.5%，但由于主要竞争对手基民盟的得票率仅为29.5%，这样，社会民主党就以第一大党的身份赢得了连任。

有了第一任期的经验和基础，社会民主党政府在第二个任期开始了更为深入、更为全面的改革。

由于当时困扰德国社会的最主要问题是经济低迷、失业严重，所以，在2002年议会选举之前，施罗德政府就成立了一个叫作"劳动力市场现代化"的专门机构，负责制定一套适应变化了的德国劳动力市场的机制。施罗德邀请他的密友、大众公司董事会成员兼人力资源总裁彼得·哈茨（施罗德本人曾经担任过大众公司董事会主席）担任主席。为了淡化政治色彩，这个委员会就以其主席的名字，被称为哈茨委员会，委员会由来自劳工局、工会、联邦政府、州政府、大企业、大学和研究机构等各方面共计15位代表和专家组成。经过半年的紧张工作，该委员会于2002年

8月向政府提交了一份长达340页的关于德国劳动力市场改革方案的报告，提出要在3年的时间内把德国的失业人数从400万减少到200万，把新工作的介绍周期从33周减少到22周，把联邦政府为失业者发放的津贴总额由400亿欧元减少到130亿欧元。

社会民主党一赢得选举，施罗德政府就公布了这一雄心勃勃的改革方案。有着丰富企业、地方工作经验的施罗德采取了比较低调、务实、稳扎稳打、逐步推进的方式，以求从根本上解决德国劳动力市场多年积累下来的顽疾。他把改革方案具体化，命名为《工作——激励、培训、训练、投资、介绍法》，共包括四部法律，分别叫作哈茨Ⅰ、哈茨Ⅱ、哈茨Ⅲ和哈茨Ⅳ。其中，哈茨Ⅰ和哈茨Ⅱ将于2003年1月1日开始实施，哈茨Ⅲ和哈茨Ⅳ将分别于2004年和2005年实施。改革的目标就是激活劳动力市场。我国的《光明日报》当时曾发表了"哈茨不让德国人做懒汉"的评论员文章，[①] 从这个题目中读者就可以窥见这场改革的一斑。

这场改革所颁布的第一部法律（即哈茨Ⅰ）叫作《劳动力市场现代化法》，主要包括两方面内容：第一，为了激励失业人员尽快重返劳动力市场，成立了专门安置失业人员的人事代理机构。失业超过6个月以上的人员每人可发给2000欧元的优惠券，用来委托人事代理机构或其他职业介绍机构为其寻找新的工作。只有失业者找到新的工作后，人事代理或其他职业介绍机构才可以将优惠券兑现。从理论上说，是由政府出钱来帮助失业者找新的工作。第二，为了鼓励企业接受失业者和新的职工，规定接受新职工，特别是接受失业者重新就业的企业，可以得到政府提供的低息贷款用来对新职工或重新就业者进行岗位培训，同时还降低了雇主所需缴纳的失业保险金的比例，鼓励企业招聘新员工。

第二部法律叫作《劳动力市场现代化服务法》，其实质内容只有一项，即鼓励失业者自主创业或者从事微型及小型工作。鼓励自主创业，实际上就是要把失业者变成自我雇佣者。国家为自主创业者提供为期三年的创业津贴。其中第一年为每月600欧元，第二年略少，第三年仅为240欧元，总额不超过14400欧元。该政策主要想减轻就业压力。实施的第一年，德国共有83000人领取了创业许可并且领取了创业津贴。但实际

[①] 见《光明日报》2002年6月26日。

上，创业并不那么容易。大多数自主创业者最终并没有坚持下去。所谓的自主创业实际上变成了失业与再就业之间的一个过渡。

除了鼓励自主创业外，该法律还鼓励人们接受微型及小型工作。所谓微型工作是指月收入400欧元以下的工作。激励措施是接受这种微型工作不用缴纳收入所得税和社会保险费，雇主也只需缴纳很少的社会保险费。所谓小型工作是指月收入在400—800欧元的工作，接受这样工作的人，只需缴纳4%—21%的所得税，雇主需缴纳的社会保险费也比正式职员的比例低很多。该法律实施了仅三个月，德国就新增加了90多万个这种迷你型的工作岗位。

第三部法律于2004年颁布。这部法律主要是对德国的就业服务体系作了比较大的调整和理顺，意在提高效率。前面提到，早在社会民主党第一次执政即魏玛共和国时期，德国就规范了劳动力市场，建立了比较完善的就业服务机构。这一做法自那时起就延续下来了。1969年大联合政府所颁布的《促进就业法》，使德国的就业服务体系得到了进一步完善。自那时以来，德国的各级政府中，都设有一个体系较为完备的就业服务机构。

在经济发展迅速、基本上实现全员就业时，公共就业服务机构的作用并不突出，但是当经济低迷、失业率在两位数上徘徊、全国有400多万人在靠失业津贴为生时，就业服务机构的效率就特别引人关注。为了提高效率，2004年的改革，把原属于各级政府的就业服务机构推向了市场，变成了一个商业性的就业服务中心。虽然这个中心还必须接受由政府、资方和劳方三方代表组成的监督委员会的监督、要接受政府劳动部门和社会事务部门的领导，但中心本身要市场化运行，它必须及时向劳动力市场的供求双方提供信息，引导就业。

实事求是地说，上述三项改革还仅限于政策领域，对广大人民群众的切身利益影响不太大，也没有引起太大的反响。在做了这些准备工作之后，2005年推行的关于失业救济金的改革则直接影响了千家万户，特别是广大劳动者家庭的利益。它不仅引起了广大人民群众的强烈反对，甚至还引起了社会民主党的分裂并且直接导致了施罗德政府的倒台。

在2005年之前，德国的失业救济分为失业保险、失业救助、社会救助三个部分。失业保险是德国的一项传统，早在俾斯麦时期就开始实行了。它规定所有从事有稳定收入工作的人（有特别规定的人除外），自工作的第一天起就必须参加，最初规定为雇员工资毛收入的 6.5%，雇主和雇员各承担 50%，所形成的基金就叫失业保险金，由政府统筹使用。雇员缴费满一年后失业时，即可领取失业保险金，其标准为失业前月税后收入的 67%（单身职工为 60%），连续领取保险金的时间依此前工作时间的长短为 6—32 个月。如超过领取期限且其家庭收入低于一定标准（德国每年都公布这一标准），失业者可以申请失业救济金，其标准为失业前月税后收入的 57%（单身职工为 53%），没有时间限制。也就是说，即使是长期失业者，他们仍可获得原税后收入 50% 以上的收入。

社会救助在德国也有悠久的历史，可以追溯到俾斯麦时期。第二次世界大战后根据《联邦德国基本法》制定的《联邦社会救济法》一直延续了下来。它实际上充当着德国社会保障制度的最后一道防线，其覆盖范围非常广泛，包括所有不能享受失业救济的家庭，甚至也包括在德国生活的外国家庭。德国的各级政府都设有专门的社会救助机构，一般情况下不需要申请，社会救助机构就会根据他们所掌握的情况，把救助送达需要救助的家庭之中。2004 年，德国接受社会救助的人数占德国总人数的大约 4%。社会救助的标准比失业救济还要低一些。2004 年的标准是：如果夫妇两人都没有工作且有两个小孩，每月可以得到 1700 欧元的救助，如果是 3 个小孩，则可领取 2000 欧元。这个标准能够保证领取者的基本生活需要。

2005 年的改革，实际上把失业保险、失业救济和社会救助都打了折扣。改革之后，失业保险金的领取时间由原来最长的 32 个月缩短为 12 个月（55 岁以上且连续工作 7 年以上者可领取 18 个月）。失业保险金的标准没有变，仍为原税后收入的 67% 或 60%，改革之后，这一津贴叫作失业金Ⅰ。失业救济实际上与社会救助合并了，尽管文件上把合并后的津贴叫作失业金Ⅱ，但其实际标准比原来的社会救助还要低。由于领取失业金Ⅰ的期限已经大大缩短，所以，大多数失业者只能领取失业金Ⅱ。失业金Ⅱ不仅不与失业前的收入水平挂钩，而且还必须接受家庭经济状况调查。生活确实有困难者方可领取比原来的社会救助标准还要低的津贴。2005 年所执行的具体标准是：原西德地区，单身成年人每人每月 345 欧元，原东德地区每人每月 331 欧元，有小孩的家庭，夫妻每人各 310 欧元,每个小孩200欧元。显然,这个标准比原来的社会救助标准低了许多,而且还有附加条件:只要身体条件允许,领取失业金Ⅱ的人必须接受当地主管部门为其提供的工作,即使该工作的工资低于当地的平均水平但不低于平均水平的80%,就必须接受,否则,失业金的数额还将降低。说得直白一点:政府有权强迫失业者回归劳动力市场。这就是我国《光明日报》那篇评论员文章所指出的:哈茨不让德国人做懒汉!

为了使失业者与劳动力市场保持联系,同时也为了提高失业者的收入,哈茨还创立了"一欧元工作"制度。所谓"一欧元工作"通常为到养老院帮忙、清理公园垃圾、社区服务等临时性、季节性工作,实际支付水平一般为每小时1—3欧元。由于失业金标准的降低,出于生计考虑,人们也不得不接受这样的工作。这几乎等于在实施丛林法则了。一些原来游手好闲的人,现在也不得不勒紧腰带干活挣钱了。

这样的改革肯定会引起巨大的反响,但施罗德政府实属无奈。因为到2004年底,德国还有425万人在领取失业救济,而德国政府的债务总额达到了14300亿欧元,占了当年国内生产总值的70%,当年的财政赤字也已经占到了国内生产总值的3.8%,也就是说,德国的财政状况已经大大超出了欧盟规定的指标。为了保证德国能够继续留在欧盟,为了保证德国已经建立起来的各种社会保障制度能够延续下去,施罗德政府顶着压力、硬着头皮,还是把改革推行起来了。

由于劳动力市场政策的改革必然引起整个社会保障体系的改变,因此,它不可能单独展开,必须有一系列的配套改革。此外,当时的德国其实已经无路可走。施罗德已经做了破釜沉舟的准备——在2002年赢得连任之前他就做好了准备。2001年12月,他就推动联邦议会通过了一个名为《2010规划》的全面改革方案。因此,在推行劳动力市场政策改革的同时,社会民主党政府在税收、医疗保险、教育等各个领域同时启动了改革。

在税收方面,尽管政府财政已经面临严峻的局面,但为了激励失业人员尽快重返劳动力市场,同时也为了鼓励富人把更多的钱投入再生产,社会民主党政府不仅将收入所得税的起征点进一步上调,而且决定,税率从原来的19.9%到2004年下调至16%,2005年再下调至15%,最高税率则从原来的48.5%下调至2004年的45%,2005年再下调至42%。

2004年，施罗德政府对德国的医疗保健制度也进行了一次比较大的改革。

作为三大社会保险之一的《工人疾病保险法》可以追溯到俾斯麦时代。这部保险法不仅是德国，也是世界上最早的医疗保险法。虽然政治、社会制度几经变迁，但俾斯麦政府早在1883年颁布的《工人疾病保险法》所确立的原则却始终未变。

第二次世界大战之后，依据《联邦德国基本法》，德国建立了一套非常完善的医疗保险制度。该制度规定所有中低水平、稳定收入的人都必须参加强制医疗保险，高收入的人则可以在强制医疗保险与商业医疗保险之间自由选择。实际上，德国有90%的人口被纳入强制医疗保险的覆盖之内，另外有9%的人口选择商业医疗保险。也就是说，德国医疗保险的覆盖率几乎达到了100%。

强制医疗保险的保险费依投保人收入水平的不同而不同。2003年约为税前收入的14.3%，由雇主和投保人各承担50%。投保人的未成年子女及没有稳定收入的配偶同时享有同等的医疗保险。也就是说，单身职工或多子女家庭，低收入的人和高一些收入的人，尽管他们所缴纳的医疗保险金不同，但他们却能得到同等水平的医疗服务。德国医疗制度的设计者认为：这就体现出了富人帮穷人、全社会同舟共济的精神。从战后起一直到20世纪90年代，德国虽然更换了好多届政府，他们的医疗保险制度也有过几次小调整，但基本架构没有改变。但进入20世纪90年代后，随着人口老龄化趋势的加强，随着依靠社会救济的人口的增多，已经运行了半个世纪的医疗保险制度开始出现问题。老年人口的增多，意味着对医疗服务需求的增多。失业人口，以社会救济为生的人口的增多，意味着缴纳医疗保险费的人数的减少。为了保证医疗服务水平，就必须提高医疗保险费的标准。1970年，德国医疗保险费还仅为德国职工工资收入的8.2%，到2003年，这个比例已经上调到了14.3%。据《2006年世界卫生报告》公布的数据，德国在1960年用于医疗服务的总费用为145.3亿美元，只占德国当年国内生产总值的4.8%。而到了2003年，德国的医疗服务总费用高达2340亿欧元，相当于1960年的31倍，占国内生产总值的比例已高达11.1%。

医疗保险费的增加意味着劳动力成本的增加，这势必影响德国企业的国际竞争力。到2005年，德国职工平均每小时的工资达到26.55欧元，在经合组织成员国中高居第三位，也就是说，德国的医疗保险费不能再提高了。而已经确定下来的，且已经运行多年的医疗服务水平和服务标准显然不能下降。这样一来，医疗保险基金必然入不敷出。在2002年，德国的医疗保险基金就出现了27亿欧元的赤字，2003年的前三个季度，出现26亿欧元的赤字。在不能增加医疗保险费的情况下，赤字通常由政府财政来填补。但德国政府的债务当时已经超过了14000亿欧元，且政府财政已经连续多年赤字运行，不可能再举债了。也就是说，运行了半个多世纪的德国医疗保险制度必须改革了。经过激烈的讨论和充分的论证，德国议会在2003年9月，以微弱的多数通过了对现行医疗保险制度进行改革的决议。

决议的名称为《法定医疗保险现代化法》，于2004年1月1日执行。其基本精神是开源节流，其主要内容有：

第一，为了控制医疗服务开支，医疗保险基金必须量入为出，从2004年1月1日起，政府财政不再为医疗保险基金赤字提供补贴。

第二，取消了1998年颁布的《健康保险费豁免条例》中由国家财政对某些药品实行货币补贴的规定，同时鼓励医疗机构实行按病种分类付费，即相同的疾病支付相同的费用，以鼓励医疗服务机构在保证服务质量的前提下尽可能降低医疗成本。在实践中，德国的医疗服务机构对除心理疾病和精神疾病外的800多种疾病都实行了按病种付费，这等于把绝大多数疾病的医治都实现了标准化。此举使德国的医疗服务成本下降了30%。

第三，把原来由医疗保险基金支付的一些项目划拨了出来。如看病时的交通补贴、丧葬费、产假津贴等不再列入医疗保险范围。对于产假津贴，社会民主党接受了绿党的建议：凡在德国境内销售的香烟，每盒加征1欧元的税，专门用来支付产假津贴。

第四，增加了个人支付费用的项目，其中，门诊费、镶牙费、自选手术费、非处方药费均由个人自理，其他费用，个人原则上要负担10%，但不能超过投保人年收入的2%。

经过上述改革，德国医疗保险基金日益扩大的资金缺口问题得到了控制。

2004年，施罗德政府还对养老保险体制进行了改革，提出了一个长久的可持续的养老保险计划。

德国法定的养老保险实行的是现收现付、全国统筹的制度。所谓现收现付，即把现时征收到的养老保险费，即时发给那些领取养老金的人。养老保险金本身是平衡的，收多少就付多少。当然，为了保持不同地区、不同行业之间的平衡，养老保险是由全国统筹的，必要年份、必要时节政府财政会给予适当补贴。根据这种制度安排，如果经济运行良好，特别是当生产规模不断扩大，新增就业人口不断增加时，即使不增加保险费，养老金的数额也会不断增加。在德国，1949 年时的养老保险费仅为工资收入的 5.6%（雇主和雇员各分担 50%），但由于那时退休人员比例很小，且新增就业人员多，因此，退休人员领取的养老金还是不断增加的。在 20 世纪 50 年代的大部分时期内，德国的养老保险费基本上稳定在工资收入的 10%，20 世纪 60 年代到 70 年代中期以前，稳定在工资收入的 14%。20 世纪 70 年代中期以后，由于新增就业人口的增速放缓而退休人口的增速加快，为了保证退休金的额度，德国的养老保险费调到工资收入的 18%。不过，为了保证退休人员的生活水准，在 2002 年之前，德国退休人员领取的养老保险金一直在略微上涨。这是因为，在此之前，德国的经济始终保持着可观的增长率，其中在 20 世纪 60 年代和 70 年代，平均增长率分别为 4.4% 和 2.7%，20 世纪 80 年代和 90 年代的增速有所放缓，但平均还是分别达到了 2.2% 和 2.0%。但是到了 2001 年，受整个西方经济低迷的影响，德国经济仅仅增长了 0.6%，2002 年仅增长了 0.2%，2003 年甚至出现了负增长。再加上自进入 21 世纪以来，德国每年新增就业人口越来越少，而退休需要领取养老金的人越来越多。这样，为了保证养老金的额度，2002 年德国养老保险费调到占工资收入的 19%，养老金的额度比 2001 年还是下降了将近 1%。再加上通货膨胀的因素，这意味着，曾经为德国近代重新崛起作出了重要贡献的那一代人，他们的晚年生活却在每况愈下。同时这也意味着，德国长期以来的养老保险制度必须改进了。

为了达成共识，求得民众的理解与支持，施罗德政府决定把"可持续性因子"纳入养老金的计算公式，把养老金未来的发展态势公之于众，以便人们采取相应的应对措施。

所谓"可持续性因子"，就是反映全社会养老保险费缴纳人数与全社会养老金领取人数之间相互关系和变化趋势。它不仅要考虑当下养老保险费和养老金领取总额这两个因素，同时还要把出生率、就业率、退休年龄、移民接收率、工资水平等因素同时计算在内，这样就能勾画出养老保险费与养老金之间的动态变化图。依据上述这些数据，施罗德政府计算出来：如果其他条件不变的话，到2020年，养老金数额不低于毛收入的46%，到2030年，养老金不低于毛收入的43%，那么，从2004年起，养老保险费的费率必须逐步提高，到2020年将达到工资收入的20%，2030年将达到工资收入的22%，而且，从2011年起退休年龄还必须由当时的65岁，推迟至67岁。这等于把养老问题的全部底牌向公众展示了出来。因为养老既然是一个不同世代之间的合同，那就必须向不同世代的人们讲清楚，所有的人都必须在自己的权利和义务之间权衡利弊。如果对自己退休后所能领到的养老金数额不满意，那就必须早做打算，例如提前考虑商业保险。

可以说，施罗德政府把运行了半个多世纪的德国福利国家制度几乎翻新了一遍，其用意在于克服传统福利国家制度的一些弊端，保持德国经济发展的活力，保证德国经济在世界经济中的竞争力，保证德国资本主义的持续发展。但是，虽然自《柏林纲领》以来，德国社会民主党就自我定位为将要代表"新中间阶级"，赢得1998年选举后施罗德也曾明确宣布要走"新中间道路"，但他实际上所推行的这些改革，特别是劳动力市场政策方面的改革和医疗保险制度方面的改革，毕竟触及了广大劳动人民的切身利益，更确切地说是以牺牲社会弱势群体，特别是大批失业人口的利益为代价的。这些改革，特别是劳动力市场政策的改革，势必引起激烈的反抗，因为对于广大工人群众而言，经济在发展、社会在进步，他们拥有的利益不应该减少，更不能取消。因此，改革的决定一宣布，立即引发了德国自重新统一以来规模最大、持续时间最长的游行示威。数以百万计的民众纷纷走上街头、散发传单、发表演说，极力反对改革。这一反抗活动在德国持续了好几个月，在一些地区甚至持续了许多年。德国社会民主党内部也因此发生了严重的分裂。党内的左派力量认为施罗德已经背叛了工人阶级。因为毕竟有史以来，甚至包括在1998年和2002年的选举中，社会民主党主要还是靠广大工人群众的选票才上台执政的，而这些改革，居然把矛头直接对准了工人群众，对准了社会弱势群体。于是，一大批左派人士纷纷宣布脱离社会民主党,另组新的左派政党。一些长期失业者发现社会民主党不再代表他们的利益,转而投向极右翼政党。

社会民主党自身的分裂,使得施罗德政府无法继续执政。在不得已的情况下,他只能宣布于2005年提前举行大选。

2005年的大选成为德国政坛的一个新的转折点。社会民主党的得票率由2002年的38.5%下降到了34.3%,基督教民主联盟的得票率则由29.5%上升到了35.2%,社会民主党在一下子丢失了几百万张选票的同时也丢掉了第一大党的地位。基督教民主联盟以第一大党的身份组阁,基督教民主联盟领袖默克尔出任政府总理。

第三节　法国社会党及法国式社会主义

无论是英国工党还是德国社会民主党,尽管它们从一开始就选择了改良主义的道路,但它们还是把推翻资本主义制度作为自己的最终目标。而要推行社会改良就必须取得政权。在拒绝暴力革命的前提下,要取得政权首先必须融入现存的政治体系,而一旦融入现存政治体系,它们就很难固守自己的原则和理论。因此即使上台执政,它们也难以有所作为,最终也只能从资本主义制度的掘墓人蜕变为它们各自国家资本主义制度的管家婆或者卫道士。这就需要对最初的理论和原则进行修正。所谓的"第三条道路"以及"新中间道路",实质上只不过是它们放弃自己曾经设定的最终目标的一种说辞。

与英国工党和德国社会民主党不同,正如法国学者阿兰·贝尔古尼欧和吉拉德·戈兰博格所指出的:法国社会党与执政的关系非常独特,一方面它在不断地融入法国政治体系,另一方面又不肯因融入带来的后果而改变自己的理论和原则。该党特有的政治动力学正是这种长期紧张关系的产物。由此,产生了非常特殊的起伏变化过程,既向权力靠拢,表现为"雄心勃勃",之后又退到源头,拒绝对理论做任何修正,体现出"追悔莫及"。[①]

[①] [法]阿兰·贝尔古尼欧、吉拉德·戈兰博格:《梦想与追悔:法国社会党与政权的关系100年(1905—2005)》,齐建华译,重庆出版社2013年版,"序言"第2—3页。

1981年5月，密特朗成功当选法国总统，在随后举行的议会选举中，社会党又以37.5%的得票率和269个议席的成绩成为最大政党，在法国共产党的支持下拥有议会多数席位，法国在历史上第一次由拥有广泛群众基础的左翼总统和拥有多数席位的社会党政府来治理。雄心勃勃的法国社会党立即推行了包括增加工资、缩短工作时间、企业民主以及生产资料国有化在内的全面改革，对法国经济实行了全面干预。

全面干预势必导致公共开支的扩大，事实也确实如此（见表4.2）。

表4.2 政府支出结构比较
（各类支出占国内生产总值的比重）

年份	国别	政府消费 总额	其中：人员经费	资本支出	转移支付	企业补贴	债务利息	政府支出合计
1973—1980	法国	16.8	12.7	4.0	19.2	1.9	1.1	43.0
	德国	19.5	10.9	5.4	18.3	2.1	1.5	46.8
	英国	20.3	12.6	4.2	10.7	2.6	4.2	42.0
	意大利	13.8	10.4	4.1	14.5	2.6	4.0	39.0
1982	法国	19.3	14.6	3.7	23.1	2.2	2.0	50.3
	德国	20.4	11.2	4.4	20.0	1.8	2.8	49.5
	英国	21.4	12.7	2.0	13.6	2.1	4.9	44.0
	意大利	16.0	12.0	4.5	17.0	3.1	7.2	47.8
1987	法国	19.0	14.2	3.5	24.2	2.4	2.8	51.8
	德国	19.7	10.5	3.6	18.3	2.2	2.9	46.6
	英国	20.7	12.4	1.4	13.5	1.4	4.3	41.3
	意大利	16.7	11.9	5.1	17.7	2.6	8.1	50.3
1988	法国	18.6	13.8	3.3	24.1	2.0	2.8	50.8
	德国	19.3	10.2	3.7	18.2	2.3	2.8	46.2
	英国	19.9	12.1	1.3	12.8	1.3	3.9	39.2
	意大利	16.6	11.8	5.0	18.0	2.6	8.4	50.5

资料来源：高强等编：《法国税制》，中国财政经济出版社2002年版，第58—59页。

从表4.2中可以看到，在社会党执政之前的1973—1980年，法国的转移支付（主要是社会保障开支）虽然已经比较高，但还低于主要由社会民主党执政的德国和主要由工党执政的英国。但是1982年法国社会党执政后，法国政府的转移支付和政府开支总额都开始显著增加，其中转移支付达到了国内生产总值的23.1%，政府开支总额则突破了国内生产总值的50%，而且此后一直保持在50%以上。这两项数据在西欧这四个大国中一直属于最高，这既显示出社会党政府各种社会政策"劫富济贫"的特点，又显示出它在法国政治、经济、社会生活中的强势地位。

如此巨额的政府开支，意味着要增加税收。因此，社会党政府在推行全面改革的同时必然要进行税制改革。这再次展现出法国社会党的勃勃雄心。当时的所谓新自由主义浪潮已经形成，西方各国，特别是法国的近邻德国和英国已经开始大幅度减税，法国政府则决定增税。主要的增税项目有两项：一项是把个人所得税的最高税率由60%提高到65%；另一项是开征大宗财产税，即向那些腰缠万贯的富豪征收财产税。这项税种当时在西欧是绝无仅有的，足以表明法国社会党还是坚持了自己的原则。虽然这一税种被1986年上台的中右政府所废除，但当社会党再次执政时，又把它恢复了。

不过，法国社会党雄心勃勃的改革并没有达到预期的效果。1981年，法国的选民们之所以选择了社会党，是因为他们希望社会党能够把法国经济带出低谷。正如贝尔古尼欧所指出的："法国式社会主义的赌注主要是在经济和社会领域。大胆地颠覆所有制秩序，部分地打破保持惊人平衡的重大政策，这些措施只有在重新看到经济增长时才能证明是合理的。专家们预计，1982年第一季度会看到这种局面。重振法国经济采取的是与其他工业国家相反的政策，当时预期大概要几个月，在良性发展建立起来之前，振兴经济带来的赤字可能会减少。"①

但是正如本书第三章提到的，由于全球化的原因，法国赤字预算并没有能够刺激法国经济的复苏，反而导致了法国进口的大幅增长。因为，法国的主要贸易伙伴德国、英国、美国、日本等当时都采取了紧缩政策，特别是美元当时快速升值，法国的出口遇到了困难，进口价格变得相对

---

① ［法］阿兰·贝尔古尼欧、吉拉德·戈兰博格：《梦想与追悔：法国社会党与政权的关系100年（1905—2005）》，齐建华译，重庆出版社2013年版，第275页。

便宜。结果，法国的贸易赤字从 1981 年的 600 亿法郎一下子就增加到 1982 年的 927 亿法郎。在巨大财政赤字的压力下，社会党政府不得不改变初衷：它不得不把反通货膨胀（而不是失业）作为优先考虑的问题。因此，不顾工人群众的激烈反对和法国共产党的激烈批评，社会党政府宣布冻结工资和物价。为了控制公共开支，社会党政府还大幅减少了公共福利开支，许多药品不再免费提供，许多原来由政府免费提供的服务例如住院费等改由个人支付。也就是说，社会党政府实际上已经完全否定了它上台之初所推行的政策，开始遵守资本主义经济的游戏规则了。

在 1985 年的社会党代表大会上，在 1981—1984 年担任社会党政府总理的莫鲁瓦承认：社会党不愿从事"管理市场经济——资本主义经济"的做法是一个错误。他说："市场经济已经清楚地表明，它是通往自由的道路……自由不是通过国家创造的，它是企业的任务。"①

时任社会党政府经济计划部长，后来也曾担任过政府总理、社会党第一书记的罗卡尔说得更为直接："我们为什么不承认它呢？……那时（1981 年）的主要问题是如何与资本主义决裂……今天，每个人都在谈论现代化……事实已经解决了我们的古老争论。现在，那些争论显得多么遥远和没有意义。我们已经发生了改变，因为我们已经学会改变。如果是这样的话，我们的改变是完全正确的。"②

虽然社会党政府及时调整了政策，法国的经济也开始有所复苏，但与西欧其他国家相比，还是最差的。在这样的背景下，输掉 1986 年的选举几乎是不可避免的。

在 1986 年的议会选举中，社会党的得票率由 1981 年的 37.5% 下降到 31.9%，议会席位从 269 席减少到 196 席，而两个右翼党——保卫共和联盟和法国民主联盟联手获得了 42.1% 的选票和 274 个议席，成为议会中的多数联盟。按照规则，密特朗只能任命保卫共和联盟领导人希拉克担任政府总理并且组建了右翼政府。法国政坛第一次出现了左右共治

---

① ［英］唐纳德·萨松：《欧洲社会主义百年史》（下册），姜辉等译，社会科学文献出版社 2008 年版，第 638 页。
② ［英］唐纳德·萨松：《欧洲社会主义百年史》（下册），姜辉等译，社会科学文献出版社 2008 年版，第 639 页。

的局面。

希拉克政府一上台，就迫不及待地对社会党政府的社会主义试验进行了清算。与当时西方已经形成的私有化浪潮相呼应，1986年7月和8月，希拉克政府连续颁布了两个私有化法令。根据这两个法令，法国将在5年内分期分批地将社会党政府刚刚收归国有的，包括制造业、银行、保险公司、电视中心、广播电台等65家，总价值高达2750亿法郎的企业重新私有化。共计有30多万名雇员由公共部门转入了私营部门。为了方便私有化，法令还规定，在得到政府的批准后，国有企业还可以把自己的下属企业化整为零，一部分一部分地私有化。

与此同时，以促进扩大再生产为理由，右翼政府一上台就把法国的公司税从原来的50%下调至45%，1987年又调至44%，1988年再降至42%；个人所得税的最高税率则从1986年的65%降到1987年的58%，1988年降至56.8%。至于社会党政府专门针对富人开征的巨额财产税，右翼政府干脆取消了。

右翼政府的政策和举措，与社会党的执政理念和原则显然背道而驰。作为社会党领袖的密特朗当时虽然身为总统，但他对右翼政府的行为和做法并没有阻拦，而是采取了以守为攻的战略。因为他的总统任期很快就要结束了。他已经开始筹划连任，筹划1988年的总统选举。因为，按照法国的宪法，共和国的总统是由选民直接选举产生的，总统代表国家的最高权力，总统的位置显然比议会、比政府更为重要。

密特朗个人的智慧和形象在1988年的选举中发挥了重要作用。正如唐纳德·萨松所指出的："到了1988年，密特朗已经具备自己在1981年时还缺乏的总统品质，他被认为是欧洲最具创始性的政治家之一。矛盾的是，虽然他一生都是反戴高乐主义的，但他却变成了很像戴高乐的人物，经常凌驾于争吵的政党和政治家们之上。他现在代表的是整个国家，而不是国家的部分。戴高乐在《鸭鸣报》上被讽刺为国王路易十四，而密特朗在电视讽刺节目中则被更简单地说成是'上帝'。"[1] 密特朗本人显然认识到，当时的国际环境和法国的社会条件已经不允许推行任何激

---

[1] [英]唐纳德·萨松：《欧洲社会主义百年史》（下册），姜辉等译，社会科学文献出版社2008年版，第650页。

进的改革。这一次,他也没有像1981年那样高调提出一百多条改革建议,而是自己动笔写了一封《致法国人民的公开信》,他回避了国有化、私有化等敏感话题,直接表达了他本人的价值信仰和价值追求,即公正、团结以及欧洲一体化,同时也表达了他将优先考虑的社会政策就是教育和再分配。而在许多法国民众看来,总统候选人的个人品质甚至比其政策主张更为重要。结果,在第一轮投票中,密特朗获得了34.1%的选票,保卫共和联盟领袖、时任法国总理的希拉克仅获得19.9%的选票。在第二轮投票中,密特朗以54%对46%的优势,赢得胜利,开始了他的第二个为期7年的总统任期。

为了结束左右共治的尴尬局面,为了贯彻社会党人的执政理念,乘总统选举胜利之勇,密特朗果断地决定提前进行议会选举。结果,社会党的得票率有所回升,达到36.1%,并获得252个议席。再加上法国共产党所赢得的24个议席,虽然还达不到法定多数,但由于右翼联盟仅仅获得了271个议席,即反对派也不构成多数。这样,社会党就以最大联盟的身份重新上台执政。不过,由于形不成稳定的多数,所以,重新执政的社会党政府事实上变成了一个看守政府。它没有能力推行任何重大的改革。例如,对于非常敏感的国有化和私有化问题,重新上台的社会党政府居然宣布了一个"双不"政策,即既不搞新的国有化,也不搞新的私有化。

不过,毕竟主要还是靠社会弱势群体的选票才重返政坛的,只不过由于有了1981年的教训,社会党政府这次可谓谨言慎行。而且它还必须在不同的问题上与其他一些小党达成妥协,才能保证一些相对温和的改革能够实施。如前所述,由于知识经济的兴起和产业结构的调整,法国社会与其他西欧社会一样,当时正面临着剧烈的分化,有将近10%的人被长期排挤出劳动力市场,还有将近50%的农民,由于集约化经营等原因失去了土地,这些长期失业人员及失去土地的农民,由于与主流社会渐行渐远,逐步形成了一种反社会的心理,从而成为极右翼势力滋生的土壤。1972年成立的、公开呼吁要进行一次反对新共产主义和世界主义的十字军讨伐的极右翼政党——国民阵线,在1986年的议会选举中成功获得了议会席位。为了防止社会分裂,重新执政的社会党政府一上台就通过了一项《最低收入保障计划》。根据这一计划,所有25岁以上的失业者，不论其社会地位如何，都可以领取最低保障性收入。其标准是单身每月 2500 法郎，夫妇两人每月 3700 法郎，每个孩子每月 1000 法郎。这个标准可以保证最基本的生活需要。由于当时有大批长期失业者，他们实际上已经没有资格领取失业救济金，因此，这个最低保障收入由国家财政统一拨付。领取条件是必须接受政府安排的职业培训并且尽快返回劳动力市场。

最低收入保障制度建立起来之后，社会党政府又把失业津贴制度做了调整。20 世纪 70 年代中期以前，由于基本上实现了全员就业，失业津贴几乎不是什么问题，进入 20 世纪 80 年代，特别是 1985 年之后，随着失业率的攀升，失业津贴日益成为政府财政的一项沉重负担。因为按照法国的传统体制，失业保险基金虽然由各行业工会组织，但所有失业保险基金都必须接受政府的监管。与此同时，政府也有义务对亏损的基金予以补贴。由于经济低迷和失业人数的急剧增加，不但各个失业保险基金入不敷出，法国政府也债台高筑。1991 年，在法国政府，特别是密特朗总统的积极推动下，原欧共体十二国签署了政治结盟——即建立欧盟的《马斯特里赫特条约》。为了建立欧盟，欧共体各成员国必须协调政策。也就是在马斯特里赫特峰会上，原欧共体十二国商定：各国的预算赤字不能超过国内生产总值的 3%，公共债务总额不能超过国内生产总值的 60%。作为欧盟的创始国，法国必须遵守约定。因此，与 1981 年执政时增加工人工资的做法相反，这一次，社会党政府不得不削减失业津贴了。在 1992 年以前，法国的失业津贴分为最低生活补贴和与失业前收入挂钩的失业津贴两部分，大致相当于原税前收入的 60%—80%，且可以领取 12—18 个月。从 1992 年起，失业津贴不再与失业前的收入挂钩，只能领取由最低生活补贴和失业补助金合二为一的失业津贴，且领取时间也改为每 4 个月一个阶段，每一个阶段递减 15%—25%。理由是激励失业者尽快重返劳动力市场。一些左派思想家则批评说，社会党政府实际上把丛林法则的鞭子抽向了失业工人。因为，越来越多的失业者由于找不到工作而不得不依靠最低收入保障那点钱糊口度日了。

这一届社会党政府，可以说是地地道道的资产阶级事务的管家婆。为了遵守签订《马斯特里赫特条约》时的承诺，压缩公共开支、减少债务，社会党政府对法国医疗保险制度也做了改革。

法国的医疗保险制度如同它的整个社会保障制度一样，实行的是公私交叉、多元管理。虽然它的医疗保障开支明显高于其他西欧国家，但按照世界卫生组织公布的各项指标来看，它的医疗保健水平却并不比其他西欧国家高（见表4.3）。

表4.3　　　　欧盟成员国的医疗保健开支占其GDP的比重　　　单位：%

年份 国别	1980	1985	1990	1991	1992	1993
德国	8.4	8.7	8.3	8.4	8.7	8.6
比利时	6.6	7.4	7.6	7.9	7.9	8.3
丹麦	6.8	6.3	6.3	6.5	6.6	6.7
西班牙	5.6	5.7	6.6	6.5	7.5	7.3
法国	7.6	8.5	8.9	9.1	9.4	9.8
希腊	4.3	4.9	5.3	5.3	5.4	5.7
爱尔兰	9.2	8.2	7.0	7.4	7.1	6.7
意大利	6.9	7.0	8.1	8.4	8.5	8.5
卢森堡	6.8	6.8	7.2	7.3	7.4	6.9
荷兰	8.0	8.0	8.2	8.4	8.5	8.6
葡萄牙	5.9	7.0	7.1	7.8	7.9	7.3
英国	5.8	6.0	6.2	6.6	7.1	7.3

资料来源：法国劳动与社会商务部：《1996年卫生与社会统计年鉴》，第330页。

从表4.3可以看到，在一个很长的时期内，法国的医疗保健开支一直比欧盟其他成员国都要高，而且比已经实现了全民医疗保健，且保健水平较高的丹麦和英国差不多高出了国内生产总值3个百分点。这无疑是一笔巨大的开支，意味着法国的医疗保健制度存在着严重的问题。这一点，法国社会有着较广泛的共识，在议会中不难通过。因此，社会党政府在1991年颁布一部新的《医院法》，开始对医疗机构进行整顿，对一些医疗服务项目的收费标准进行了明确规定，限制药剂师人数的增加。同时还仿照北欧国家、英国等国，建立起普遍的社区、家庭医生制度，规定必须经过社区或家庭医生同意或转诊，方可到专门医院就诊。自1993年1月1日起，病假津贴由原来税前收入的75%减少为70%，个人需要支付的住院费，由原来每天50法郎增加到55法郎。这些改革，对于已经深陷危机的法国医疗保健制度以及已经运行了近半个世纪的法国社会保障制度显然无异于杯水车薪。

用贝尔古尼欧的话来说，如果说，法国社会党在1981年上台时曾经雄心勃勃的话，那么，它对1988—1993年这一时期的执政可能就是追悔莫及了。[①] 因为，这次执政，法国社会党不仅未能坚持自己的原则和立场，甚至还不得不干一些自己本不想干的事情。在这期间，社会党政府调换了三次，哪一届政府都没有推行任何一项有创意的改革，哪一届政府都没有能够为社会党的传统选民赢得利益，反而使得一大批工人群众，特别是那些长期失业工人和失地农民对社会党深感失望。在这样的背景下，社会党输掉1993年的大选几乎是情理之中的事了。

对于法国社会党来说，1993年的选举简直就是一场灾难，它一下子丧失了500多万选民，得票率由1988年的36.1%骤降为17.39%，议会席位则从275席雪崩式地减少到了53席。而保卫共和联盟和法国民主联盟联手获得了39.6%的选票和449个议席。密特朗虽然贵为共和国总统，但也只能眼睁睁地看着社会党政府的倒台。按照规则，他只能任命保卫共和联盟的领导人爱德华·巴拉迪尔出任新一届政府总理，法国政坛再次出现了左右共治的局面。

凭借其在议会中拥有的绝对多数席位，再加上密特朗此时已经处于癌症晚期，几乎无法理政，因此，巴拉迪尔一上台就开始了大刀阔斧的改革。他首先掀起了一波私有化高潮。右翼政府首先颁布了一部私有化的法律并且在政府中专门增设了一个私有化部，专门负责私有化事宜。该法规定要对22家公共企业进行私有化改造。除了1986年已列入名单但未完成私有化的企业外，新法律又把一些大型国有企业如法国航空公司、罗纳-普朗克公司、巴黎国民银行、雷诺公司等大型国有企业列入此次私有化的名单之中。从1993年起，这些企业的股份先后在股市上出售。由于价格被明显压低，这些企业的股票很快被卖掉。此举大大缓解了法国政府的财政压力：法国政府在1993—1997年，非常轻松地得到了1230

[①] 参见［法］阿兰·贝尔古尼欧、吉拉德·戈兰博格《梦想与追悔：法国社会党与政权的关系100年（1905—2005）》，齐建华译，重庆出版社2013年版。

亿法郎的收入。在某种意义上说，这还是当年社会党政府留下的家底。私有化不仅为右翼政府增添了额外收入，还使它甩掉了包袱。法国的这些国有企业当时效率都不高，但它们所有雇员的全部社会福利都要由政府财政负担。1985年国有化高潮之后，法国国有企业的职工占到了法国工业和服务业全体职工总数的17.6%，是当时西欧所有国家中国有化程度最高的国家，到了1995年，这个比例下降到了7%。也就是说，一大批职工实际上已经被推向了市场。

也是在刚上台不久，巴拉迪尔政府还对法国的养老金体制作了重大改革。法国的养老金体制多元并存，全国统筹的主要有基本养老金和补充养老金两块。基本养老金大约相当于全国平均工资收入的40%，补充养老金则以退休前收入最高的10年的平均收入水平为基数而定。1981年社会党执政时规定，只要满37.5年工龄，60岁退休时即可领取满额的、大约相当于退休前收入最高的10年平均收入的25%的补充养老金，两者相加，人们退休之后大致上可以领到相当于退休前收入65%的养老金。巴拉迪尔政府把领取补充养老金的法定工龄增加到了40年，实际上把退休年龄延后了，同时还把退休前收入最高的10年改为收入最高的25年的平均水平，这样实际上把补充养老金的标准也下调了。这实际上是对日益严重的人口老龄化趋势的应对。

此外，巴拉迪尔政府还采取了其他一些复兴经济的举措。再加上整个西方经济的复苏，这样，到1994年，法国经济终于迎来了久违的复苏。1983—1993年，法国经济年均增长率仅为2.0%，1994年上升为2.8%，失业率则由1994年的12.3%下降到1995年的11.6%，政府财政预算赤字也连续两年下降，通货膨胀率连续每年低于2%，法国经济出现了全面好转的局面。在这样的背景下，1995年的法兰西第五共和国总统选举显然对右翼比较有利。在第一轮投票中，社会党领导人若斯潘虽然以23.30%的得票率位居第一，但其他左翼候选人得票率都不高。得票率排第二位的希拉克和第三位的巴拉迪尔都来自保卫共和联盟，且得票率都很高，分别为20.84%和18.58%，这样，在第二轮投票中，希拉克以52.7%对47.3%的优势战胜了若斯潘，从而结束了社会党在法国政坛连续14年担任总统的纪录。

1995年总统选举之后，在法国政坛上，右翼占据了绝对优势。右翼不仅占有总统、总理的职位，拥有议会多数席位，而且在大区、省以及市镇基层议会中也占有明显优势。凭借这一优势，1995年上台的朱佩政府可谓雄心勃勃，开始了一场大规模的全面改革。

第一，提出了振兴经济、让广大工薪阶层共享经济复苏的口号。自进入20世纪80年代以来，法国经济持续低迷，增长率长期维持在2%上下，失业率则长期在10%以上，1994年首次出现了复苏的迹象，增长率达到了2.8%，朱佩政府试图借这一势头促进经济的全面复苏。在1995年的新政府政策声明中，朱佩提出：新政府将把就业问题作为中心，作为重中之重，并且发出了与失业作斗争的总动员。为了促进已经有了复苏迹象的经济的进一步增长，朱佩政府采取了类似于社会党政府的政策——刺激消费。不过，朱佩政府只是提高了最低工资标准和退休金标准，例如把最低工资从6010法郎提高到6245法郎，以提升大众的购买力。虽然不是全面提升工资水平，但右翼政府提高最低工资水平实属罕见。朱佩的解释是：他的目标是刺激消费、刺激就业、刺激经济增长。为了实现他的目标，朱佩政府还在中央和地方政府建立专门负责就业事务的"就业委员会"，专门出台振兴中小企业的政策、设立相关机构、鼓励灵活就业，等等。显然，朱佩政府的这些政策几乎是社会党政策的翻版，这在事实上严重挤压了社会党的政治空间。

第二，增税。传统上，增税一直是左翼政府的保留政策，而且当时西方流行的趋势是减税。但由于法国多年的经济低迷，政府财政收支难以平衡。先前的希拉克政府和巴拉迪尔政府都曾经靠私有化得到了大笔收入。到朱佩上台时，私有化已经基本完成。而《马斯特里赫特条约》要求各国必须实现收支平衡，不得已，朱佩政府只能增加税收。不过，朱佩政府只是把增值税从先前的18.6%提高到了20.6%，虽然幅度不是太大，但毕竟还是加重了，这是一种反潮流的举动。而增值税的主要征收对象是企业，这无疑会引发企业界对右翼政府的不满。

第三，对社会保障制度进行了全面的改革。在分析社会党政府的医疗保健制度改革时，本书已经指出：法国的社会保障制度确实存在一些问题。但无论是社会党政府，还是希拉克和巴拉迪尔政府，它们都只是做了某些修补，没有从根本上解决问题。在既有总统撑腰、又有议会绝对多数席位保证的条件下，朱佩政府对运行了近半个世纪的法国社会保障制度进行了全面改革。

由于历史的原因，法国的社会保障制度一直存在缺少顶层设计、多元管理，但最后政府还必须兜底的弊端，自进入20世纪90年代后，仅社会保障制度这一项，每年都有将近200亿法郎的赤字。这次朱佩政府下决心进行结构性改革，包括以下四个方面内容。

第一，改变了社会保险金的筹集机制。在此之前，由雇主承担的社会保险金，一直是按照工资表中的工资总额征收的，它是各类社会保险基金的主要来源。为防止雇主使用机器人代替劳动力的经营战略，鼓励中小企业大量聘用工人，朱佩政府规定，从1997年起，雇主承担的社会保险费不再按工资总额，而是按增值总额来征收。此举意在社会保障基金有充足的来源。从支出方面，为了从根本上杜绝长期以来入不敷出的现象，朱佩政府规定：从1997年起，每年都要由财政部和社会事务部共同编制社会保障基金预算，预算经议会审批后方可执行。各类社会保险基金都必须做到收支平衡。为了加强对保险基金的管理，朱佩政府还在议会内部专门成立了由议会代表、地方代表、退休人员代表和家庭代表等组成的社会保险基金监督委员会，对社会保险基金的运作进行全方位的监督，从而改变了先前各保险基金，甚至是各个工会各行其是的多元运行机制。

第二，对医疗保健制度进行了全面改革。前面提到，法国医疗保健制度的问题显而易见，且前面的几届政府都做过改革，但都只是治标不治本。朱佩政府决定，从1996年开始，法国的医疗保险事业由中央政府统一筹划，统一管理，努力实现每个公民都有权享受同样水平的医疗保健服务。其具体措施有四条：第一条是把医疗保险费中的大部分集中在中央政府手中统一安排使用；第二条是把退休金中医疗保险金的比例从原来的1.4%提高到3.8%，就是说，提高了退休人员缴纳医疗保费的额度；第三条是除了少数赤贫人口，失业人员也必须缴纳医疗保险费；第四条是规定了医疗保险支出的上限。经过上述改革之后，医疗保健服务逐步与就业状况脱离开来，而主要以公民身份为基础，这样就基本上实现了全民医疗保健服务。

第三，把1993年巴拉迪尔政府在私人领域的养老保险制度改革，推进到了公共领域，即所有公共部门的雇员，也必须满40年工龄，才能领取养老金，且养老金的标准也以退休前收入最高的 25 年的平均值为基础。也就是说，法国公共领域的雇员也必须延迟退休且养老金的额度还将明显下降。

第四，颁布了《公共债务偿付法令》，成立了专门的公共债务偿付机构。当时，法国的公共债务达到了 2000 多亿法郎，已经超过《马斯特里赫特条约》规定的国内生产总值 60% 的标准。朱佩政府认为，既然是公共债务，那必须所有的人一块来还。该法令规定：从 1996 年 1 月 1 日起，所有法国人的所有收入，无论是工资收入，还是退休金、失业津贴、各种奖金、赠款、奖学金、病假津贴等，都必须拿出 0.5%，来偿还那笔巨大的公共债务。用法国人的话来说这叫作"人人掏钱补窟窿"。

实事求是地说，朱佩政府的这些改革，既符合历史潮流，也符合法国实际。不改革，法国确实没有出路。更何况，作为欧盟的发起者，为保证欧盟如期启动，法国必须带头遵守马斯特里赫特峰会达成的共识，必须实现收支平衡，必须减少公共债务，必须压缩政府开支。但是，这些改革毕竟触及一些人的切身利益。除了增税引起企业界人士的不满之外，在公共领域推行的养老金制度改革，曾经引起了在公共部门就业人员的激烈反抗，法国各地都爆发了大规模的示威游行，一些公共部门甚至举行了大罢工。首都巴黎曾经一度瘫痪。至于《公共债务偿还法令》，也激起了民众，特别是下层民众的抗议。法国民众认为，之所以出现了如此庞大的公共债务，完全是政府管理部门的失职，不应该让普通老百姓来埋单。

所以，希拉克还没有从刚刚赢得总统选举的兴奋中完全平静下来，困难就接踵而至。他对民众的不满估计不足，对于广大民众来说，他们并不关注政治家们怎样宣传自己的政策，而是关注于政策的实际效果。朱佩政府宣扬他的目标是复兴法国经济并且让人民共享经济复兴的成果，但实际上，朱佩政府的改革并没有达到预期的效果。正如表 3.8 所显示的，1995 年，法国的经济的确有复苏的迹象，失业率曾从 1994 年的 12.3%，下降到了 11.5%，但是 1996 年又重新上扬到 12.4%，1997 年再次上扬到 12.6%。广大选民实际上对右翼政府已经失望了。但希拉克并没有意识到这一点。鉴于各项改革已经实施，他认为应该趁热打铁，进一步巩固改革的成果，所以做了一个错误的决定：提前举行大选，以求进一步加强右翼在议会中的优势。结果适得其反。

选民对右翼政党的失望，给了社会党机会。在1997年的议会选举中，社会党的得票率出人意料地大幅增加8个多百分点，达到了25.71%，成为最大政党。再加上法国共产党的9.86%、绿党的4.17%、其他左翼的将近1%，左翼联盟共获得了40.81%的选票和320个议席，议席比1993年多出221席，在议会中占据绝对多数优势。而保卫共和联盟的得票率仅为16.48%，整个右翼联盟的得票率仅为31.36%，议会席位仅为248席。这一次，右翼的希拉克总统，不得不任命左翼的社会党领袖若斯潘出任政府总理。法国政坛第三次出现了左右共治的局面。

面对国内已经严重分化的社会结构和苏东剧变后复杂多变的国际环境，此次重返政坛的法国社会党非常稳健、非常务实。法国社会党虽然没有颁布正式的文件，但在1998年6月19日，法国社会党领袖、时任法国政府总理的若斯潘在美国华盛顿会见记者时曾简要地概括了社会党政府的施政原则：要市场经济，不要市场社会。这句话由此不仅成为若斯潘个人的名言，也成为法国社会党转型的一个标志。他表明：法国社会党不再与资本主义彻底决裂了，但他还要继续克服资本主义社会的弊端。

具体到法国社会面临的问题，新政府一上台，不仅没有再搞标志性的国有化，而且还明确宣布，顺从并且推动全球化浪潮，保证法国一定要成为欧盟首批成员国，这使得法国企业界、工商界、农场主等中产阶级得到了他们期望的定心丸，同时也表明社会党政府要坚定不移地搞市场经济。若斯潘强调："法国社会党是一个跨阶级的党。我们的社会基础既不是清一色的，也不是狭窄的，它是经历过更新和发展的，正因为如此，我们应当在各个阶层之间进行最恰当的仲裁。"①

由于有了鲜明的立场和具体的目标，为了能够如期加入欧元区，为了满足加入欧元区必须实现的政府财政收支平衡，预算赤字不超过国内生产总值的3%，社会党政府除了精简政府机构、精打细算，尽量减少政府开支以外，还增加大型企业的所得税和资产增值税。但法国财政预算赤字基本达到《马斯特里赫特条约》规定的标准后，从1999年起，法国社会党政府同当时在英国执政的工党政府一样，也大幅度地下调了公司

---

① [法]利昂内尔·若斯潘：《现代社会主义》，巴黎2000年法文版，第50页。

和企业所得税,从原来的37%,降到33.3%,同时还取消了前政府实行的10%的附加税,法国的企业感到轻松了,这也表明,法国社会党真的是要市场经济。

1999年在与《社会主义评论》杂志的负责人谈话时,若斯潘明确指出:资本主义"确实是一股生机勃勃的力量,但是这股力量凭其自身是既不能指明方向,也不能产生计划,也不具有意义——而所有这些都是一个社会所不能缺少的因素"①。在1999年11月8日在巴黎举行的社会党国际第21次代表大会上,若斯潘进一步指出:"关于财富的创造和资源的分配,市场和计划相比的优越性是不容争辩的。……市场是一个有效的、可贵的工具,但只不过是一个工具。它应当始终为社会服务。就本身而言,市场既不产生意义,也不产生计划。"② 他重申:法国社会党要市场经济,但不要市场社会。

如前所述,由于全球化和知识经济兴起,法国社会已经受到了严重冲击。例如,为了实现集约化经营以提高效益,欧盟曾制定了共同的农业政策,规定只对规模以上的农场进行补助,此举在法国造成了大量失地农民。他们对全球化,特别是对欧洲一体化一直怀恨在心。此外,法国经济多年低迷,不仅导致一些中小企业破产,还导致了有将近10%的劳动人口被排挤于劳动力市场之外,这些人事实上已经变成了一个被排斥的阶层。这一部分人成为法国社会极左和极右势力滋生的天然土壤。在1995年的法国总统选举第一轮投票中,极右的国民阵线领导人勒庞得票率居然达到了15%,极左的托洛茨基组织——法国工人斗争主席拉基耶女士的得票率居然也突破5%的门槛(可以退还保证金,得到竞选补贴),达到了5.30%。在第二轮投票前,勒庞公开号召他的选民投空白票,而实际上,勒庞的支持者在第二轮投票中大都把票投给了希拉克。而极左翼的拉基耶女士则公开号召她的支持者:坚决不投若斯潘,因为在极左翼看来,社会党就是工人运动的叛徒,是比右翼更危险的敌人。实际上这是导致若斯潘最终以47.37%:52.63%劣势输掉选举的直接原因。这就是若斯潘所说的市场社会。

---

① [法]利昂内尔·若斯潘:《现代社会主义》,巴黎2000年法文版,第39页。
② [法]利昂内尔·若斯潘:《现代社会主义》,巴黎2000年法文版,第63页。

为了把被社会排斥的那一部分人再拉回来,让他们重新融入社会,防止社会进一步分化,这届社会党政府一上台,就颁布了一项类似于英国布莱尔政府的《青年就业计划》。其主要内容是,通过国家财政支持,鼓励国有和私营企业招收无业青年从事家政服务、教育辅助、住宅及环境维护、治安助理等工作。由于有减免社会保险费等配套措施,该计划有一定的效果。为了从根本上解决青年人就业问题,让更多的人有机会参与建制内的工作,若斯潘政府在1999年作出了一个重大改革,通过了一部以起草人的名字为名的《奥布里法案》。该法规定:从2000年1月1日起,在不减少薪金的前提下法国雇员在20人以上的企业,要把现行每周工作39小时,逐步缩短为35小时。雇员在20人以下的企业可以延缓至2002年1月1日起执行每周35小时工作制。这是继带薪休假制之后,法国社会党对近代劳动制度改革的又一创举。

由于多种措施并举,再加上整个国际经济形势的好转,法国的失业率的确开始下降。在1997年最高的12.6%(参见表3.8)的基础上,1998年下降为11.8%,1999年下降到10.7%,2000年终于低于两位数,降到了9.3%,2001年再降至8.6%。

在经济全面复苏的条件下,法国政府的财政状况也日益好转:1997年的财政赤字终于达到了《马斯特里赫特条约》规定的标准,只占国内生产总值的3%,之后逐年下降,1999年,欧元正式发行,法国也如期成为欧元首批成员国。

法国社会党的成就并非偶然。若斯潘在1999年的一次讲话中曾这样指出:"本世纪的一个教训是:已经不能把社会民主主义界定为一种制度。我认为,现在按照概念——资本主义制度、计划经济制度——来行动已不是绝对必要的了。我们自己也没有必要来界定一种制度。我不知道作为制度的社会主义将会是什么样子的。它是一种思想启示,一种生活方式,一种行动方法。它要坚定不移地参照那些既是民主的,又是社会的价值。"[①] 这表明,法国社会党已经彻底放弃最终目标,而仅仅把社会民主主义作为一种价值目标来追求了。若斯潘本人明确承认:"我们的

---

① [法]利昂内尔·若斯潘:《现代社会主义》,巴黎2000年法文版,第23页。

社会主义是改良主义的。"①虽然改革或改良是 20 世纪 70 年代中期以来西欧各国执政党，无论是保守党还是激进政党，几乎天天在重复的一个口号，但若斯潘认为，社会党的改革与右翼集团的改革不同。社会党的改革是为社会改造、控制资本主义的盲目性服务的，而右翼集团的改革就是瓦解公共服务，减少社会保障，否定近几十年来的进步所取得的成果，而对于法国社会党来说，"改良主义始终是进步的同义词"②。

实事求是地说，这一届社会党政府所取得的成就是显而易见的。但是，这个功劳显然不能都记在社会党头上。因为，当时还是左右共治。而无论在法律上还是在实际上，由法国民众直接选举产生的总统，在法国政治、经济、社会事务中都拥有毋庸置疑的最高权力。如果经济发展不利，社会出现问题，总统有权向政府问责，甚至解散议会、解散政府、宣布提前选举。如果一切运行良好，总统当然功不可没。这就是左右共治的尴尬与艰辛。而当时总统希拉克和总理若斯潘都有切身体会。特别是希拉克，他既在左翼总统密特朗手下做过总理，又作为右翼总统任命了社会党领袖若斯潘出任总理。造成这一现象的主要原因是总统选举与议会选举不同步。法国的政治精英们意识到应该尽力避免左右共治的尴尬现象再次发生。于是，这届社会党政府还推动了一项重大的政治改革：法国总统的任期由过去的 7 年改为 5 年，与法国议会选举同期举行。2002年，希拉克的第一个总统任期正好届满，因此，2002 年法国将同时举行总统选举和议会选举。

2002 年 4 月 21 日，法国总统选举第一轮投票如期而至。共有 16 位候选人参加角逐，候选人之多，超过历史上的任何一届。这表明，法国社会的分裂已经难以愈合。不同的阶层之间难以达成妥协，都要表达自己的政治意愿。4120 万登记的选民中有 3000 万参加了投票，投票率超过了 70%。这表明，法国公众还是非常关注这次选举。然而选举的结果却令人意外，有人甚至把这次选举称为法国政坛上的一场"地震"。谋求连任的希拉克得票率最高，但仅为 19.71%，紧随其后的并不是政绩卓著的时任总理若斯潘，而是极右翼候选人、国民阵线领导人勒庞，得票率为

---

① ［法］利昂内尔·若斯潘：《现代社会主义》，巴黎 2000 年法文版，第 76 页。
② ［法］利昂内尔·若斯潘：《现代社会主义》，巴黎 2000 年法文版，第 38 页。

16.95%。若斯潘的得票率为16.12%，排在第三位。按照竞选规则，踌躇满志的若斯潘在第一轮投票中就被淘汰了。这一结果使得西欧各国都感到震惊和不安。若斯潘对这一结果深感内疚，当即辞去总理职务并宣布永远退出法国政坛。

法国民众对这一结果也非常意外。在第二轮投票前，若斯潘号召他的支持者把票投给希拉克。法国80%的选民参加了第二轮投票，结果希拉克以82.15%对17.85%的绝对优势赢得改制后的第一次总统选举。

在随后的议会选举中，右翼集团乘胜前进，结果大获全胜，执政联盟保卫共和联盟和法国民主联盟在577个议席中赢得了386席，占据了绝对优势。社会党方面，由于在总统选举中大伤元气，在议会选举中只赢得140个议席，全部左派加在一起也只有178席。这使整个法国议会变成了一片蓝色。左右共治的局面的确避免了，但法国政坛由此却变成了右翼独步天下。

2002年总统选举和议会选举的惨败，说明法国社会党的转型并不成功。若斯潘试图尽量扩大社会党的选民基础，尽可能争取中间选民，但是却疏远、丢失了自己传统的选民。在这次总统选举中，两个极左翼政党候选人的得票率合计超过了10%，其中，工人运动主席拉基耶得票率为5.72%，比1995年时又有上升，共产主义革命主席贝桑瑟诺的得票率为4.25%，这些选民中的大部分，显然是因为社会党向右转得太多，才选择了极左政党。用我国一句俗话来说——若斯潘招来了女婿，却丢了儿子。

2002年选举失败后，若斯潘引咎辞职，法国社会党曾因群龙无首而短暂迷茫。不过他们很快就重整旗鼓，继续战斗了。在2003年第戎全国代表大会上，社会党选举1954年出生的奥朗德为新的第一书记，并且通过了一份《建设一个伟大的社会党》的声明。声明再次明确定位社会党应该成为一个"人民党"，一个为公民服务的党，但同时又再次明确自己的左翼地位，并且强调社会党内部、整个左翼运动内部应该加强团结。在随后的大区、省议会选举和参议员补充选举中，社会党的力量逐步回升，逐步又回归到主流政党的地位。为了迎接2007年的总统选举和议会选举，2005年11月，法国社会党召开了它的74次全国代表大会，充分讨论了竞选纲领，推举总统候选人。作为党内多数派领袖，且在此前的大区、省议会选举和参议员补充选举中表现出卓越的口才和领导才能的奥朗德占据着非常有利的地位。但是，由于与奥朗德同居了24年并且育有4个孩子的前女友罗亚尔突然报名参选，奥朗德不仅主动弃权并且毫无保留地支持罗亚尔。罗亚尔不仅享有"美女政治家"、新"现代贞德"等美称，而且由于出身农民，还被媒体称为"农民政治家"，在整个左翼运动中有较大的亲和力。最后，经过党内推荐程序，罗亚尔作为社会党的唯一候选人，报名参加法兰西第五共和国第十任总统选举。

2007年的第十任总统选举，候选人大都是第二次世界大战后出生，这预示着法国政坛将由"老人政治"转入"强人政治"时代。法国民众对此次选举格外关注，第一轮投票中，选民的投票率达到了83.77%，第二轮更是高达83.97%。第一轮投票结果是：从政阅历丰富、素有"警察政治家""小拿破仑"之称的右翼联盟候选人萨科齐，以31.18%的得票率排名第一，罗亚尔以25.87%的得票率排名第二，中右翼候选人贝鲁以18.57%的得票率排名第三，极右翼的勒庞得票率仅为10.44%，其他候选人的得票率没有超过5%。法国社会政治力量严重两极分化的现象得到了缓解，作为左翼力量的中坚，社会党又重返与右翼集团最终对垒的地位。

不过，罗亚尔犯了一个与若斯潘同样的错误：为了争取更多选民的支持，她不敢鲜明地亮出自己的立场，甚至就没有一个明确的政治纲领。这令左翼有些失望。例如在第二轮投票前与萨科齐的一场电视辩论中，萨科齐刻意突出了自己"博爱"的一面，罗亚尔则保证自己将成为一名"不受任何党派、集团或金融势力束缚的""保障国家公正"的总统。结果是，罗亚尔以46.94%比53.06%的劣势败北。

在随后的议会选举中，社会党的席位虽然比2002年增加57席，达到了197席，但远不及右翼联盟的343席。法国政坛继续由右翼一统天下。

到2012年，法国在右翼治下已经整整十年。这期间，法国的经济没有什么起色，收入差距倒是明显拉大。特别是在萨科齐任总统的五年间，法国收入两极分化现象非常突出。2007年底即出任总统才半年多，萨科齐的月工资就增长140%，达到了2万欧元，相当于当年法国公务员平均工资的7.4倍。法国1%的最富有的人掌握全国财富的比例从2007年的11.8%增加到16.2%，基尼系数则从2.66上升到2.99。与此同时，法国的经济于 2011 年底至 2012 年初又再次触底，失业率重新达到两位数，政府债务日益加大。

而社会党方面，接连的失败，促使社会党痛定思痛。正如法国尼斯大学洛朗·布维教授所指出的："2012 年的选举——无论是总统选举还是国民议会选举——事实上都是非常重要的。面对一个行情不被看好的现任总统，社会党内的每个人都非常清楚地意识到了这场选举有获胜的希望。如果 2012 年社会党能够获胜，那么距离上一次该党获得总统选举的胜利（1988 年）已经是 24 年了，距离上一次国民议会选举胜利已经 15 年了。然而，如果再一次在全国选举中遭遇失败，那么社会党就会没落下去。选举如果取胜，社会党——以及法国左翼政党整体——就会再一次获得展现自己有能力推行一种与右翼不同的政治实践的能力：一种在经济发展方面更有效率、在社会建设方面更加公平的政治实践。在经济危机时期，社会党所要肩负起的历史责任是非常巨大的。然而如果遭受另一次失败，社会党所将面临的灾难也同样会是非常巨大的。这就是为什么社会党必须在未来几年里实现一次彻底的改革的原因，而改革的最重要的内容就是采取必要行动重新赢得部分劳工阶级的支持。"①

社会党的领导层也意识到这一点：它必须不忘初心，回归民众，回归草根。因为它毕竟就是从草根运动、工人运动发展而来，它必须扎根民众。吸取前几次左翼力量过于分散而导致失败，特别是 2002 年总统选举惨败的教训，这一次，社会党决定与绿党、激进左翼政党结成大联盟，共同推举一个总统候选人。社会党的高层也意识到，他们推举的候选人不仅在左翼阵营中要有号召力，而且还要能够应对极右翼候选人的挑战。

为了保证候选人的竞争力，社会党决定完全模拟总统选举的程序来推选自己的总统候选人，弗朗索瓦·奥朗德被推上了历史的舞台。平民出身的奥朗德，曾经做过密特朗总统的经济顾问，并且曾经长期担任社会党的第一书记和国会议员，对法国社会有深刻的了解。他深知自己肩上责任重大。被推举为总统候选人后又深入法国社会的底层，作了大量

---

① ［德］弗里德里希·艾伯特基金会编：《社会民主主义的未来》，夏庆宇译，重庆出版社 2014 年版，第 143 页。

社会调查，倾听了法国民众，包括一直投右翼集团票，但属于社会下层的小店主、小业主、小农场主的呼声。他写道："当某些地区被强权统治，共和国的法律被非法交易和团伙取代时，人民自然就有被抛弃的感觉。我在各地遇到一些法国人，他们自豪、执着、进取，决定过自由而负责的生活。但是，我常常听到他们忧心忡忡地提出相同的问题：我的孩子能找到工作吗？我工作保得住吗？我在学校有必需的位置吗？警署必要的器材会短缺吗？我的店铺能抵御大型商店的竞争吗？我的农场一年后还能运营下去吗？我是不是要卖掉渔船，卖掉拖拉机，卖掉土地呢？国家能保证医疗和医院的质量吗？我们村里的邮局会关门吗？我是否有能力供我的女儿上学？我是否有能力帮我的儿子找到住房？为什么我的工资没有增长？……每个人都开始怀疑一切，甚至怀疑自己！"[1] 奥朗德深切地感受到民众对社会现状的不满，因此，他大胆地提出了自己的竞选口号："改变，就是现在！"

奥朗德不仅有非常响亮的口号，而且还提出了非常具体的主张。针对大量财富日益落入极少数人之手的事实，尽管世界各地都在拼命讨好富豪、吸引投资，奥朗德却明确宣称：一旦人民选择了他，他将推动重新开启富人税。他的理由是：富人既然在社会财富中占了那么大的份额，他们理应为社会作更大的贡献。不仅如此，他还承诺：遏制两极分化也从现在开始。一旦他当选总统，他要将总统和部长的工资减少30%。

对于居高不下的失业率和被遗忘了的工薪阶层，奥朗德承认："面对全球化，法国显然没有做好准备。在10年的时间内经历了持续的非工业化：70多万人失去了工作。……当下被视为重要经济部门的服务业的潮流，使得工厂、技术革新和手工艺都靠边站。以往，工人阶级一直被尊重，且被视为国家理想的一部分，如今也因为同样的原因淡出了人们的视线。"[2] 他认为："工人阶级至上主义曾是社会主义的偏见，而今对工人

---

[1] ［法］弗朗索瓦·奥朗德：《改变命运·奥朗德自述》，刘成富、房美译，译林出版社2013年版，第15页。

[2] ［法］弗朗索瓦·奥朗德：《改变命运·奥朗德自述》，刘成富、房美译，译林出版社2013年版，第44页。

的遗忘则是自由主义的偏见。左派的角色就是要重建技能、技术文化和勤劳意识。传授技术，新旧更迭，开办职业学校和工程师学校，提拔底层工薪人员，关注车间和实验室的工作人员：这么多决定性的措施都将有利于国家的崛起以及共和国价值观的推广。"[1] 为了使青年人有更多的就业机会，除了开办职业培训学校之外，奥朗德还明确提出，他当选之后还将维持60岁退休制度。

总之，与若斯潘和罗亚尔相比，奥朗德更加鲜明地表现出了社会党的左派立场，从而实实在在地赢回了相当一部分工人群众的支持，也得到了法国普通民众的广泛支持。结果，在2012年4月12日的第一轮投票中，奥朗德以28.63%的得票率排名第一。萨科齐排名第二，得票率为27.18%。在第二轮投票中，奥朗德以51.62%比48.38%的优势胜出，成为法兰西第五共和国第二位左翼总统。在西欧社会民主主义面临危机之际，法国社会党在西欧政坛再次打起了社会民主主义的旗帜。

第四节　北欧三国的社会民主党：从"中间道路"到"第三条道路"

如前所述，社会民主主义虽然起源于英国和德国，但由于特殊的历史文化条件，北欧三国似乎更适合社会民主主义的发展。由于资本主义发展较晚，北欧的工人运动比英国和德国发展更晚。北欧三国的社会民主党从建立之初，就更多地接受了英国工党和德国社会民主党的影响。例如，瑞典社会民主党的第一个纲领，几乎就是从德国社会民主党那里抄来的。如果说，德国社会民主党、英国工党、法国社会党曾经受过马克思主义的影响的话，那么，北欧三国社会民主党可以说从一开始就接受了社会民主主义的指导。而且，瑞典社会民主党早在1914年，丹麦社会民主党早在1924年，挪威工党在1928年，就通过议会道路，取得过执政地位。1929—1933年的经济危机，为社会改良主义提供了一个特殊的机遇。北欧三国社会民主党抓住了这个机遇，带领北欧三国走上了一条

---

[1] ［法］弗朗索瓦·奥朗德：《改变命运·奥朗德自述》，刘成富、房美译，译林出版社2013年版，第45页。

既不同于正统社会主义,又不同于传统资本主义的社会发展道路。1936年,一位美国记者到北欧考察之后,认为北欧三国走的实际上是介于社会主义与资本主义之间的所谓"中间道路"。

第二次世界大战之后,在欧洲重建过程中,由于处于相对有利的地位,再加上北欧三国又恰好处于东西两大集团对峙的中间地带,北欧三国的经济发展很快。三国迅速超越了英、法、德等老牌资本主义国家,跻身于世界最富有的国家之列。三国社会民主党也因此赢得了各自国家民众的信任,三国社会民主党在这三个国家中都一度出现了一党独大、长期执政的现象。其中,丹麦社会民主党在1953—1968年连续执政15年,1975—1982年又连续执政6年。挪威工党在1945—1965年连续执政20年。瑞典社会民主党则从1932—1976年连续执政44年,1982—1991年又连续执政9年。北欧三国的社会发展曾被国际社会公认为构成了独特的"北欧模式"。由于这一期间北欧三国主要是由社会民主党执政,因此,北欧三国的成功,也被认为是社会民主主义的成功,北欧三国因此也被誉为社会民主主义的"麦加"。

当然,20世纪毕竟被西方公认为是"社会民主主义的世纪",社会民主党在西欧各国上台执政,推行一系列社会改革、建立一系列社会保障制度等是一种普遍现象。在战后相当长的一个时期内,人们甚至在资本主义与福利国家之间画了等号,因为,几乎所有发达资本主义国家都建立了相对完善的社会保障制度,都变成了福利国家。不过,无论在力度、覆盖范围还是运行机制上,各国的社会保障制度之间存在着巨大的差异。英国社会政策学家蒂特马斯曾经依据覆盖范围、运行机制及力度上的不同,把西方国家的社会保障制度区分为:标的设定型、工作成就型和制度化三种不同类型。依据同样的原则,丹麦社会政策学家埃斯平-安德森在其著名的《福利资本主义的三个世界》中,把全部西方福利国家划分为自由主义的、社团主义的和社会民主主义的三大类别。虽然在名称上有所不同,但蒂特马斯和安德森两个人对三类福利国家的划分在内容上完全一致。

所谓自由主义福利国家的特点是:社会政策主要面向弱势群体,且每一项政策都有具体的目标对象,故此蒂特马斯将其称为"标的型"福利国家。所谓社团主义或合作主义福利国家的特点是谁缴费谁受益,且缴费越高回报越高，故此蒂特马斯称之为"工作成就型"福利国家。所谓社会民主主义型福利国家，其特点就是强调普遍性，强调全民主义。它的各项社会政策不针对任何特定群体，而是面向全体公民，甚至是全体居民。例如在北欧三国，不论其父母是亿万富豪还是外籍工人，每一位1—18岁（丹麦为16岁）的未成年人，每月都可以领取一笔儿童津贴（北欧人叫作玩具费）。在北欧三国，不仅义务教育全部免费，学校还提供午餐和交通服务，高等教育也不仅不收学费，政府还为每一位大学生提供一笔能够满足最基本生活需要的奖学金，外加等毕业后有了收入再归还的低息贷款。到了老年，无论原来是否从事过有收入的工作，是否缴纳过社会保险金，都能够领取一笔全民养老金。在挪威，国家还为每一位公民提供一笔丧葬费。也就是说，在绝大多数国家通常由市场提供的许多福利和服务，在北欧三国都变成了公共服务的内容，用安德森的话来说就是都被"去商品化"了。用我国那句通俗的话来说就是，北欧三国有一份很大很大的"大锅饭"。北欧三国的政府，把社会财富中相当大的一部分集中了起来，实行了"按需分配"。这就是所谓的"人民之家"。"人民之家"内部的"大锅饭"，都是由各种制度规定好了的，所以，蒂特马斯把北欧三国称为"制度化"的福利国家。而由于北欧三国的这套福利制度主要是由社会民主党人建立起来的，三国在很长时期内又主要由社会民主党执政，因此他把北欧三国称为社会民主主义型的福利国家。

北欧三国的福利国家制度建成之后，其风头很快盖过了英国、德国等老牌福利国家，以至于在西方媒体中，一提到福利国家，人们自然就想到北欧三国。北欧三国事实上被看作现代福利国家制度的样板和典型代表。

但是，自20世纪70年代中期以后，随着全球化步伐的加快和产业结构的调整，北欧三国的福利国家制度也发生了变化。北欧三国不仅地理位置偏僻，且国内市场狭小，其经济发展一直严重依赖国际市场。1973年，当其最大的贸易伙伴英国决定要加入欧洲共同体时，丹麦也决定同时加入。自那以后，丹麦的各种社会政策就不得不逐渐调整。1993年，当欧洲共同体成员国决定在政治、经济、社会政策等方面全方位合作，实现欧洲一体化时，丹麦虽然作了保留，但在第二次全民公决时还是选择加入了欧盟。丹麦在经济政策、财政政策、社会政策等的制定上就受到了更多的限制。

全球化对瑞典的影响则更为明显。20世纪80年代初,当瑞典社会民主党政府强行建立雇员集体投资基金时,就遭到了瑞典资产阶级的强烈反抗,他们不仅把很大一部分投资转到了海外,而且也兑现了诺言:三个资产阶级政党联合起来赢得选举、上台执政后,立即废除了关于雇员集体投资基金的相关法律,拆分了已经积累起来的基金。欧盟建立起来之后,瑞典资产阶级很快意识到,限制瑞典社会民主党激进社会政策最稳妥、最有效的办法就是加入欧盟。1992年,瑞典联合执政的资产阶级政府向欧盟提交入盟申请。在1994年11月全民公决前几天,瑞典几家最大公司的首席执行官联名在瑞典主要报纸发表声明、刊登广告,表明他们支持加入欧盟。其中也包括明确的威胁:如果公决拒绝加入欧盟,他们会把资金转入欧盟。正如一些左翼思想家所指出的,这简直是赤裸裸的敲诈!但在一个资本主义生产方式占统治地位的时代,社会民主党人还能有什么办法吗?最终的结果是:加入欧盟以52.2%对46.9%的微弱优势获得通过,瑞典自1995年1月1日起成为欧盟正式成员国。这也几乎等于宣布:瑞典模式就此完结(见表4.4)。

表4.4　　　　　　1970—1995年瑞典的直接投资　　　　单位:百万美元

年份	外流量	流入量	净外流量
1970	213	108	105
1971	176	84	92
1972	265	65	200
1973	293	84	209
1974	430	77	353
1975	434	80	354
1976	596	5	591
1977	737	81	656
1978	415	70	345
1979	618	112	506
1980	625	251	374
1981	825	181	644

续表

年份	外流量	流入量	净外流量
1982	1212	355	857
1983	1458	226	1232
1984	1497	290	1207
1986	3963	1083	2880
1987	4780	639	4087
1988	7471	1673	5798
1989	10296	1812	8484
1990	14629	1982	12647
1991	7262	6351	911
1992	419	−5	424
1993	1471	3705	2234
1994	6596	6241	355
1995	10733	14273	−3540

资料来源：[英] 菲利普·怀特：《瑞典与"第三条道路"：一种宏观经济学的评价》，重庆出版社2008年版，第116页。

表4.4是根据世界货币基金组织1996年公布的数据制作的。从中可以看到，20世纪70年代初，瑞典的海外投资还非常少，海外资本净流出量每年只有一两亿、两三亿美元。而1982年当社会民主党重新执政并且强行通过《利润分享法案》、决定建立雇员集体投资基金时，瑞典的资本外流速度骤然加快，1983年瑞典资本净外流量突破12亿美元后，步步加快，到1990年居然达到了126亿美元。这对投资严重不足的瑞典经济简直就是釜底抽薪。这实际上是瑞典资产阶级对瑞典社会民主党政府最致命的反抗。而当1992年资产阶级政党上台执政并且正式递交了加入欧盟的申请后，瑞典资本外流的态势也随之发生了改变。但是当1995年正式加入欧盟后，瑞典居然从一个多年的资本净流出国，一下子变成了资本净流入国，而且是一下子就净流入了35亿美元。

挪威的情况稍有不同，尽管它最初曾经同丹麦一起，申请加入欧洲共同体，后来又跟瑞典一起申请加入欧盟，但几次全民公决都未能通过。不过，挪威与欧盟达成了协议，挪威以完全遵守欧盟的相关规定、承担相应的义务为条件，获准参加欧洲统一市场，它事实上至少已经变成了欧盟的一个准成员国。

也就是说，到了 20 世纪末，由于经济全球化的原因，北欧三国越来越难以保持自己的特色。尽管三国的社会民主党在各国政坛上仍拥有举足轻重的影响，但曾经被世人称道、为北欧人引以为豪的北欧模式也进入了调整和改革时期。

首先是紧缩福利开支。北欧三国都严重依赖进口石油。1973 年的石油危机之后，挪威才开发了自己的北海油田并且成为石油输出国，之后挪威也很快进入了世界上最富有的国家行列，成为一个特例。除挪威之外，丹麦能源的 90%、瑞典能源的 60% 要依赖进口石油。石油价格暴涨，必然增加生产成本。在经济普遍低迷的情况下，北欧国家不可能把大幅增加了的生产成本转嫁出去，因此就必须控制生产规模。自 20 世纪 70 年代中期以来，在经合组织内部，北欧三国的经济发展速度就失去了优势。为了维持高昂的福利开支，丹麦和瑞典曾一度不得不债台高筑。在 1973 年之前，瑞典还是世界上的债权大国，1973 年之后，瑞典和丹麦一步一步地变成了债务大国，其债务曾长期保持在其国内生产总值 60% 以上。曾经令人羡慕的"人间天堂"一度沦为名副其实的"寅吃卯粮"国家。压缩福利开支已经成为北欧社会的共识。

在 20 世纪八九十年代，北欧学者们做了许多调查，了解民众对福利国家制度的态度。在分析国家财政困境的原因时，绝大多数受访者选择了"政客们过于奢侈"这一选项。因为在 20 世纪五六十年代即福利国家快速发展时期，为了赢得选票，不同的政党、不同的政客，往往竞相给选民们许下诺言，竞相抬高福利标准。例如病假津贴和失业津贴，在最高的年份已经被抬高到原收入的 95%。当时在北欧几乎已经形成共识：人们的生活水平只能上升，不能下降，已经建立起来的福利制度，只能进一步完善，不能减少。20 世纪 70 年代中期以后西方经济全面低迷时，北欧三国的福利国家制度却并没有随之降温。因为当时的政治气氛被错误地引导：这只是暂时现象，危机将很快结束。当时许多政客的宣传，与其说是为了民众的福利，不如说是为了自己的政治生涯，以至于在北欧三国的福利国家制度中出现了许多奇特的现象：例如在北欧，残疾人不仅有与正常人同等的权利接受同等的义务教育和高等教育，而且也享有同等的到国外留学的机会。残疾人一旦选择到国外留学，政府将安排专职人员全程陪读。为了体现残疾人与正常人同等的社会权利，社会福利部门甚至还要安排残疾人过性生活。一个患有心理或精神疾病的人，医生可能给他或她开具的处方是：到国外旅游一个月。凡此等等，五花八门。所有这些无疑都要纳税人埋单，政客们实际上是在用纳税人的血汗钱为自己脸上贴金，其后果必然是社会福利开支、整个政府开支日益增大。在瑞典，政府开支最高的年份甚至占到了国内生产总值的70%。进入20世纪90年代后，由于欧盟对财政赤字和政府债务上限有明确规定，准备加入欧盟的北欧三国不得不大幅削减公共福利开支（见表4.5）。

表4.5　　　北欧三国与部分经合组织其他成员国社会福利
开支占其国内生产总值的比较　　　单位：%

年份 国别	1990	1995	2000	2004	2005	2006	2007
丹麦	25.1	28.9	25.7	27.7	27.2	26.6	26.1
挪威	22.3	23.3	21.3	23.3	21.7	20.4	20.8
瑞典	30.2	32.0	28.4	29.5	29.1	28.4	27.3
法国	24.9	28.5	27.7	29.0	29.0	28.6	28.4
德国	21.7	26.8	26.6	27.1	27.2	26.1	25.2
英国	16.8	19.9	18.6	20.5	20.6	20.4	20.5
美国	13.5	15.4	14.9	15.9	15.8	16.0	19.2
经合组织平均	17.6	19.4	18.9	19.9	19.8	19.5	19.2

资料来源：OECD：Factbook 2011，巴黎2011年，第242页。

从表4.5可以看到，虽然北欧三国的社会福利开支仍然明显高于美国、高于其他西欧国家、高于经合组织成员国的平均水平，但是自1995年以来，它们的社会福利开支却在明显减少，而美国及经合组织成员国的平均水平却在明显上升，也就是说，北欧模式的特色在淡化，北欧三国变得与英国、德国、法国这些所谓"标准的"资本主义国家越来越一致了。而这一时期，英国、德国、法国也恰好在社会民主党的领导下已经走上了所谓的"第三条道路"。这是否意味着，在21世纪之交，北欧三国也完成了范式转换，也已经从所谓的"中间道路"转换到了"第三条道路"上来了呢？

由于压缩了社会福利开支，北欧三国的公共开支也随之减少了下来（见表4.6）。

表4.6　　　北欧三国与部分经合组织其他成员国政府开支的比较
（占国内生产总值的百分比）

年份 国别	1996	2002	2004	2005	2008
丹麦	59.6	55.8	56.3	53.2	51.7
挪威	42.4	47.5	46.4	42.6	39.9
瑞典	62.9	58.3	57.3	56.6	53.1
法国	51.6	53.5	53.4	53.8	52.7
德国	45.8	48.5	46.8	46.7	43.9
英国	41.4	40.7	43.9	45.5	47.7
美国	32.7	35.7	36.5	36.4	34.6

从表4.6中，可以看到同表4.5完全相同的情形：北欧三国的政府开支虽然仍明显高于其他国家，但却在明显减少。与1996年相比，2008年丹麦政府开支占国内生产总值的比例下降了将近8个百分点，同期的瑞典则下降了将近10个百分点。而在同一时期内，经合组织其他成员国的政府开支都有不同程度的增加。

社会福利开支的压缩和政府开支的减少，使得北欧三国很快还清了公共债务，这使得它们也可以跟上西方国家的减税大潮了。

为了维持慷慨的福利国家制度，北欧三国必须把大量的社会资源集中起来。因此，多年以来，北欧三国特别是丹麦和瑞典（挪威因为对石油业进行了国有化，政府财政压力较小，民众的税收负担也相对较轻）一直是世界上税收负担最重的国家。北欧三国之所以要搞制度化的福利国家，其目标就是实现社会平等。北欧三国多年来也确实是世界上税后收入差距最小的国家。为了实现这一目标，多年以来，北欧三国社会民主党设计了一套非常陡直的累进征税制，即对不同的收入段以不同的税率征税。在 20 世纪 90 年代以前，北欧个人收入所得税的税率分为 14 个不同级别，其中最高级别的税率为 88%，即超过一定水准以上收入的 88% 要上缴国家。当时就有人批评说，这样的税率简直就等于没收。这显然不鼓励人们致富，不鼓励人们拼搏。

在 20 世纪 90 年代以前，北欧三国的公司所得税税率也很高。20 世纪 90 年代以后，迫于全球化的压力，为了吸引投资，北欧三国开始大幅度降低公司所得税。瑞典在 1991 年把公司所得税从原来的 57%，一下子降到 30%，后来又降到了 28%，挪威随后也降到了 28%，丹麦则一下子降到了 25%。

在个人收入所得税方面，北欧三国也做了改革。它们也不再实行 14 级不同的税率，而是按照西方流行的做法，只分为高、中、低三个档次征收个人所得税，而且税率也明显下降。不过，即使如此，在目前的北欧三国，收入最高的 10% 的人承担着北欧大约 50% 的税收，收入最低的 25% 的人承担了 5% 左右的税收。也就是说，税收仍然有着明显的"劫富济贫"功能，仍然以社会经济中的成功者为主要对象。但无论如何，自进入 21 世纪以来，北欧三国公民的税收负担在逐渐减轻，其最高税率与西欧其他国家相比已经差别不大了（见表 4.7）。

表 4.7　北欧三国与部分经合组织其他成员国税收情况比较

国别 \ 项目 年份	各种税收占国内生产总值的比重（%） 1997	2006	个人收入最高税率（%） 1997	2006	单身职工税后收入占毛收入的比例（%） 1997	2006
丹麦	49.5	49.1	58.7	55.0	56.6	59.1
挪威	42.6	49.1	41.7	40.0	70.4	70.9
瑞典	51.9	49.1	59.6	56.6	65.6	69.1
法国	45.1	44.2	54.0	36.5	7207	72.7
德国	37.2	35.6	55.9	43.3	57.9	56.3
英国	35.4	37.1	40.0	40.0	74.8	75.6
美国	29.7	28.0	46.6	41.3	74.2	69.9
经合组织平均	37.2	35.9	47.8	40.5	74.4	73.4

资料来源：OECD in Figures 2000，第 38—39 页；OECD in Figures 2009，第 58—59 页。

北欧三国把税收减少了，把政府开支压缩了，把公共福利削减了，这必然意味着它们的社会政策也要全面调整。

首先是失业政策的调整。如前所述，从战后一直到20世纪70年代中期，北欧三国基本上实现了充分就业。这是北欧福利国家制度最重要的基础。虽然税赋很重，但由于几乎所有的社会成员参与社会生产，所有劳动年龄的人口都参加工作，都交税，所以，"大锅饭锅底的柴火"才会源源不断。在北欧三国，人们之所以能够心安理得地领取儿童津贴，享受免费的义务教育、高等教育、政府奖学金，是因为人们知道，这些不过是一种预支。待他们毕业、参加工作之后，所有在先前这些消费都要通过税收逐步归还。同时，他们的税款中还包含着他们生病时的医疗费和年老退休后的养老金的垫付。在某种程度上，北欧三国社会民主党所设计的这种福利国家制度，确实像一个大家庭：国家把个人在成长的不同阶段的消费和收入做了统筹安排。在实现充分就业、保证人人参与、人人各显其能的条件下，这种制度不仅能够有效地预防各种自然灾难、社会灾难，保证社会团结，还可以确保"众人拾柴火焰高"。

但是自20世纪70年代中期以后，这一制度出现了问题。由于经济增长低迷，经济规模萎缩，北欧三国都出现了大面积的失业。更严重的是随着产业结构的调整和知识经济的兴起，相当一部分人实际上被新兴的劳动力市场排除在外，成为长期失业者。他们领取了儿童津贴、享受了义务教育，却进入不了劳动力市场，本来应该通过交税来归还先前的消费，现在却因为找不到工作，不仅交不了税，还要继续依靠政府的失业津贴生存。实际上，这才是20世纪70年代之后北欧三国政府财政入不敷出、寅吃卯粮的真正原因（见表4.8）。

表4.8　　　　北欧三国与部分经合组织其他成员国的失业率
（占经济活跃人口的百分比）

年份 国别	1983—1993 （平均）	1994	1995	1996	1997 （预计）	1998 （预计）
丹麦	9.7	12.2	10.3	8.8	8.1	7.4
挪威	4.0	5.4	5.4	4.9	4.5	4.2

续表

年份 国别	1983—1993 （平均）	1994	1995	1996	1997 （预计）	1998 （预计）
瑞典	3.2	8.0	7.7	8.0	8.1	7.5
法国	9.9	12.3	11.5	12.4	12.6	12.2
德国	7.5	9.6	9.4	10.3	11.1	10.9
英国	9.2	9.2	8.1	7.4	6.1	5.6
美国	6.8	6.1	5.6	5.4	5.0	5.1
欧盟	9.5	11.6	11.2	11.3	11.2	10.8
经合组织	7.3	7.9	7.6	7.5	7.3	7.1

资料来源：*Employment outlook 1996*，第 4 页；*Employment outlook 1997*，第 4 页。

虽然在欧盟范围内，北欧三国的失业率并不特别高，但必须注意的是，在 20 世纪 70 年代中期以前，北欧三国基本上实现了全员就业。那时候，通常在 2% 以下的摩擦性失业率实际上是产业结构调整和个人工作选择所必需的，而且基本上没有长期失业者。因此，失业津贴非常慷慨，曾经为先前工资收入的 95%，且没有领取时间限制。进入 20 世纪 90 年代后，瑞典的公开失业率达到 8%，丹麦更是达到了两位数，挪威也达到了 5%，原收入的 95% 且没有时间限制，这样的失业津贴显然不可能了，三国也逐步下调到原收入的 90%、80%、75%，最后又下调到不与原收入挂钩，只领取蓝领工人平均工资的 75%，且要等到失业的第 6 天才开始领取，而且还有时间限制。

但即使做了这么大幅度的削减，丹麦政府的社会保障开支还是居高不下。在 1993—1995 年，丹麦的失业率连续 3 年超过两位数。压低津贴显然只是一种不得已而为之的办法。关键在于怎样让失业的人员尽快重返劳动力市场。丹麦政府发现挪威的失业率一直相对较低，经过考察他们发现挪威很早就采取了对失业人员进行新的岗位培训的办法。他们在岗位培训方面一直有很大的投入。因为挪威工党一直认为，没有人会主动失业。他们之所以找不到工作主要是由于他们的技能欠缺或落后，从而被劳动力市场所淘汰。社会有责任帮他们提高技能，以便他们重返劳动力市场。1991 年挪威政府专门颁布了一份名为《新工作方式》的政府文件，规定所有失业人员都必须接受新的劳动技能培训，且培训期间不得缺席。拒不参加培训者没有资格领取失业津贴。所有培训全部免费，在职人员也可以自愿参加。这就使得失业人员能够比较顺利地重新找到工作。

丹麦很快复制了挪威的做法。1993 年丹麦政府也颁布了一部新的《再就业法》。该法明确规定：所有 25 岁以下的失业者在领取失业津贴 13 周内，25 岁以上的失业者在领取失业津贴一年之内，必须接受政府提供的新的工作岗位，或者接受政府举办的岗位培训，否则将失去失业津贴领取资格。丹麦的这一法律实际上为后来的布莱尔政府的"青年人就业新政"提供了蓝本。虽然颇具"大棒"的色彩，但确实有效。这也使丹麦社会民主党对福利国家制度有了新的认识。用时任丹麦社会事务部的一位官员的话来说就是："我们通常把我们的福利制度和社会服务描述为密而不漏的安全网。但实际上，福利社会应该担当'蹦床'的角色，它不仅要接住掉下的人，还要将这些边缘人'弹'回到我们社区的中心。"① 也就是说，新的《再就业法》的目的在于防止人们长期失业，防止临时失业者成为长期的边缘人。这一法律实施后，正如表 4.5 所显示的，丹麦社会福利开支从 1995 年占国内生产总值的 28.9%，下降到了 2007 年的 26.1%。失业率也很快明显下降。

北欧三国，特别是三国社会民主党之间多年来一直保持着协调政策、相互切磋、相互交流、相互学习的传统。1994 年重新执政的瑞典社会民主党很快就把在挪威和丹麦已经证明行之有效的办法引入瑞典并且做了进一步完善。1994 年瑞典政府也规定：54 岁以下的人员，领取失业津贴的最长期限为 300 天，逾期仍找不到工作的，必须接受政府安排的工作，只要这份工作不低于失业津贴的 90%，即使这份工作不在当事人受过训练的领域，甚至不在现居住地附近，也必须接受。对于 25 岁以下的失业者，在接受新的职业培训期间可以继续领取失业津贴。此外，为了鼓励企业招聘青年职工，也为了增强职业培训的针对性，瑞典政府也出台了一系列措施鼓励私人企业对青年职工进行在职培训或岗前培训。这些措

---

① ［丹麦］詹斯帕·席斯勒：《丹麦社会政策领域的行政改革》，《机构与行政》2013 年第 3 期，第 63 页。

施不仅有效促进了失业者重返劳动力市场，降低了失业率，也为政府节省了一大笔开支。北欧人把他们的这一做法称为"积极的失业政策"，这就是后来的布莱尔所说的：把福利国家变成一种社会投资。

北欧三国社会政策重大调整的另一个领域是养老保险。

北欧三国是世界上最早实行全民养老的国家。早在1913年，瑞典就出台了一部为所有老年人提供一笔最低生活保证金的法律。丹麦在1921年也出台了一部针对所有60岁以上老人的特别救助法律。挪威在1936年也出台了其实质内容与瑞典和丹麦相同的法律。不过，北欧三国早期的这些法律，不仅标准定得都比较低，只能保证最低生活需求，而且主要针对生活确有困难的群体，这就必然要以家计调查为条件，接受者感到有失社会尊严，因而遭到许多老人的抵制。战后"人民之家"大建设时期，在社会民主党人的主导下，北欧三国逐步建立起了一套非常完善的全民养老体系。虽然略有差异，但三国的养老体系大致相同，都由全民养老金和补充养老金两部分组成。其中全民养老金也被称为基本养老金，所有65岁（现改为67岁）以上的老人，无论先前是否从事过有收入的工作，是否交过社会保险金，人人有份且标准相同，大致上相当于全部职工平均工资的15%—20%。补充养老金则与老人退休前的收入水平挂钩。这两部分相加，大部分老人退休后可以领到相当于退休前工资60%—70%的退休金。再加上退休人员在住房、公共交通等方面的一些优惠以及对特殊困难老人的一些特殊补助，这就使得绝大多数北欧老人可以安度晚年，甚至是颐养天年。这也是多年来北欧三国民众的幸福指数一直比较高、北欧三国被人们称为"人间天堂"的一个重要原因。

但是20世纪70年代中期以后，由于经济增长缓慢、失业人数增加、人口老龄化等原因，北欧三国的福利国家制度都曾出现了危机。迫于全球化的压力，为了加入欧盟，北欧三国的税收制度也做了很大改革。为了减轻人们对福利国家制度的依赖，北欧三国也开始大幅度减税，把更多的资源留在了个人手中。这样，原来由政府提供的各种福利也必然要减少。而在20世纪90年代初期，在北欧三国的社会福利支出中，养老金是一笔最大的开支，它差不多占了社会福利总支出的一半。这意味着，养老体系的改革已经势在必行了。

北欧三国养老体系的改革在具体做法、时间节点、具体内容上各不相同，但方向是一致的：政府仍然发挥着主导作用，但增加了市场的力量，增加了个人的责任。

首先，鉴于人们的平均预期寿命越来越长，北欧三国都把法定退休年龄由先前的 65 岁改为 67 岁。不过，北欧三国都没有硬性规定，人们可以根据自己的身体条件和兴趣，决定早一点退休但养老金的额度要低一些，还是晚几年退休、退休后养老金的额度会高一些。

在养老体系上，先前由政府统筹，养老金全覆盖高保障不利于调动人们的积极性和创造性，不利于树立个人的社会责任心。为了改变这一局面，丹麦在 1989 年通过了一部法律，把原来自愿性的职业养老保险，改为强制性的。这部法律规定：所有 16—66 岁、每周工作 10 小时以上的雇员，都必须参加养老保险。依据收入水平不同，保险费的比例分为三个层次：普通工人为收入的 9%，专业技术人员等中等收入者为 12%，专家、教授、高级管理人员等高收入者为 15%。保险费雇主承担三分之二，个人承担三分之一。这种职业保险带有集体协议的性质，实行基金化管理，按照资本市场的规则运作。在某种意义上，这一基金不仅为人们的晚年生活增添了一份保障，还在事实上构成了丹麦资本市场上的一个重要组成部分，对丹麦固定资产的形成、丹麦经济的持续发展起了非常积极的作用。除此之外，丹麦还出台了一系列鼓励个人购买商业养老保险的政策。这样，在丹麦的养老体系中，政府、市场、个人三方面的力量互相补充，丹麦老年人的实际生活水平并没有因为改革而下降，而是稳中有升。

在挪威，情况稍微轻松一些。20 世纪 70 年代中期的石油危机对挪威也产生了严重的冲击，挪威政府的财政也曾连年赤字，负债累累。到后来由于北海油田的开发，挪威由原来的石油进口国一下子变成了石油输出国，挪威的经济状况、挪威政府的财政状况立刻好转。20 世纪 90 年代之后，挪威也有人提出要改革旧的养老保险制度，但由于遭到工会方面的反对而搁置了下来。一直到 2006 年，挪威才通过立法，规定除了全民养老体系外，所有雇员还必须参加职业养老保险。由于挪威的公共部门先前已经建立了这种养老保险，因此，2006 年的立法实际上只是把先前在公共部门实行的强制养老保险扩大到了私营领域。为了避免工会方面的反对，挪威 2006 年的这部法律规定：职业养老保险费全部由雇主负担，不过额度很小，仅为雇员工资的2%，在挪威的养老体系中无足轻重。因为，挪威政府从一开始就把它的石油业实行了国有化，中央政府有足够的财力统筹养老基金。这实际上也提出了另外一个问题：生产资料国有化难道一定不能尝试吗？

回到养老体系改革问题上来，进入20世纪90年代，瑞典经济一直比较低迷，其中1983—1993年，年经济增长率平均仅为1.2%，大大低于同期经合组织成员国平均2.8%的增长速度。1994年瑞典社会民主党虽然重新获得执政地位，但仍然感受到巨大的压力。瑞典经济低迷的一个重要原因是追加投资不足，为了改变这一局面，经过充分的酝酿及与反对党充分协商，瑞典社会民主党政府在1998年也通过了一部关于养老制度改革的法律。

新的法律把原来的全民养老金和补充养老金进行了合并，形成了一个既与先前收入相关联又有最低保障、既有确定的数额又有一部分随市场波动而受益这样一个新的体系。该体系包括三个组成部分。

第一个组成部分是个人名义账户。改革后的公共养老体系仍然是强制性的。保险费仍然由雇主和雇员双方共同缴纳，其中，雇主承担其雇员工资的11.5%、雇员承担工资的7%，合计为雇员工资的18.5%。在这18.5%的保险费中，有16%计入个人名义账户，这是养老保险金的主体，实行现收现付，即全部就业人员所缴纳的保险费，同时作为现时所有退休人员所领取的养老金计入个人账户。具体发放标准由政府根据经济增长情况、工资水平、物价变动等情况进行指数化调整。退休人员的养老金不仅与先前的收入挂钩，而且还与退休年龄相关。前面提到，北欧三国都没有硬性退休年龄。为了鼓励老年人尽可能地为社会多作贡献，瑞典鼓励人们尽可能晚退休。退休金的具体标准主要根据人们的预期剩余寿命——全国男女平均预期寿命减去退休时的年龄——来决定，这样，晚退休的人就可以得到额度更高的退休金。之所以叫作个人名义账户，是因为这只是一种记账方式，或者说只是一种权益记录，而不是每个人都实际上存了这样一笔钱，这样形成的基金说到底还是一笔代际转移基金。为了防止宏观经济波动和人口结构波动对这种现收现付的养老体系造成太大的影响，瑞典政府还专门设立了缓冲基金。

第二个组成部分是个人实际账户。20世纪90年代初的税制改革，使得绝大多数人的税后实际收入都有了很大提高。为了使这部分钱中的大部分能够投入社会再生产领域,瑞典设计了这种个人实际账户。这种账户实际上是一种强制储蓄。就是相当于工资收入 18.5% 的保险费中,除去 16% 的被计入个人名义账户后还剩下的占工资收入 2.5% 那笔钱。之所以叫个人实际账户,是因为这笔钱虽然不能兑现,不能马上消费,但无论在法律上还是在实际账面上,这笔钱都属于个人所有,并且可以根据所有者的选择进行投资。瑞典当时有 800 多个不同的基金管理公司可供选择。如果个人没有兴趣或没有能力进行选择,则由国营基金管理公司代为管理。实际运行过程中,绝大多数瑞典人自行选择了自己喜欢、信赖的基金管理公司,其收益完全随从市场行情的波动而波动。人们退休之后,这笔钱的本金仍然留在基金内,所有者有权决定是领取固定的收益年金还是继续随行就市地领取红利。

第三个组成部分是最低养老保障。对于那些先前没有从事过有正常收入或收入特别低的老人,年满 65 岁,在瑞典居住满 40 年的,政府为其提供一笔能够保证最基本生活需要的养老金。这是瑞典养老体系的底线。

除了公共养老体系内部的改革,从 20 世纪 80 年代初开始,瑞典还相继出台了一系列政策,鼓励职业养老保险和商业养老保险事业的发展,作为公共养老体系的补充。职业养老保险在瑞典非常普遍。瑞典的职业养老分为四大群体,即工人养老金、白领职员养老金、中央政府雇员养老金和地方政府雇员养老金。瑞典 90% 以上的工作人员参加了各种职业养老保险和其他商业保险。这些养老基金都完全按市场机制运作。这不仅为瑞典老年人的生活提供了更多的选择,而且还为瑞典的资本市场增加了厚度和活力,从而为整个瑞典经济的持续发展提供了保证。

如果说北欧三国早期的社会政策重在限制市场机制的盲目性、重在对社会资源进行二次分配的话,那么,自 20 世纪 90 年代以来的所有社会改革,都在强调市场机制的重要性,都在顺应市场机制,都在试图最大限度地发挥市场机制的作用。这或许就是早期的所谓"中间道路"与 20 世纪 90 年代以来的所谓"第三条道路"之间的区别。

不过,北欧三国毕竟长期由社会民主党人执政。20 世纪 90 年代以来,北欧三国的社会政策虽然有了一些调整,它们的税收有所减轻、公共福利有了明显的压缩,其公民在教育、医疗、养老等许多公共服务领域内有了更多个人选择的自由，但是总体上来说，北欧三国"人民之家"的性质并没有发生根本的改变。在那里，享受许多公共服务依然是公民的基本权利。为了保证机会均等，保证享受这些公共服务不会损害个人的社会名誉、社会地位，北欧三国的许多社会服务依然是免费的。用安德森的话来说就是，许多社会服务已经"去商品化"了。只不过，为了配合20世纪90年代以来劳动力市场政策的改革，一些公共服务增加了一些限制。例如，幼儿园和托儿所，20世纪90年代以前基本上都免费，20世纪90年代以后则规定：只有特别贫困家庭的子女，才可以免费或优惠进幼儿园或托儿所。对于绝大多数普通家庭，则要根据其实际收入水平缴纳一定的费用。为了鼓励失业人员重返劳动力市场，北欧三国都规定，失业后接受政府安排的职业培训人员，不仅可以领取失业津贴，还可以免费送子女入托儿所或幼儿园。其他社会服务如义务教育、高等教育、医疗保健等依旧由社会统筹。只是在养老服务方面，虽然也覆盖了全体老年公民，但为了鼓励人们为社会多作贡献，老年人的福利还是要跟先前的社会贡献相联系。到目前为止，北欧三国依然是世界上社会福利覆盖面最宽、福利水平最高、实际收入差距最小的国家。

自20世纪70年代末、80年代初的所谓新自由主义浪潮兴起之后，福利国家一直饱受批评。一些自由主义的思想家甚至把自金融危机以来西欧发生的主权债务危机、西欧经济的持续低迷也归罪于福利国家。[①] 但是，北欧社会民主党人并不这么认为。他们有自己的理论，有自己的主张。例如在瑞典社会民主党的纲领中，福利国家始终是其明确的政策目标。就在其2001年通过的新纲领中，瑞典社会民主党再次充分肯定了这一点。该纲领说："社会民主党致力于建立一个以民主理想和人人平等为基础的社会。自由、平等的人们生活在一个团结的社会里，是民主社会主义的目标"，"自由与平等既是个人的权利，也是为了实现共同利益的集体解决，这些解决方案是个人生活中机会的基础。人是社会动物，在与他人共存中发展和生活。许多对个人福利至关重要的东西，只能在与

---

① 参见［美］汤姆·戈·帕尔默编《福利国家之后》，熊越等译，海南出版社2017年版。编者在封面显著的位置上写道：福利国家的社会福利制度变成了"公地"资源，导致无论是富还是穷，是自愿还是被迫，都趋于从中尽力攫取、过度利用，从而酿成"公地悲剧"。

他人的合作中创造出来"①。该纲领认为:"福利社会和社会保障增加了人们的独立性和人们管理自己生活的手段;男女平等的加强增加了人们的选择机会,改变了人们看待自己和看待他人的方式。所有这些因素都有助于打破陈旧的权威主义模式,推动人们在家庭生活、劳动生活和社会生活中要求新的更加平等的关系。"②

该纲领接着回顾了半个多世纪以来瑞典福利国家建设所取得的主要成就,并且对自由主义的非难进行了反击。"20世纪后半期社会保险制度的建立,为所有公民患病、失业和年迈时提供了经济保障。学校得到扩建,使所有儿童,不管其父母收入多少,都有机会受教育。医疗保健、儿童保育和老年人护理变成了每个人的权利。福利改革增加了人们的迁移自由。同劳动立法和集体协议相配合,这些改革使得工人们不必要为了自身生存而接受不合理的工资和工作条件,从而加强了工人控制自己生活的权力。福利政策也促进了私人资本主义生产秩序的变革。因此,许多这些改革必须不顾特权集团的坚决反对而强行实施就不足为怪了",这样一来,"在20世纪的最后10年,随着保守主义和新自由主义势力的上升,福利改革变成了新的攻击目标。批评者说,福利制度使人们丧失责任感,侵蚀了人们的主动精神,而费用之大又削弱了国家经济。这种批评是强权政治性的、意识形态性的和缺乏实际根据的,资本主义制造出这样的神话:困境催人强。当最宝贵的资源——人变得疲惫不堪、体弱多病时,社会经济反倒强盛起来"③?

保守主义和新自由主义的批评其实并不新鲜。在近代社会保障制度还在酝酿时他们就提出过质疑。对此,贝弗里奇先生在其著名的《贝弗里奇报告》中就做过回击。他说:"有些人认为社会保障是个错误的追求目标。他们认为社会保障与积极性、探索欲和个人责任相抵触。这是对本报告中规划的社会保障不够公正的看法。社会保障计划并不是天上掉

---

① 高锋、时红编译:《瑞典社会民主主义模式——述评与文献》,中央编译出版社2009年版,第268页。

② 高锋、时红编译:《瑞典社会民主主义模式——述评与文献》,中央编译出版社2009年版,第271—272页。

③ 高锋、时红编译:《瑞典社会民主主义模式——述评与文献》,中央编译出版社2009年版,第280—281页。

馅饼，给每个人待遇而不要求任何付出、不会有一点麻烦，也不是'免费午餐'——对此后应由个人承担的责任都能免费得到相应的待遇。社会保障计划是以工作和付费为前提条件，对基本生活所需的收入给予保障，以便使参保者能适合工作。如果没有参保意愿，也不付出努力，是不可能得到它的。"[1] 20世纪90年代以来北欧三国所推行的一系列改革，并没有否定它们已经走了多年，并且也被证明适合它们国情的社会发展道路，其目标是更进一步调动人们的劳动积极性和创造性，进一步强化人们的社会责任，激励人们为社会多作贡献。正如这部新纲领所指出的："为了实现公共福利，民主必须与经济生活中的效率相结合。生产效率不高，会造成同等投入情况下的产出较少。低产出的结果是福利资源贫乏，从而又会削弱对民主形式的信任。经验表明，效率和生产率要求开放和多元化，要求消费者的直接影响。这需要在劳动生活中尊重雇员的技能、意见与参与。它要求民众有机会通过自办企业实现自己的理想。"而这一切，都与资本的利益相冲突。在这方面瑞典社会民主党也丝毫没有掩饰自己的立场和观点，它明确宣称："在资本与劳动的冲突中，社会民主党始终代表劳方的利益。社会民主党现在是，而且永远是反对资本主义的政党，始终是资方统治社会和经济之要求的抗衡力量。"[2] 而且瑞典社会民主党深信：他们这样做最终非但不会降低，反倒会促进生产效率。

前面提到的那位丹麦社会事务部的官员詹斯帕·席斯勒讲得更为简洁明了。他说："丹麦的经验表明，高水平的社会保障系统在社会中创造了非常有价值的社会溢出效应。其中包括：促进稳定、促进增长以及促进社会流动性。此外，似乎有证据表明，一个设计完善的社会保障系统实际上可以充当经济的稳定器，尤其在危机时期——社会保障系统可以保障国内消费，并防止贫困和排外。但是，这存在一个临界点，过了这一点，像丹麦这样的社会就会面临危险，从而变得越来越缺乏社会竞争

---

[1] [英]贝弗里奇：《贝弗里奇报告》，劳动和社会保障部社会保险研究所组织翻译，中国劳动社会保障出版社2008年版，第161页。

[2] 高锋、时红编译：《瑞典社会民主主义模式——述评与文献》，中央编译出版社2009年版，第287页。

力,无力支付大量公民所依赖的庞大的福利服务系统。"①

事实上,自 20 世纪 90 年代以来,北欧三国社会民主党在社会政策领域之所以推行了这样多的改革,做了这样多的改革,其目的就是防止福利国家的过度发展,防止福利国家制度越过这个临界点。经过这些调整和改革之后,北欧三国的社会政治经济又步入了持续、稳定发展的节奏。特别是 2008 年的金融危机爆发后,北欧三国也受到重大冲击,它们的社会保障制度再一次发挥了重要的作用。别具一格的北欧社会发展模式再一次经受住了考验。到目前为止,北欧三国依然是世界上最富有、收入差距最小、人类发展指数最高的地区。

自由主义的思想家们通常把福利国家制度批评为一种"相互抢劫"的制度,认为在福利国家制度下,人们只顾攫取,不思进取;只顾占有,不想创造;只管享受,不讲贡献。但几乎所有的批评者都拒绝讨论北欧三国。因为北欧三国的事实不是如此。除了挪威后来才发现了北海油田之外,总体上来说,北欧三国的经济发展并不具备特别的优势。北欧的富有不是从天而降,而是他们干出来、创造出来的。人们往往只知道北欧高福利,但却忽视了另外一个重要的问题:北欧三国在世界经济竞争力排名上多年来,特别是 2008 年的世界金融危机以来一直名列世界前茅(见表 4.9)。

表 4.9　　　　2009—2013 年北欧三国世界经济竞争力排名

年份 国别	2009	2010	2011	2012	2013
丹麦	3	9	8	9	12
挪威	9	14	16	14	6
瑞典	4	2	3	2	4

资料来源:根据世界经济论坛世界经济竞争力各年度报告汇集。

位于瑞士苏黎世大学的世界经济论坛,综合十几个指标,每年对世

---

① [丹麦] 詹斯帕·席斯勒:《丹麦社会政策领域的行政改革》,《机构与行政》2013 年第 3 期,第 63 页。

界上140多个国家或经济体进行排名，它反映的是一个国家的经济发展势头，更反映着一个国家经济发展的后劲和未来。由于它是一种动态反映，任何一个国家的经济竞争力排名都会有波动，任何一个国家都不可能长期独占鳌头。像北欧三国这样能在140多个国家中长期处于如此领先的地位，这显然不是偶然的。这是否是北欧三国社会民主党人多年的执政理念的体现？

第 五 章

路在何方

虽然已经完全融入了资本主义体系之内，并且仅限于对资本主义制度进行修修补补，对资本主义市场分配机制进行某些限制，但是，由于全球化不仅削弱了单个民族国家的管理能力，而且还极大地改变了各国的社会结构。在利益多元、资源萎缩的条件下，西欧各国社会民主党执政之路自然更加曲折。

第一节 英国工党：再一次四连败

1997 年赢得了大选之后，英国工党公开放弃了社会主义目标，开启了所谓的"第三条道路"之旅。由于适应了全球化及知识经济的大潮，再加上克服了保守党政府连续执政 18 年形成的一些顽疾，新工党上台之后英国社会的确出现了新气象。1997 年之后，英国经济开始稳步增长，失业率，特别是年轻人的失业率及暴力犯罪率开始明显下降。由于形势一片大好，为了巩固执政地位并进一步推动改革，2001 年布莱尔决定提前一年进行大选，结果工党毫无悬念地赢得了连任，布莱尔继续担任首相。到 2004 年底，英国的失业率已经从工党执政时长期在两位数上徘徊，降到了 4.6%。1997—2004 年，英国经济的平均增长速度达到了 2.9%，不仅高于此前 7 年即撒切尔夫人和梅杰执政时期 2.05% 的平均增长速度，而且还明显高于同期英国主要竞争对手德国、法国、日本和意大利等国家。在经济持续稳定增长的条件下，英国的富人比过去更富有了，英国穷人的日子也更好过了。更为重要的是，工党终于摘掉了"不懂赚钱、只会花钱"帽子。布莱尔在他的回忆录中曾总结道：为相 10 年，他最深刻的体会是无论如何也不能阻止富人致富，但还要关心穷人。

在顺风顺水的条件下，2005年布莱尔决定再次提前一年进行大选，结果，工党破天荒地第一次连续赢得三届大选，布莱尔也成为连续任职英国首相时间最长（1997—2007年）的工党领袖。不过，2003年伊拉克战争的爆发，成为布莱尔个人乃至英国工党历史的一个转折点。由于错误地追随美国参与了这场错误的战争，布莱尔在英国选民中的支持率急速下降。虽然勉强赢得了2005年的选举，但布莱尔在英国选民中、在英国工党内部的影响力急剧下降。2007年，布莱尔被迫辞去工党领袖和政府首相职位，时任财政大臣布朗接任工党领袖和政府首相。

尽管如此，布莱尔还是创造了历史，就个人而言他还是成功了。但是，正如一些西方左派思想家所指出的，布莱尔个人成功了，英国工党却失败了。因为，布莱尔担任领袖后对英国工党进行了重大的改革。他所谓的新工党与传统工党几乎不可同义而语。在赢得1997年选举并且上台执政后，布莱尔确实兑现了他之前的承诺：基本上全盘接受此前保守党的基本政策。用20世纪50年代保守党人巴特勒的话来说就是：新自由主义不仅是保守党人的发明，也是布莱尔的创造。[①] 例如，为了促进英国资本主义的发展，布莱尔执政后不仅没有增加税收，反而在保守党政府已经大幅降低的基础上把英国的公司税又做了大幅降低，直至达到当时西方世界的最低水平。为了鼓励英国企业，特别是英国的金融业走向世界，工党政府进一步放松了管制。为了帮助英国企业开拓国际市场，布莱尔不仅努力改善了英国与欧洲的关系，而且在他的多次国务活动中都带领着庞大的英国企业代表团，亲自为英国的企业站台。在他执政期间，英国似乎又重新回到了"共识政治"时期。所不同的是，这次共识实际上是以新自由主义为基础的。

但是众所周知，所谓的新自由主义，实际上就是"市场原教旨主义"。市场机制在配置生产要素、促进经济发展方面固然有效，但不是万能的。2008年世界金融危机的爆发再次证明了这一点。这场金融危机对英国的经济及社会生活带来了严重的冲击。虽然这场危机不能全部记在

[①] 1951年保守党重新执政后，保守党政府财政大臣、保守党发言人拉博·巴特勒在解释保守党政府的社会政策时曾经说过：福利国家不仅是社会民主党人的发明，也是我们的创造。

英国工党政府、更不能记在布莱尔个人头上，但工党在 1997 年上台之后确实进一步放松了对企业，特别是金融业的管制，金融危机爆发后，英国经济也急剧萎缩。从 2008 年第二季度开始到 2009 年第三季度，英国的国内生产总值下降了 6.4%。① 在经济萎缩、失业率飙升、政府财政吃紧的情况下，为了维持正常运转工党政府不得不靠举债度日：在 2009—2010 财政年度，英国政府的预算赤字为 1517 亿英镑，占国内生产总值的 9.9%！② 更糟糕的是，如此巨额的赤字预算并没有扭转经济颓势。因此，在 2010 年的选举中，工党的失败几乎不可避免，所谓的"第三条道路"实际上走到了尽头。

2010 年的选举失败之后，时任工党领袖、政府首相布朗引咎辞职。布朗政府的公共政策发言人、资深政策顾问爱德华·米利班德接任工党领袖。从基本政治立场来说，米利班德、布朗以及布莱尔同属于工党的右翼。因此，米利班德对自布莱尔以来的基本政策没有作出大幅度的调整，就迎来了 2015 年的大选。结果，工党败得比 2010 年还要惨，在 650 个议席中仅得到 232 席，比 2010 年减少了 26 席。保守党则从 2010 年的 316 席增加到 331 席，获得了议会的绝对多数。

接连两次失败，特别是 2015 年的惨败，引起了工党内的深刻反思。在 2015 年的选举中，以传统蓝领工人为主要选民基础的英国独立党居然获得 12.6% 的选票，并且成功地获得了一个议会席位。可以说，蓝领工人的反叛直接导致了工党的失败。越来越多的人意识到，所谓的第三条道路"经济正在为非常富有的少数人服务，而牺牲了多数人的利益"③，科尔宾大声疾呼：所谓的第三条道路不能再走下去了，因为它只是迎合了资本主义发展的需要，多数人的利益则被遗忘了。他呼吁：工党必须旗帜鲜明地坚持社会主义，坚持为大多数工人群众谋利益。他甚至公开宣称自己是马克思的忠实"粉丝"。虽然科尔宾当时还仅仅是工党议会成员中的一名后排议员，但由于他的主张在英国社会，特别是在广大青年

---

① Andrew Hindmoor, *What's left Now?* Oxford University Press, 2018, pp. 173–174.
② Andrew Hindmoor, *What's left Now?* Oxford University Press, 2018, p. 93.
③ Geoffrey Evans and James Tilley, *The New Politics of Class: The Political Exclusion of the British Working Class*, Oxford University Press, 2017, p. 110.

人中引起了巨大共鸣，甚至有 50 多万青年人为呼应他而注册加入工党，因此，当米利班德因大选失利而引咎辞职后，科尔宾成功当选为英国工党新一届领袖，英国工党开始向左转了。

2016 年，由于在脱欧公投中失利，卡梅伦随即辞去保守党领袖和英国首相职位，由主张脱欧的时任内政大臣特蕾莎·梅接任。自认为形势对自己有利，为了巩固自己的领导地位，为了加强自己在议会中的优势地位以便顺利脱欧，同时也是对工党进行追杀，2017 年特蕾莎·梅决定提前进行大选，科尔宾以一个颇为激进的纲领加以应对。在题为《为了多数，而非少数》的竞选纲领中，工党对英国社会日益严重的两极分化现象进行了抨击，明确提出要增收富人税、保障老年人生活水平、高等教育免费等政策主张，结果却获得了意外的胜利：工党的得票率居然突破了 40%，达到了 40.2%，比 2015 年的 30.6% 提高了将近 10 个百分点。议席也由 2015 年的 232 席增加到 262 席。虽然还不及保守党 42.4% 的得票率和 318 个议席，但可以说已经势均力敌了，工党似乎已经看到重返政坛的曙光了。2017 年选举的胜利不仅巩固了科尔宾的领袖地位，也坚定了工党继续向左转的决心。

2019 年底，由于从特蕾莎·梅到约翰逊两届保守党政府连续五个脱欧方案都被议会否决，首相约翰逊不得不提前进行选举。这一次，工党提出了最近几十年以来最为激进的竞选纲领——《真正改变的时刻到来了》。这个题目大有与保守党决一死战、彻底消灭资本主义的架势。纲领不仅保留了 2017 年时提出的很多激进措施，还提出了一个庞大的把公用事业国有化的计划。不仅如此，纲领在字里行间还号召要逐步地改变生产资料的资本主义所有制，从而彻底推翻资本主义制度。结果，工党只获得了 32.2% 的选票和 203 个议席，败得比 2015 年还要惨，比 2017 年居然下降了 8 个百分点的得票率，减少了 60 个议席。

更需要特别指出的是，按照英国的选举制度，任何政党都可以在所有的 650 个选区中提出自己的候选人，最终在该选区得票最高的政党候选人当选为议会议员。也就是说，选区对各政党特别重要。2010 年选举工党之所以失败，一个很重要的原因是苏格兰民族党的创建，分走了工党在该地区的绝大部分选票。而该地区传统以来一直是工党稳固的票仓。而在 2019 年这次选举中，工党在苏格兰地区的影响进一步减弱，又失去了6个选区，只得到了1个席位，[①] 也就是说，工党在苏格兰地区的影响已经微乎其微了。

工党在苏格兰地区几乎全面失守，这并不意外。众所周知，英国此次大选是因为：在2016年的脱欧公投中，苏格兰地区的选民绝大多数主张留在欧盟。但自2015年科尔宾接任工党领袖以来，在脱欧还是留在欧盟的问题上，英国工党一直闪烁其词，不敢公开表态，这使得苏格兰地区的选民对工党大失所望，因此把选票投给了坚决主张留在欧盟的苏格兰民族党。

科尔宾在脱欧问题上之所以态度暧昧，当然有他的考虑：那就是要保住工党的传统选民——广大中下层工人群众。因为，虽然加入欧盟对英国的经济发展带来了巨大的推动作用，但是，欧洲一体化的深化，特别是欧洲劳动力的自由流动，对英国的劳动力市场也带来了严重的冲击。自20世纪90年代以来，英国的失业率一直徘徊在8%—9%。虽然这在西欧并不特别例外，但英国的失业工人却一直把这笔账记在欧盟头上。因为到2018年，英国在外国出生其中绝大部分是在欧盟其他国家出生、在英国工作和生活的人口已经达到了920万，占到了英国总人口的14%。[②] 这些人中的绝大多数，特别是其中的非法移民，主要在英国从事收入较低，甚至没有任何法律保障的临时工作。他们在客观上抢了英国工人，特别是那些长期失业工人的饭碗。因此，蓝领工人，特别是长期失业的蓝领工人很容易接受右翼民粹主义的影响。而这也正是英国脱欧党近些年来能够异军突起，在2019年的欧洲议会选举中能够战胜保守党和工党成为在欧洲议会中英国最大政党的根本原因。为了争取这一部分选民，工党自然不敢公开主张留在欧盟。结果，在这次大选中，工党不仅失去几乎整个苏格兰地区，也失去了英国传统上制造业比较发达的中部和北部。由于工人数量相对集中，这两个地区长期以来也一直保持着对工党的支持。这两个地区也一直被认为是工党的根据地。由于工党对离开还是留在欧盟模棱两可的态度，这两个地区的选民对工党也大失所

[①] Scotland's election 2019: Scottish Labour must "listen and rebuild", BBC NEWS, December 13, 2019, https://www.bbc.com/news/uk-scotland-50780451.

[②] 经合组织：《2019国际移民概况》，巴黎：经合组织出版社2019年版，第282页。

望，大选结果显示工党在这两个地区的优势也不复存在。继失去苏格兰后，工党又失去了中部和北部地区，失去了根据地，就意味着在未来的选举中，工党处于十分不利的境地。

正是由于工党在2019年大选的溃败，英国前首相、工党前领袖布莱尔担心：10年之内工党难以重返政坛。也正是据此，英国媒体甚至认为，这次选举可以看作是"工党在其119年的历史中所遭受的最大失败"[①]。也就是说，工党的这次左转之旅也已经宣告失败。

左右两边都尝试了，都未能成功，接下来该怎么办呢？毕竟按照目前英国的政治制度，工党还是唯一可以与保守党相抗衡的政党。此次虽然是"四连败"，但在1997—2010年它毕竟也曾连续13年执政，在2017年的选举中它的得票率毕竟与保守党只少了2个百分点。只要它调整好策略，它会很快东山再起，重新上台。问题在于，工党该怎么调整它的策略呢？

我们还得从2019年大选的结果来分析。如前所述，这次选举是由于此前保守党政府的多个脱欧方案均遭议会否决后被迫提前进行的。因此，在某种意义上可以说这是又一场脱欧公投。为了能够吸引那些主张脱离欧盟的下层民众的选票，科尔宾不敢明确表明自己的立场，声言自己在这个问题上保持中立。在整个竞选过程中，科尔宾几乎回避了脱欧问题，而是提出来一系列明显激进的经济和社会政策主张，企图影响中下层民众的投票。科尔宾虽然用心良苦，但结果未能如愿。在2016年脱欧公投中，中下层工人群众相对集中、脱欧票最多的20个选区，这次却全部落入了保守党手中；而在2016年脱欧公投中新兴中产阶级相对集中、在公投中主张留在欧盟的人最多的20个选区中，除了有6个为苏格兰民族党获胜、1个为自由民主党获胜，其余的13个选区全部为工党获胜，其中包括在大选中唯一一个新赢得的选区——帕特尼选区。[②]

值得注意的是，英国工党的这次选举失败，不仅仅是议会席位减少的问题，而且还表现出它选民基础的深刻变化：它越来越向城市新兴中

[①] Editorial, The Guardian view on Labour's defeat: an existential crisis with no easy solution, The Guardian, Dec 15, 2019, https：//www.theguardian.com/commentisfree/2019/dec/15/the - guardian - view - on - labours - defeat - an - existential - crisis - with - no - easy - solution.

[②] Tory Landslide, Progressives Split, A Datapraxis Analysis of the UK General Election, Dec 14, 2019, p.9.

产阶级靠拢，越来越远离中下层工人群众。与之对应的是，保守党第一次在工人群众居住较密集的选区得到了比工党更多的票。① 如果根据英国民意调查中常用的五层划分法，② 把 C2DE 三阶层当作工人阶级的话，根据图 5.1 所示，工党在工人阶级中的得票率 1997 年还在 50% 以上，而在 2019 年则落到 40% 以下了。

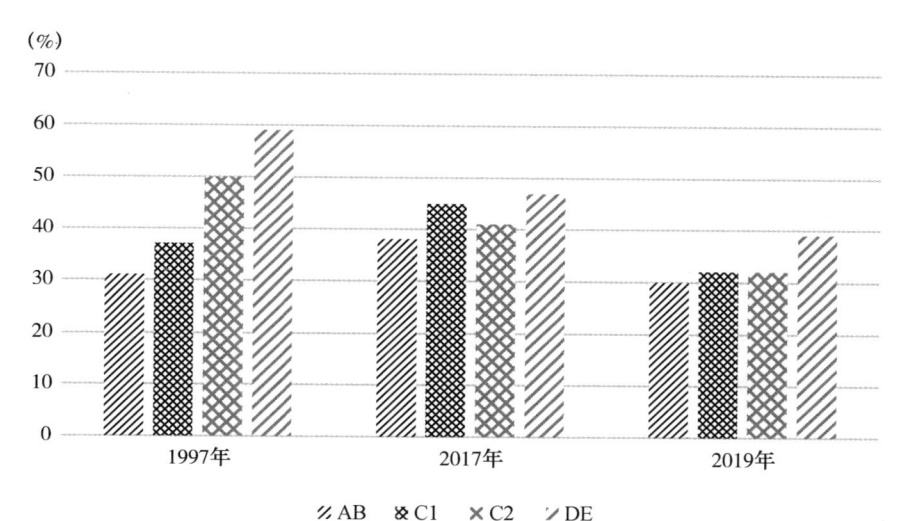

图 5.1　三次大选中工党在各社会群体中的得票率

资料来源：Ipsos MORI 报告：《2019 年大选是一场脱欧大选吗?》。③

然而，对于英国工党来说，在工人群众中得票率的减少似乎只不过是雪上加霜。对它来说，最致命的是整个工人阶级队伍的萎缩。

---

① Adam McDonnell and Chris Curtis, How Britain voted in the 2019 general election, YouGov December 17, 2019, https://yougov.co.uk/topics/politics/articles-reports/2019/12/17/how-britain-voted-2019-general-election.

② 英国 NRS（国家读者调查）在人口统计分类中所使用的标准。A 指的是高级的管理、行政或专业人员，B 指的是中级的管理、行政或专业人员，C1 指的是监工、文书和初级的管理、行政或专业人员，C2 指的是熟练工人，D 指的是半熟练和非技术工人，E 指的是领取养老金者、临时工和最低等级的工人以及因失业而领取社会福利的人。

③ Lucy Thompson, Election 2019: The Brexit Campaign? Ipsos MORI, February 4, 2020, pp. 99-100, https://www.ipsos.com/sites/default/files/ct/news/documents/2020-02/politicalcommunications_conferencedeck.pdf.

作为近代工业革命的发源地，英国曾享有"世界工厂"的美称。在工业化早期，英国曾经从世界各地进口了大量的各种原材料，在英国加工、制造成各种产品后再销往世界各地。甚至在第二次世界大战结束后相当长的时期内，英国依然保持着强大的制造业地位。例如，在1970—1971年，制造业是英国最大的行业，就业人员将近100万，占全部就业人员的32.4%，此后就开始明显萎缩，到1992—1993年间，这个比例减少到18.9%。① 进入21世纪后，英国的制造业进一步萎缩。2009年，英国制造业就业人员仅占全部就业人员的10.47%，到2018年，这支队伍则进一步萎缩为仅占全部就业人口的9.65%。②

作为英国立国之本的制造业，为什么发生了如此严重的萎缩？

前面提到，全球化之所以能够促进生产力的发展，很重要的一点在于它实际上是在全球范围内对生产要素进行最佳组合。一位叫作乌尔利希·贝克的教授曾指出："这准确体现了信息时代全球化资本主义的新的劳动生产率法则：数量越来越少的、受过良好的高等教育、可以在全球范围内流动的人们却可以创造出越来越多的效益和服务。经济增长不再导致失业率的减少，而是相反，要以劳动岗位的减少为前提条件。"③ 以英国制造业中的支柱产业汽车制造业为例。在20世纪五六十年代，英国从世界许多国家进口零部件，在英国完成组装后再销往世界各地，其中销往海外的汽车占到了其汽车生产总量的85%。进入20世纪八九十年代后，英国的汽车制造商先后在中国、波兰、巴西、奥地利等国建立了工厂，利用当地相对便宜的劳动力和当地生产的零部件，在当地组装成车和销售。这种模式效率显然更高，但也不可避免地导致英国制造业的萎缩和英国劳动岗位的减少。

虽然上述变化对于整个英国国民经济来说几乎没有什么影响，因为随着产业结构的升级，制造业在英国国民经济体系中的重要性越来越低。在英国的国内生产总值中，制造业所占的比重，与其就业人员占全部就

---

① [英]唐纳德·萨松：《欧洲社会主义百年史》，姜辉等译，社会科学文献出版社2008年版，第746—747页。

② 经合组织：《经合组织劳动力统计2009—2018》，巴黎：经合组织出版社2019年版，第148页。

③ 张世鹏、殷叙彝编译：《全球化时代的资本主义》，中央编译出版社1998年版，第122页。

业人员比重几乎同步下降。在目前，它也仅占不到 10%。有人甚至把英国的汽车业和整个制造业比作功能退化的"盲肠"。

但是，对英国工党来说，这一变化却是灾难性的。

众所周知，英国工党本来就是在工会组织的基础上组建起来的，在某种程度上，它几乎就是英国的工会联合会。自 1900 年成立以来的大部分时期内，工党甚至没有个人党员。各工会组织的会员自动地成为工党的集体党员，其主要目标就是赢得议会选举。而作为英国工业支柱的制造业，其工会也一直是英国工会组织中人数最多、组织最严密、战斗力和影响力最大的一个工会，它不仅是英国工会组织，也是英国工党赖以生存和发展的支柱。如前所述，在 20 世纪 70 年代初，英国制造业的就业人数约占全部就业人数的三分之一，总计将近 1000 万人。而到了 2018 年，英国制造业的就业人员仅剩下 200 多万，在全部就业人口中所占不到 10%。也就是说，由于制造业的急剧萎缩，英国工党最重要的支柱坍塌了。

制造业的急剧萎缩，必然导致大批劳动力丧失工作岗位。这批人中年纪较轻、受教育程度较高的部分大都转移到了服务业。根据经合组织的统计：到 2018 年，英国全部就业人员为 27423500 人，其中服务业的就业人数为 22686100 人，占了将近 83%。[①] 虽然按照马克思的定义，绝大多数在服务业就业的人员仍然属于体力或脑力出卖者，仍然属于工人阶级，但是，在服务业中占据着相当大比例的医疗卫生和社会服务人员、教育工作者、科技工作者、文化体育工作者、金融保险工作人员、律师、公共管理人员等，他们的收入水平、工作环境、生活方式、政治诉求等，与制造业的传统蓝领工人显然不可同日而语。他们中的绝大多数人，自我认同为"新中产阶级"，而不再自认为属于"工人阶级"。

始终自我认同为工人阶级的人还包括从制造业被裁减下来的年龄较高、受教育程度较低的那部分人。由于满足不了新岗位的就业要求，这部分人实际上被排除在劳动力市场之外，变成了长期失业者。自 20 世纪 90 年代全球化步伐加快以来，英国的失业率长期保持在 8%—9% 的水平，个别年份甚至超过了 10%。这一部分人毫无疑问地属于全球化的利益受损者。

[①] 经合组织：《经合组织劳动力统计 2009—2018》，巴黎：经合组织出版社 2019 年版，第 148 页。

大批失业者的存在，客观上使就业人员，特别是普通技术水平中低收入的就业人员在工资水平、工作条件等的谈判上处于非常不利的地位。这也是20多年以来，虽然英国的经济水平、生产效率有了很大提高，但是英国工人群众的整体工资水平并没有提高的根本原因。换句话说：英国推行全球化、加入欧洲一体化所得到的红利，并没有惠及英国普通民众，而主要装入了少数大资本家、少数精英的腰包。

为了减轻政府财政负担，也就是保守党所说的为了避免工人群众落入所谓的"福利陷阱"，自撒切尔夫人执政以来，英国政府一直在削减福利，特别是削减失业救济金，并且采取了一系列措施，迫使失业者尽可能地重返劳动力市场。然而，绝大多数失业者并不认同政府的主张和政策。他们认为造成自身失业的主要原因是不公平竞争。因为自全球化浪潮兴起以来，在英国具体地说是自《马斯特里赫特条约》生效以来，在欧盟范围内，劳动力实现了自由流动，在那些经济发展水平较高、社会福利制度相对更健全的国家出现了大量移民。据经合组织统计，到2018年在英国，在外国出生、在英国工作和生活的人口已经达到了920万，占到了英国总人口的14%。[①] 这些人中的绝大多数，特别是其中的非法移民，主要在英国从事收入较低，甚至没有任何法律保障的临时工作。他们在客观上抢走了英国工人，特别是那些长期失业工人的饭碗。英国独立党前党魁奈杰尔·法拉奇（Nigel Farage）就极力宣扬这种观点。他说："（英国工人）迫切地渴望工作，但是他们被络绎不绝的东欧移民潮击溃了。"[②] 蓝领工人，特别是长期失业的蓝领工人很容易接受这样的观点。而这也正是英国脱欧党近些年来能够异军突起，在2019年的欧洲议会选举中能够战胜保守党和工党成为欧洲议会中英国最大政党的根本原因。

就在此次英国大选结果揭晓前，法拉奇在自己的社交网站上大胆预言：保守党将会大获全胜，因为传统以来一直投工党票的蓝领工人，特别是那些长期失业的工人，这次会把选票投给原来坚决不投的保守党，

---

① 经合组织：《2019国际移民概况》，巴黎：经合组织出版社2019年版，第282页。
② Farage, N. 2014. The main parties don't listen to the working classes, Evening Standard, March 10, https://www.standard.co.uk/comment/comment/nigel-farage-the-main-parties-don-t-listen-tothe-working-classes-9181460.html, Accessed 9 October 2019.

因为他们要脱离欧盟，结果不幸被法拉奇言中。

众所周知，马克思曾经把团结视为工人阶级解放事业的法宝。在早年欧洲各国的工人集会上，在马克思和恩格斯的几乎所有著作和文献的扉页或封底上，到处都有"全世界无产者联合起来！"的口号。而由于资本主义发展的不平衡，全球化事实上不仅制造了不同发展水平国家工人阶级之间的对立，也严重破坏了像英国这样的国家工人阶级内部的团结。

例如，英国目前有83%的人就业于服务行业。虽然从广义上说他们都属于白领工作者，甚至可以被称为"白领工人"，但是商场收银员与银行经理、家庭保姆与律师、社区工作者与医生、大学教授与快递员等，他们之间显然没有相互认同感，因此也就很难组织起来、团结起来、联合起来。英国工会组织的衰落，明显反映出这一趋势。在19世纪末、20世纪初，当英国还是"世界工厂"时，制造业占据着全部就业人员的绝大多数。那时几乎所有的工人都要加入工会。直到1979年撒切尔夫人上台执政时，英国各类工会的会员还有1320万人，约占全部就业人口的50%。而到了2018年，英国各类工会会员只有600多万，且大部分集中在公共部门，仅占全部就业人口的五分之一左右（见图5.2）。

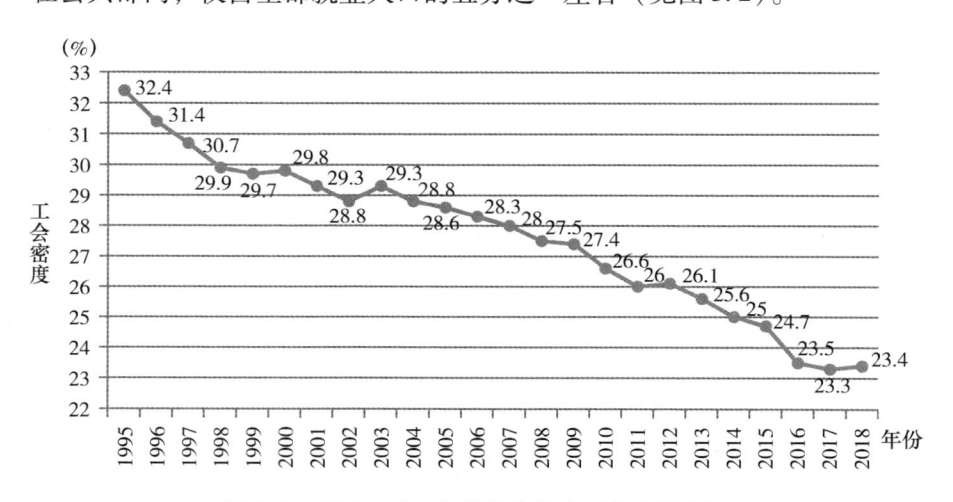

图 5.2　1995—2018 年英国雇员中工会会员占比

资料来源：英国国家统计局的劳工调查（Labour Force Survey）。①

---

① Daniel Clark, "Trade Union Density in the United Kingdom (UK) 1995 to 2018", https：//www.statista.com/statistics/287232/trade-union-density-united-kingdom-uk-y-on-y/.

这表明，当下英国的社会结构与19世纪已经大不相同：英国社会没有日益分裂为势不两立的两大阶级，而是越来越多元化、碎片化。也就是说，英国的政治生态已经发生了深刻变化。而以科尔宾为领袖的英国工党似乎全然没有意识到这一点，依然试图通过一个激进的纲领去鼓动选民、吸引选民，这就难怪它再一次遭遇四连败了。

第二节　德国社会民主党：沦为配角

2005年的选举，社会民主党虽然失去了第一大政党的地位，但与第一大政党基督教民主联盟党相比，它的得票率毕竟只少了不到1个百分点，在611个议会席位中占有222席。基民盟虽然赢得第一大党的地位，但即使加上它的姊妹党——基督教社会联盟的46个议席，仍然构不成议会多数。在其他尝试失败之后，默克尔决定与社会民主党合作，组建大联合政府，甚至邀请施罗德担任副总理。已经担任了7年总理的施罗德显然不可能屈人之下，但为了继续推行已经启动的一系列改革，社会民主党最终还是接受了基民盟联合执政的邀请，施罗德辞去党主席后的继任者施泰因迈尔出任政府副总理兼外交部部长。此外，包括财政部部长、教育部部长、社会事务部部长等7个重要职位，也由社会民党人担任。也就是说，在内阁15名部长中，社会民主党人居然有8个。这表明社会民主党在德国政坛仍举足轻重。

但默克尔毕竟掌握着最高权力。而且她也的确兑现了承诺，基本上接受了社会民主党的政策主张，进一步收紧了社会福利开支，包括冻结政府对养老保险的补贴、取消了政府工作人员的圣诞节奖金、削减交通补贴，等等。同时，为了解决财政吃紧问题，默克尔一反绝大多数中右政府通常的减税政策，而是果断地增税，2007年，默克尔把德国的增值税率从16%提高到19%，把年收入超过25万欧元的单身职工和年收入超过50万欧元家庭的所得税率由42%提高到45%。这些都是社会民主党想干而干不了的事情。默克尔的理念是：在经济不景气、国家财政困难的情况下，所有德国公民都应该做出牺牲，以换取美好的未来。

默克尔的这些政策，收到了可能她本人都未曾意料到的效果。2007年，西方经济已经开始疲软，2008年金融危机爆发后，包括其近邻英国和法国在内的西方主要国家经济普遍萎缩，出现了将近4%的负增长，失业率飙升至将近两位数，但德国做到了独善其身，甚至一枝独秀。2008年，德国经济居然还增长了1.3%，失业率则下降了1.2%。2009年第一季度虽然略显低迷，但从第二季度开始，作为世界第一制造大国的德国，其工业订单就开始大幅增长。这就为默克尔赢得2009年的大选从而实现连任增加了决定性的砝码。

事态的发展果然如此。在2009年9月举行的联邦议会选举中，虽然由于另外三个小党，特别自由民主党的崛起，基民盟和基社盟的得票率比2005年减少了1.4个百分点，仅为33.9%，但还是成功地保住了第一大党的地位。而社会民主党虽然也保住了第二大政党的位置，但得票率仅为23%，比2005年减少了11.2%。由于与联盟党立场和政策非常接近的自由民主党获得了14.6%的选票，上升为议会第三大政党。有自由民主党的支持，默克尔决定甩开社会民主党，与自由民主党组建了新一届联合政府。社会民主党这一次配角也没能当上，只能做反对党了。

自建党以来，社会民主党一直以代表社会底层工人群众的利益为宗旨，1998年施罗德能够战胜老谋深算且刚刚完成东西德统一大业的科尔从而问鼎总理宝座，打的也是为工人群众谋利益的旗帜，但在他执政的7年时间里，施罗德一系列改革却严重损害了底层工人群众的利益。在2009年的选举中，社会民主党虽然依然标榜自己代表工人群众，但是并没有提出一套让工人群众信服的纲领。在这次选举中，对社会民主党失望的工人群众大都选择了弃权。在2005年的选举中，有38%的蓝领工人投票支持社会民主党，而在2009年的选举中，这个比例仅为13%。这也是社会民主党的得票率锐减的直接原因。这也标志着，德国社会民主党的所谓"新中间道路"走不通了。

2009年选举失败之后，德国社会民主党曾一度陷入迷茫之中，其突出表现是党主席频繁更换，自那时以来到目前已经更换了6次。每任党主席平均任职才一年多。缺少稳定的领袖，没有明确的改革方向，当然不可能取得好的选举效果。反观最主要竞争对手联盟党，由于德国经济持续稳定增长，且在欧洲主权债务危机中，默克尔既捍卫了德国的利益，又维护了欧盟的团结，默克尔本人的国际影响以及德国的国际地位都迅速上升。在这样的背景下如期进行的2013年议会选举，胜负已经没有悬念。

在2013年的选举中，联盟党的得票率达到42%，坐稳了第一大政党的位置。但由于没有占据议会多数席位，不能单独执政。而它此前的合作伙伴自由民主党在这次选举中仅仅获得了4.7%的选票，没能越过进入议会的5%选票的门槛线，默克尔再次向社会民主党抛出了橄榄枝，邀请社会民主党联合执政。而社会民主党毕竟是一个百年老党，在德国社会有一定的根基。在这次选举中其得票率又有所回升，达到25.7%，保住了第二大政党的地位。由于不愿意默默无闻，因此，社会民主党接受默克尔的邀请，再次参与了由默克尔主导的新一届政府。社会民主党新任主席加布里尔出任政府副总理兼经济和能源部部长。社会民主党前主席，在2005—2009年曾担任过外交部长的施泰因迈尔再次担任外交部部长。

虽然无论是在国内社会政策方面，特别是她的紧缩还是在对外政策方面，特别是在德国与欧盟的关系上，德国政坛一直都有不同的声音，默克尔本人也曾遭到严厉的批评甚至是猛烈的攻击，但自她于2005年执掌德国政权以来，德国经济毕竟一直处于持续增长的良好状态。特别是在金融危机爆发之后，西方主要资本主义国家经济普遍低迷的情况下，德国经济一直保持着1.5%—1.8%的稳定增长。这不仅对整个欧盟的经济复苏发挥了引擎作用，也使得德国国内整体生活水平有了明显提高。特别是在关乎国计民生的就业问题上，2005年默克尔上台时德国的失业率达到了11.6%，这也是社会民主党输掉那一年选举的根本原因。而到了2017年，随着经济的稳步增长，德国的失业率下降到了5.7%。德国的百姓基本上实现了"安居乐业"。在此期间，社会民主党虽然曾两度参与执政，做反对党时也曾积极配合联盟党政府的工作，但最大的功劳自然还是要记在这一时期德国政坛掌舵人——默克尔头上。德国选民对她的最大褒奖是让她破天荒地连续第四届担任政府总理。

虽然由于激进右翼政党——选择党的崛起，在2017年的选举中，默克尔领导的联盟党的得票率有所下降，仅为32.9%，但比第二大政党——社会民主党的20.5%还是遥遥领先，第一大政党的地位没有动摇。反观德国社会民主党，虽然保住了第二大政党的位置，但区区20.5%的得票率已经创下了该党自1949年恢复重建以来的最低纪录。

由于德国政坛已经严重分化，特别是由于自身毕竟只有 32.9% 的支持率，在与其他政党联合执政谈判失败后，默克尔再次向社会民主党发出了联合执政的邀请。虽然先前两次联合执政只有苦劳没有功劳，且党内许多人认为，继续做联盟党的跟班，不利于自己独立发展，但是，经过反复权衡、反复讨论，社会民主党最终还是接受了默克尔的邀请，再一次与默克尔的联盟党组建了大联合政府。社会民主党代主席肖尔茨出任副总理兼财政部部长，另外的外交部、司法部、劳工部等 5 个部长也由社会民主党人出任。社会民主党再一次做了联盟党的跟班。

第三节　法国社会党：被边缘化

在 2012 年的法国总统选举中，社会党候选人奥朗德最终战胜了中右翼的人民运动联盟领导人、时任总统萨科齐，从而结束了中右集团对法国最高权力连续 17 年的垄断。在随后的议会选举中，法国社会党再接再厉，在全部 577 个议席中，独得 280 席。在沉寂多年以后，法国左翼再次获得了证明其治国理政的能力。

奥朗德也确实兑现了他在竞选前许下的一些诺言，推行了一些极富左翼特色的改革。例如，以给青年人更多机会、让老年人好好休息为名，奥朗德把萨科齐政府刚刚延迟的法定退休年龄又从 65 岁改回到 60 岁。为了缩小收入差距，同时也为了解决政府财政危机，奥朗德政府还恢复了密特朗时期的富人税。

然而，由于世界金融危机爆发后，西欧社会民主主义陷入了低潮。奥朗德上台后发现，法国当时已经成为西欧唯一的左翼政府。以至于他在出席欧盟领导人会议时居然找不到一位同路人。这就使得法国政府的一些改革显得孤掌难鸣。例如，为了缓解人口老龄化对传统养老体系带来的压力，介于人类平均预期寿命普遍提高的事实，在同一时期内，西欧其他国家大都延迟了法定退休年龄，这就使得奥朗德的改革显得有点儿逆潮流了。至于增收富人税，似乎更不合时宜。因为，自所谓的新自由主义浪潮兴起以来，西方各国的收入差距都在拉大。著名法国经济学家、《21 世纪资本论》作者皮凯蒂曾呼吁西方各国采取共同行动，来杜绝逃税、避税现象。奥朗德政府单独行动，使得具有多重国籍的法国富人几乎毫不费力就可以避税，甚至是更改国籍，转移资产。这非但达不到增加政府财政收入、劫富济贫的目的，反而对法国经济造成了伤害。这也再次证明了马克思早年的那个判断：在交往日益增大的条件下，不可能搞地域性的社会主义。

对于法国社会党政府来说，最糟糕的还不是左翼政府的形单影孤，而是自世界金融危机爆发以来法国经济的持续低迷，经济增长缓慢，好的年份增长1个多百分点，差的年份还会出现负增长，再加上收入差距越来越大，法国人民群众，特别是那些"被遗弃者"（left behinders）的整体生活水平提高缓慢，甚至略有下降。奥朗德在2012年总统选举中之所以能够击败时任总统萨科齐，关键就在于，萨科齐就任总统期间（2007—2012年），人们的日子越过越差。国以民为本，民以食为天。这个道理可以说是放之四海而皆准。人们当时把票投给奥朗德是希望他能带领法国走出经济低迷，给人们带来一个更美好的生活。奥朗德在竞选时也许下这样的诺言。在他就任总统以后，尽管采取了一些措施，但法国经济迟迟不见好转。

经济持续低迷，不仅使得奥朗德在国内的一系列改革受到限制，也使得法国在国际舞台，特别是在欧盟的影响力开始下降。众所周知，从最初的煤钢联营到后来的《马斯特里赫特条约》，法国在欧盟事务中一直扮演着"第一小提琴手"的角色。德国虽然是欧盟最大经济体，但由于历史的原因，在包括欧盟在内的国际舞台上一直保持低调。德国著名政治家、曾经长期（1982—1998年）担任德国总理的赫尔穆特·科尔曾告诫他的接班人、现任德国总理默克尔：在法国领导人面前一定要摆正身位，在向法国国旗鞠躬时最好鞠两次。奥朗德上台后情况发生了变化。欧洲主权债务危机是当时关乎欧盟生死存亡的头等大事。法国当时自己是泥菩萨过河，自然没有什么发言权。而由于特殊的经济结构，再加上较早采取紧缩政策，德国自默克尔上台后，除2009年经济稍有下滑外，一直保持着稳定增长。凭借其坚挺的经济实力，德国充当了欧洲债务危机中的中流砥柱，从而也赢得了在欧盟乃至整个国际事务中的发言权。法国则被悄悄地挤在了后边。

生活水平得不到提高，国际地位明显下降，这使得法国选民对奥朗德极度失望。民意调查显示，在最低点时，奥朗德的支持率只有4%，法国舆论甚至把他评为了法国历史上最不受欢迎的总统。

奥朗德个人的执政表现不仅直接影响了整个社会党的地位，而且还引发了法国政治力量的重新组合。

在左翼方面，前社会党重要成员、若斯潘政府期间曾出任过职业教育代理部长职务，2012年曾以左翼联盟候选人身份参加过总统选举的梅朗雄，决定放弃传统以来法国政治中的左右对立，不再在人民群众中划线选边，于2016年发起一个类似于马克龙所组织的前进运动的"不屈法国"运动。该运动得到法国共产党的支持和响应，但放弃了法国共产党传统以来的"阶级斗争""革命""夺取政权"等口号，主张通过修改宪法、修改选举法来建立法兰西第六共和国。在国内政策上，支持以"全民普遍基本收入"为主要内容的左翼福利改革，主张百分之百地采用可再生能源，强调以人为本。在外交上，反对对美国亦步亦趋，甚至提出要再次退出北约（戴高乐总统曾于1966年强硬退出北约，直到2009年萨科齐任总统时法国才重新加入）。而在对俄罗斯的态度上则主张友好，认为毕竟传统以来，法俄一直是盟国。总之，"不屈法国"反对冷战思维，主张建立一个多极世界。随着人们对奥朗德政府失望情绪的上涨，"不屈法国"的支持率越来越高。在这样的条件下，2017年，梅朗雄拒绝代表社会党参加总统选举的邀请，在法国共产党的支持下，独自参选。虽然未能成功，但在第一轮投票中居然获得了19.58%的选票，在全部11位候选人中排名第四，比排名第一的马克龙相差仅仅4个多百分点。

在右翼方面，由于在奥朗德任职期间，法国曾连续遭到恐怖主义袭击，难民潮又不可避免地引发法国社会"被遗弃者"的严重不满，这就为法国激进右翼政党——国民阵线的进一步发展壮大创造了条件。前面提到，早在2002年的总统选举第一轮投票中，国民阵线的候选人勒庞就曾挤掉社会党候选人若斯潘。勒庞的女儿玛丽娜继任国民阵线领导人后，尽力淡化自己的民粹主义立场，尽力展现自己贴近下层民众的态度。在社会政策上甚至也支持"全民普遍基本收入"主张。法国国民阵线把法国遭受的恐怖主义袭击、法国失业率的攀升，甚至法国经济的低迷都归罪于欧盟，特别是归罪于欧盟的移民政策。因此，国民阵线坚决主张脱离欧盟，主张要把法国留给法国人。随着近几年来整个欧盟经济的低迷和疑欧主义浪潮的泛起，法国国民阵线的支持率也在稳定上升。在2017年的总统选举第一轮投票中，玛丽娜·勒庞的得票率达到了21.30%，位列第二，成功进入第二轮。这一次，在第一次就惨遭淘汰的就不仅有社会党，还有老牌的法国传统右翼保守党——共和党（前身是戴高乐创建的保卫共和联盟，萨科齐任总统时改名"人民运动联盟"，2015年更名为共和党），其候选人菲永的得票率为20.01%，排名第三。虽然在第二轮投票中以33.90%：66.10%的劣势输给了法国前进运动候选人马克龙，但比起老勒庞在2002年第二轮投票中仅仅17.85%的得票率，国民阵线的支持率显然已经上了一个新的台阶，它已经无可置疑地上升为法国政坛的主流政党了。

在中间派方面，马克龙虽然曾经做过奥朗德的顾问，甚至出任过奥朗德政府的经济部部长，但是作为新生一代，马克龙对法国年青一代厌恶左右对立、厌恶派系争斗、厌恶建制的情绪更敏感。平民出身的他，对法国民众的需求和期盼感受得更为深刻。正因为如此，他于2016年辞去经济部部长职务，退出社会党，发起了"前进运动"。之所以起这样一个名称，就是为了显示它与传统政党不同，既不代表左，也不代表右，或者说既代表左，也代表右。在组织结构上也不同于传统政党，既不用办理入党手续，也不用缴纳党费，甚至也不用参加会议，而只需要在网络上对该组织的纲领和立场表示赞成即可。马克龙也确实做到了左右兼顾。他打出的旗帜就是"改革"，在国内社会政策方面，他提出要改革过去以工作岗位为基础的社会保障体系，扩大保障范围，在国际上，他主张法国积极参与全球化，主张建立多极世界。在欧盟问题上，他力主法国留在欧盟，并且要在欧盟发挥更大的作用。马克龙的这些主张确实能为左右两大阵营中的许多人所接受。正因如此，在2017年的法国总统选举的第一轮投票中，初出茅庐的马克龙居然以24.01%的得票率位居第一，在第二轮投票中又以66.01%：33.90%的成绩战胜了玛丽娜·勒庞，当选为新一任总统。

反观社会党方面，由于那么低的民众支持率，奥朗德决定不再谋求连任。由社会党提出的候选人贝诺瓦·哈蒙的得票率仅为6.36%。在法国政坛上，社会党已经无足轻重，毕竟左、中、右三大势力已经明确形成三大集团。社会党虽然在基层还保留着一定的影响，在议会中还保留着30个议席,但事实上已经被边缘化了。

从英国工党、德国社会民主党、法国社会党这三个西欧最有代表性的社会民主党目前的处境似乎可以得出结论:它们的转型之路并不平坦。

结 束 语

19世纪中期，近代资本主义的发展造成了严重的社会分裂，导致一系列严重的社会问题。特别是当周期性的经济危机爆发时，各种社会矛盾、各种社会问题会进一步加剧。马克思和恩格斯曾据此宣布：资本主义生产关系已经不适应它所创造的巨大社会生产力，资本主义行将被一种新的生产关系——社会主义——所取代。他们宣布：资本主义的丧钟已经敲响了。他们号召：全世界无产者联合起来！推翻资本主义，建立社会主义新社会。

作为对近代资本主义的反抗，西欧的工人运动可以说与近代资本主义制度有着同样长的历史。马克思主义产生后，在西欧的工人运动中产生了广泛影响，甚至曾一度在工人运动中占据统治地位。但是，自19世纪20年代开始，随着资本主义的进一步发展和资本主义生产关系的调整，社会民主主义在西欧工人运动中影响越来越大。在各国工人运动的基础上组建起来的西欧各国工人政党，早期曾不同程度地接受过马克思主义的影响，但在这一时期纷纷接受了社会民主主义。虽然不否定社会主义，但作为一种社会改良主义，社会民主主义反对暴力革命，反对阶级斗争，主张通过合法斗争，特别是通过议会道路，取得政权，对资本主义制度进行逐步改良。用伯恩施坦的那句著名口号来说就是：最终目的是微不足道的，运动就是一切。据此，前英国首相玛格丽特·撒切尔曾不无道理地把以苏联为代表的传统社会主义称为外部社会主义，而把以西欧各国社会民主党所奉行的社会改良主义称为内部的社会主义。

由于既能够为资产阶级所接受，又能够为广大工人群众带来一些直接的、现实的福利，所以在整个20世纪，社会民主主义在西欧得到了普遍发展，西欧各国社会民主党纷纷上台执政，在一些国家，例如在北欧三国，社会民主党甚至曾经长期执政。正因为如此，许多西方思想家都同意：可以把整个 20 世纪称为社会民主主义的世纪。

1989 年苏联解体，这本来只是传统社会主义一种模式的失败。但是，西方的一些思想家，包括达伦多夫，非把它说成是整个社会主义事业的失败。他们的理由是：苏联解体、苏联社会主义的失败，证明资本主义是无可替代的。既然如此，所有反资本主义的运动和政党也应该休矣。因此，苏联解体之后，达伦多夫虽然不同意福山所谓"历史的终结"的论断，但他自己则认为，各种各样的社会主义都已经失去了存在的理由，历史应该重新开始。①

早在一百多年前，马克思就曾指出："无论哪一个社会形态，在它所能够容纳的全部生产力发挥出来之前，是决不会灭亡的；而新的更高的生产关系，在它的物质存在条件在旧社会的胎胞里成熟以前，是决不会出现的。"② 社会主义全面胜利的条件现在虽然还没有成熟，资本主义生产方式虽然还有它存在的理由，但是，资本主义生产方式所包含的内在矛盾并没有消除。而说到底，传统社会主义也好，社会民主主义也罢，它们都是为了克服资本主义生产方式的内在矛盾、克服市场力量的盲目性而发展起来的。虽然受全球化、知识经济的兴起、社会结构的变化以及苏东剧变等的影响，西欧各国社会民主党已经先后实现了转型，它们已经公开放弃了社会主义目标，但它们并没有放弃自己的历史使命。用法国社会党的理论家、前第一书记若斯潘的话来说就是：21 世纪西欧各国社会民主党要市场经济，不要市场社会。

所谓不要市场社会，就是运用政治的力量对市场分配机制进行调整限制，就是所谓的二次分配。在这个意义上说，西欧各国社会民主党对西欧社会的最大贡献就是在西欧各国已经建立起了一套完善的社会保障体系，使得西欧各国的二次分配形成了机制。虽然 20 世纪末苏联解体、全球化掀起高潮以来随着所谓的新自由主义浪潮兴起，西方各国曾兴起一股大砍福利国家的浪潮，但实际上，自那时在西方所有国家，政治力量对市场分配机制的限制不仅没有减弱，反而日渐加强。从经合组织成

---

① ［英］拉尔夫·达伦多夫：《历史重新开始》，台北南天书局有限公司 2019 年版。
② 《马克思恩格斯选集》第 2 卷，人民出版社 2012 年版，第 3 页。

员国政府用于社会福利开支的变化中可以明显地看到这一点（见下表）：

经合组织部分成员国政府的社会福利开支
（占国内生产总值的百分比）

年份 国别	1990	2000	2009	2010	2011	2012	2013	2014
丹麦	25.0	26.0	29.7	29.9	30.1	30.2	30.2	30.1
挪威	21.9	20.8	22.8	22.4	21.8	21.7	22.0	22.0
瑞典	28.5	28.2	29.4	27.9	27.2	27.7	28.2	28.1
法国	24.9	28.4	31.5	31.7	31.4	31.5	32.0	31.9
德国	21.4	26.2	27.6	26.8	25.5	25.4	25.6	25.8
英国	16.3	18.4	23.9	22.8	22.7	23.0	22.5	21.7
美国	13.1	14.2	18.5	19.3	19.0	18.7	18.6	19.2
经合组织平均	17.5	18.6	21.9	21.7	21.4	21.6	21.7	21.6

资料来源：*OECD Factbook*, *2015 – 2016 Economic*, *Environmental and Social Statistics*，巴黎2016年，第191页（排列顺序有调整）。

从上表中可以看到，自1990年以来，特别是进入21世纪以来，西方各国，特别还包括美国，社会福利开支占其国内生产总值的比重在不同的年份虽然略有波动，但总体趋势却在明显增加。与1990年相比，2014年经合组织成员国社会福利开支占国内生产总值的比例增加了4个多百分点。社会福利开支占国内生产总值多年来比例一直很高的北欧三国，到2014年时增加幅度不大。法国从1990年占24.9%增加到2014年的31.9%，英国从16.3%增加到21.7%。最值得注意的是以新自由主义大本营自居的美国，它的社会福利开支居然从1990年的13.1%增加到了2014年的19.2%，增幅最大。

不错，在这一时期，西方各国政府都多次更换，在绝大多数国家都是社会民主党与资产阶级保守党交替执政。但这进一步说明，由于大面积失业及贫富两极分化等一列列问题，保守党执政时也别无选择。尽管它们不情愿，但是为了保证社会稳定，为了保证资本主义生产方式的持续运转，它们还是不得不执行社会民主党人的路线，不得不增加社会福利开支。这就进一步证明了：至少在很长的一段时期内，西欧各国社会民主党、整个社会民主主义依然是西欧社会政治生活中一支不可或缺的政治力量。

参考文献

一 经典著作类

《马克思恩格斯全集》，人民出版社1957年版。

《马克思恩格斯选集》，人民出版社2012年版。

二 中文著作类

曹长盛：《两次世界大战之间的德国社会民主党：1914—1945》，北京大学出版社1988年版。

曹长盛：《民主社会主义模式比较研究》，东北师范大学出版社1996年版。

陈宝森：《美国经济和政府政策》，社会科学文献出版社2007年版。

陈林等：《激进、温和还是僭越？——当代欧洲左翼政治现象审视》，中央编译出版社1998年版。

陈林、林德山主编：《第三条道路——世纪之交的西方政治变革》，当代世界出版社2000年版。

陈晓律：《英国福利国家制度的由来与发展》，南京大学出版社1996年版。

崔树义：《当代英国工人阶级状况》，浙江大学出版社2006年版。

丁冰：《资本主义国家市场经济研究》，山东人民出版社2000年版。

丁建定：《西方国家社会保障制度史》，高等教育出版社2010年版。

丁建定、杨凤娟：《英国社会保障制度的发展》，中国劳动社会保障出版社2004年版。

费新录：《法国共产党的兴衰之路》，人民出版社2008年版。

高锋、时红：《瑞典社会民主主义模式——述评与文献》，中央编译出版社 2009 年版。

高怀鹏：《历史比较中的社会福利国家模式》，中国社会科学出版社 2004 年版。

高培勇：《世界主要国家财税体制》，中国财政经济出版社 2010 年版。

龚加成：《全球化背景下的新探索——冷战结束后社会党国际纲领与政策的演变》，中央编译出版社 2006 年版。

顾俊礼主编：《福利国家论析：以欧洲为背景的比较研究》，经济管理出版社 2002 年版。

何秉孟、姜辉：《阶级结构与第三条道路——与英国学者对话实录》，社会科学文献出版社 2005 年版。

何秉孟、姜辉：《欧洲社会民主主义的转型》，社会科学文献出版社 2010 年版。

何自力、郑子彬：《法国市场经济体制》，兰州大学出版社 1994 年版。

候玉兰：《法国左翼联盟的兴衰》，中央编译出版社 1995 年版。

胡昌宇：《英国新工党政府经济与社会政策研究》，中国科学技术大学出版社 2008 年版。

金重远：《战后西欧社会党》，上海人民出版社 1997 年版。

李工真：《德意志道路：现代化进程研究》，武汉大学出版社 2005 年版。

李宏：《另一种选择——欧洲民主社会主义研究》，法律出版社 2003 年版。

李华锋：《英国工党与工会关系研究》，人民出版社 2009 年版。

李华锋：《英国工党政坛沉浮与主导思想关系研究》，中国社会科学出版社 2013 年版。

梁光严：《列国志：瑞典》，社会科学文献出版社 2007 年版。

林德山：《渐进的社会革命》，中央编译出版社 2008 年版。

林建华：《冷战后欧盟诸国社会民主党政坛沉浮研究》，人民出版社 2010 年版。

刘成、马约生：《欧洲社会民主主义的缘起与演进》，重庆出版社 2006 年版。

刘成：《英国工党与公有制》，江苏人民出版社 2003 年版。

刘成：《英国现代转型与工党重铸》，生活·读书·新知三联书店 2013 年版。

刘刚等：《后福特制：当代资本主义经济新的发展阶段》，中国财经出版社2010年版。

刘刚：《后福特制研究》，人民出版社2004年版。

刘骥：《阶级分化与代际分裂——欧洲福利国家养老金政治的比较分析》，北京大学出版社2008年版。

刘玉安：《北欧福利国家剖析》，山东大学出版社1995年版。

刘玉安等：《从民主社会主义到社会民主主义》，人民出版社2010年版。

刘玉安：《告别福利国家？》，山东人民出版社2015年版。

倪学德：《和平的社会革命：战后初期英国工党艾德礼政府的"民主社会主义"改革研究》，中国社会科学出版社2005年版。

裘援平等：《当代社会民主主义与"第三条道路"》，当代世界出版社2004年版。

沈坚：《当代法国》，贵州人民出版社2001年版。

史志钦：《全球化与欧洲社会民主主义的转型》，中央编译出版社2007年版。

粟芳、魏陆：《瑞典社会保障制度》，上海人民出版社2010年版。

孙浩：《英国的政党政治与福利制度》，商务印书馆2008年版。

陶涛：《西欧社会党与欧洲一体化研究》，北京大学出版社2001年版。

田德文：《列国志：挪威》，社会科学文献出版社2007年版。

田雪原：《人口老龄化与"中等收入陷阱"》，社会科学文献出版社2013年版。

涂用凯：《社会民主主义的全球治理研究》，中国社会科学出版社2007年版。

王鹤：《列国志：丹麦》，社会科学文献出版社2006年版。

王学东、陈林等：《九十年代西欧社会民主主义的变革》，中央编译出版社1999年版。

吴国庆：《法国"新社会"剖析》，社会科学文献出版社2011年版。

吴国庆：《列国志：法国》，社会科学出版社2011年版。

向文华：《斯堪的纳维亚民主社会主义研究》，中央编译出版社1999年版。

徐崇温：《民主社会主义评析》，重庆出版社1995年版。

徐觉哉：《社会主义流派史》，上海人民出版社1999年版。

杨雪东、薛晓源:《第三条道路与新的理论》,社会科学文献出版社 2000年版。
杨云珍:《当代西欧极右翼政党研究》,上海人民出版社 2012 年版。
姚玲珍:《德国社会保障制度》,上海人民出版社 2011 年版。
殷叙彝:《民主社会主义论》,中央编译出版社 2007 年版。
张世鹏编:《全球化与美国霸权》,北京大学出版社 2004 年版。
张世鹏:《二十世纪末西欧资本主义研究》,中国国际广播出版社 2003年版。
张世鹏、殷叙彝:《全球化时代的资本主义》,中央编译出版社 1998 年版。
周弘:《福利国家向何处去》,社会科学文献出版社 2006 年版。

三 中文译著类

阿兰·贝尔尼古欧等:《梦想与追悔:法国与政权关系 100 年》,齐建华译,重庆出版社 2013 年版。
阿萨·勃里格斯:《英国社会史》,陈叔平等译,中国人民大学出版社 1991 年版。
艾瑞克·霍布斯鲍姆:《革命的年代:1789—1848》,王章辉译,中信出版集团 2017 年版。
艾马纽埃尔·马克龙:《改革——为法国而战》,罗小鹏译,四川人民出版社 2018 年版。
爱德华·伯恩施坦:《伯恩施坦言论》,中共中央马克思恩格斯列宁斯大林著作编译局资料室编,生活·读书·新知三联书店 1966 年版。
爱德华·伯恩施坦:《社会主义的前提与社会民主党的任务》,殷叙彝译,生活·读书·新知三联书店 1965 年版。
安德鲁·格林:《新自由主义时代的社会民主主义》,刘庸安、马瑞译,重庆出版社 2010 年版。
安东尼·吉登斯:《超越左与右——激进政治的未来》,李惠斌等译,社会科学文献出版社 2000 年版。
安东尼·吉登斯:《第三条道路及其批评》,孙相东译,中央党校出版社 2002 年版。
安东尼·吉登斯:《第三条道路——社会民主主义的复兴》,郑戈译,北京大学出版社、生活·读书·新知三联书店 2000 年版。

彼得·泰勒-顾柏：《新风险 新福利》，张秀兰、马继森译，中国劳动社会保障出版社 2010 年版。

迪特尔·拉夫：《德意志史》，波恩 Inter Nations 出版社 1987 年版。

E. P. 汤普森：《英国工人阶级的形成》，钱乘旦等译，译林出版社 2013 年版。

菲利普·怀特：《瑞典与"第三条道路"：一种宏观经济学的评价》，刘庸安等译，重庆出版社 2008 年版。

弗兰茨·克萨韦尔·考夫曼：《社会福利国家面临的挑战》，王学东译，商务印书馆 2004 年版。

弗兰茨·瓦尔特：《德国社会民主党：从无产阶级到新中间》，张文红译，重庆出版社 2008 年版。

弗朗索瓦·奥朗德：《改变命运·奥朗德自述》，刘成富、房美译，译林出版社 2013 年版。

弗朗索瓦·奥朗德：《权力的教训·法国前总统奥朗德自述》，夏霁等译，中信出版集团 2019 年版。

弗里德里希·艾伯特基金会编：《社会民主主义的未来》，夏庆宇译，重庆出版社 2014 年版。

富兰克林·罗斯福：《罗斯福选集》，关在汉编译，商务印书馆 1982 年版。

哥斯塔·埃斯平-安德森：《福利资本主义的三个世界》，苗正民、滕玉英译，商务印书馆 2010 年版。

戈斯塔·埃斯平-安德森编：《转型中的福利国家》，杨刚译，商务印书馆 2010 年版。

汉斯-彼得·马丁等：《全球化陷阱》，张世鹏等译，中央编译出版社 1998 年版。

霍华德·格伦内斯特：《英国社会政策论文集》，苗正民译，商务印书馆 2003 年版。

卡尔·波兰尼：《大转型：我们时代的政治与经济起源》，冯钢等译，浙江人民出版社 2007 年版。

科佩尔·平森：《德国近代史》，范德一等译，商务印书馆 1987 年版。

克劳斯·奥菲:《福利国家的矛盾》,郭忠华等译,吉林人民出版社 2011 年版。

莱斯特·瑟罗:《资本主义的未来》,周晓钟译,中国社会科学出版社 1998 年版。

理查德·蒂特马斯:《社会政策十讲》,江绍康译,吉林出版集团有限责任公司 2011 年版。

伦纳德·霍布豪斯:《自由主义》,朱曾汶译,商务印书馆 1996 年版。

马丁·鲍威尔:《新工党,新福利国家?》,林德山等译,重庆出版社 2010 年版。

玛丽·弗尔布鲁克:《德国史:1918—2008》,卿文辉译,上海人民出版社 2011 年版。

弥尔顿·弗里德曼:《资本主义与自由》,张瑞玉译,商务印书馆 2004 年版。

米哈伊尔·戈尔巴乔夫等:《未来的社会主义》,中央编译局国际发展与合作研究所译,中央编译出版社 1994 年版。

诺尔曼·金斯伯格:《福利分化——比较社会政策批判导论》,姚俊、张丽译,浙江大学出版社 2010 年版。

R. 米什拉:《社会政策与福利政策——全球化的视角》,郑秉文译,中国劳动社会保障出版社 2007 年版。

R. 米什拉:《资本主义社会的福利国家》,郑秉文译,法律出版社 2003 年版。

让·马雷、阿兰·乌鲁:《社会党历史》,胡尧步、黄舍骄译,商务印书馆 1999 年版。

社会党文件集编辑组编译:《社会党国际文件集》,黑龙江人民出版社 1989 年版。

斯塔夫里阿诺斯:《全球通史》,吴象婴、梁赤民译,上海社会科学院出版社 1995 年版。

斯图亚特·汤普森:《社会民主主义的困境》,贺和风、朱艳圣译,重庆出版社 2007 年版。

唐纳德·萨松:《欧洲社会主义百年史》,姜辉等译,社会科学文献出版社 2008 年版。

托马斯·迈尔等:《民主社会主义理论概念》,殷叙彝等编译,重庆出版社 2012 年版。

托马斯·迈尔:《社会民主主义导论》,殷叙彝、张世鹏等编,中央编译出版社 1996 年版。

托马斯·迈尔:《社会民主主义转型:走向 21 世纪的社会民主党》,殷叙彝译,北京大学出版社 2001 年版。

托尼·布莱尔:《布莱尔回忆录》,李永学等译,译林出版社 2011 年版。

托尼·布莱尔:《新英国:我对一个年轻国家的展望》,曹振寰等译,世界知识出版社 1998 年版。

瓦尔特·缪勒-延奇、彼得·依特曼:《德国劳资关系》,张网成、黄斌译,知识产权出版社 2013 年版。

威廉·鲍莫尔:《福利经济及国家理论》,郭家麟、郑孝齐译,商务印书馆 2013 年版。

威廉·贝弗里奇:《贝弗里奇报告》,劳动和社会保障部社会保险研究所组织翻译,中国劳动保障出版社 2008 年版。

沃尔夫冈·迈克尔等:《社会民主党的改革能力》,童建挺译,重庆出版社 2009 年版。

肖伯纳等:《费边论丛》,赵宗煜等译,生活·读书·新知三联书店 1958 年版。

约翰·凯恩斯:《就业利息和货币通论》,高鸿业译,商务印书馆 1999 年版。

四 英文著作

Blair, Tony, *New Britain, My Vision of a young Country*, London, the Fourth Estate 1997.

Blair, Tony, *The Third Way: New Politics for New Country*, London, the Fabian Society, 1998.

Clasen, Jochen, *Converging Worlds of Welfare: British and German Social Policy in the 21st Century*, Oxford University Press, 2011.

Cousins, Mel, *European Welfare States*, London Sage publications, 2005.

Erikson, Robert, *The Scandinavian Model*, New York, 1987.

Esping-Anderson, Gosta et al., *Why We Need a New Welfare State*, Oxford University Press, 2002.

Esping-Anderson, Gosta, *Politics against Markets*, Princeton University Press 1985.

Esping-Anderson, Gosta, *Social Class, Social Democracy, and State Policies*, Copenhagen Denmark, 1980.

Esping-Anderson, Gosta, *Social Foundations of Postindustrial Economics*, Oxford University Press, 1999.

Flora, Peter (ed.), *Growth to Limits: The Western European Welfare States since World War II*, Berlin, 1986.

Flora, Peter, *The Development of Welfare States in Europe and America*, New Brunswick, 1981.

Giddens, Anthony, *The Third Way and Its Crisis*, Cambridge Polity Press, 2000.

Giddens, Anthony, *What now for New Labour?* Cambridge Polity Press, 2002.

Gilbert, Neil, *Transformation of the Welfare State: the Silent Surrender of Public Responsibility*, Oxford University Press, 2002.

Hansen, Hans, *Elements of Social Security in Six European Countries*, Copenhagen Denmark, 1997.

Hecscher, Gunner, *The Welfare State and beyond*, Minnesota University Press, 1984.

Hindmoor, Andrew, *What Is Left Now?* Oxford University Press, 2018.

Keating, Michael, McCrone (ed.), *The Crisis of Social Democracy in Europe*, Edinburgh University Press, 2015.

Manwaring, Rob, Kennedy, Paul, *Why the Left Loses?* University of Bristol Policy Press, 2018.

Mitchell B., R., *International Historical Statistics Europe 1750 – 1988*, London Macmillan Press, 1992.